Good Morning,
Monster

早安，我心中的 ______ 怪物

Five Heroic Journeys to Recovery

Catherine Gildiner

凱瑟琳·吉爾迪娜 — 著
吳妍儀 — 譯

獻給本書的五位英雄

丹尼

艾倫娜

作者註

我想向本書中我所描述的病人們致謝。這五位病患有非常不同的社會背景、來自不同的文化，最重要的是，他們的性情大不相同。蘿拉與瑪德琳來自經濟光譜的兩個極端，她們兩人都勇氣十足。丹尼的斯多噶堅忍天性、彼得的寬恕之心、還有艾倫娜的忍耐力，都讓人印象深刻。每個人都有我渴望擁有的英雄特質。我從他們身上學到大量不同的因應策略，而且常常運用他們教我的課程。他們每一位都讓我的心靈往好的方向改變。

沒有一件事比分享你的人生故事更慷慨了，而我極其感謝這些病患。做為回報，我努力保持他們的匿名性，他們不會被認出至關重要。

此書不是寫給學術界人士，而是為一般大眾而作。雖然我希望這本書有啟發性，我也想讓它成為一種學習工具。我藉著我對每位病患做的療程筆記，重構了我們的對話。不過為了清楚描繪我想要闡明的心理學真相並且掩蓋這些病患的身分，在我覺得能進一步釐清某個心理學論點的時候，我會合成病人的特性與背景，把發生在其他病人身上的細節包括進去。每個病例都被塑造成一段故事，所以某些細節得到強調，其他細節則被刪去，以求清晰。

我感謝他們全體對我還有其他人分享他們的戰鬥。我確定音樂家彼得說出了全部人的心聲：

「如果分享我的故事能幫助受苦的人，哪怕只有一個，都會很值得。」

滿懷感激的凱瑟琳．吉爾迪娜

蘿拉

我的心不是懦夫之家。

——D·安托涅特·佛依（D. Antoinette Foy）

1 被蠢蛋包圍

我以心理師[1]身分私人開業那天，我沾沾自喜地坐在自己的辦公室裡。我在我以知識搭建的堡壘中，安於我習得的規則，很期待能擁有我可以「治癒」的病患。

我上當了。

幸好我當時不知道臨床心理學這一行有多麻煩，否則我可能就會選擇能夠控制受試者與變數的領域，純粹做研究。相反的，我必須在每週都有新訊息涓滴流入的時候，學習如何臨機應變。在開業的第一天，我不知道心理治療根本不是心理師在解決問題，反而是兩個人面對面，一週又一週，致力於達成某種彼此可以一致同意的心理真相。

沒有人比我的第一位病患蘿拉．威爾克斯讓我更清楚地理解這一點。她是由一位全科醫師[2]轉介給我的，那位醫師在他的語音留言裡說：「她會告訴妳細節。」聽到這個，我不知道是蘿拉還是我比較害怕。我剛從穿著牛仔褲與T恤的學生轉型成一位專業人士，身上是八〇年代早期時尚必備的絲質上衣與厚墊肩的設計師西裝。我坐在我巨大的桃花心木書桌後面，看起來就像安娜．佛洛伊德（Anna Freud）跟瓊．克勞馥（Joan Crawford）的混合。幸運的是我二十來歲就早生華髮，這讓我的外表增添了某種非常必要的穩重莊嚴。

蘿拉幾乎不到五呎高，有著漏斗型的身材，臉上是大大的杏眼，還有一抹豐唇。要是晚個三十年看到她，我會懷疑她有打肉毒桿菌。她有著濃密的及肩明亮金髮，而她瓷器般的肌膚與她深色的眼睛形成了強烈的對比。完美的妝容、亮紅色的唇膏襯托出她的五官，身上是量身訂做的絲質上衣、一件黑色的鉛筆裙搭配一雙細高跟鞋。

她說她二十六歲，單身，在一家大證券公司上班。她剛開始擔任的是祕書，但後來升遷到人資部門。在我問她我能幫什麼忙的時候，蘿拉坐著望向窗外許久。我等著她告訴我問題在哪。在所謂的治療性沉默（therapeutic silence）之中——一種讓人不自在的安靜，理論上是要能從病人身上導出真相——我繼續等待。終於她說了句：「我有皰疹。」

我問道：「帶狀皰疹或者單純皰疹？」

「如果妳整個人髒透了會得的那種。」

「性交傳染的。」我翻譯成大白話。

然後我問她的性伴侶是否知道他有皰疹，蘿拉回答說與她交往兩年的男友艾德，說過他沒

---

1 譯注：加拿大規定跟台灣有所不同。在加拿大，要取得博士學位並考照後才能稱為「臨床心理師」（clinical psychologist），但也有其他碩士程度的心理專業（有執照的臨床專業心理諮商員〔Licensed clinical professional counsellor〕）。像作者這樣的心理師雖有博士學位，但並非醫學院訓練下的精神科醫師（psychiatrist），所以雖然通常會被病人尊稱為doctor，但並非「醫師」。

2 譯注：全科醫師（general practitioner）在加拿大等同於家醫科醫師。

有。然而她在他的藥櫃裡發現一個藥瓶，那跟醫師開給她的是同一種藥物。在我問她這件事的時候，她表現得好像這樣很正常，而她對此無能為力。她說：「艾德就是那樣。我已經把他罵得狗血淋頭了。我還能怎麼辦？」

這種司空見慣的反應，暗示了蘿拉很習慣這種自私欺瞞的行為。她說，她被轉介給我，是因為最強效的藥都無法遏制疾病反覆發作，醫生認為她需要精神醫學上的幫助。可是蘿拉很明顯沒有進行心理治療的欲望。她要的只是解決皰疹。

我向她解釋在某些人身上，壓力是觸發潛伏的病毒發作的主因。她說：「我知道壓力這個詞是什麼意思，但我不怎麼清楚那是什麼感覺。我不認為我有壓力。我只是繼續過日子，被蠢蛋包圍。」蘿拉告訴我，她生活裡沒有多少困擾她的事情，但也確實承認沒有別的事情比皰疹更讓她傷透腦筋。

首先，我設法讓她安心，讓她知道從十四歲到四十九歲這個區間的人之中，六個人中就有一個長了皰疹。她的反應是：「那又怎樣？我們全都泡在同一池髒水裡。」我嘗試了另一個說法，告訴她我理解為什麼她很心煩：一個宣稱愛她的男人背叛了她，再加上她身懷實際上讓她幾乎坐不住的病痛，最糟糕的部分是羞恥。此後她必須永遠告訴她上床的每一個對象她長過皰疹，是帶原者。

蘿拉同意這個看法，但對她來說最糟的面向是，雖然她盡全力擺脫她的家庭環境對她的影響，她現在還是在污穢中打滾，就像她家人一直以來那樣。「這就像流沙，」她說：「無論我多努力設法爬出軟爛的泥漿，我就是一直被吸回去。我知道的，我努力嘗試到要沒命了。」

我要求她告訴我她的家庭狀況，她說她不打算去講「一堆廢話」。蘿拉解釋說，她是個實際的人，而且她想要減輕她的壓力，不管那指的是什麼，好讓她可以控制住痛苦的皰疹。她本來計畫就只來這麼一次，而我會在這裡給她一顆藥丸或「治好」她的「壓力」。我向她說明，偶有壓力或焦慮很容易解除的情況，但時常都會持續下去。我解釋了我們需要約診幾次，好讓她可以學習壓力是什麼，還有她如何經驗壓力，以發現壓力來源，然後找到方法加以減輕。她的免疫系統有可能盡全力在對抗壓力，以至於沒剩下任何力氣去對抗皰疹病毒了。

「不敢相信我真的必須這麼做。好像只是要來拔個牙，卻錯把整個大腦都拔下來了。」蘿拉看起來很厭惡這個結論，但她最後屈服了。「好吧，就讓我再預約一次。」

要治療一位沒打算取徑心理學的病人是很困難的。蘿拉只想治癒她的皰疹，而且在她心裡，心理治療只是達成那個目的的手段。她不想說明家族史，因為她想不通這跟治療皰疹怎麼會有關聯。

在我開始做治療的第一天，有兩件事情是我沒預料到的。首先，這個女人怎麼可能不知道壓力是什麼？其次，我讀過數百篇案例研究，看過一大堆治療錄影帶，出席了幾十次教學訓練會議，裡面沒有一次碰到病人拒絕提供家族史。就算我在精神病院裡值晚班的時候——在那個地方，心理學上的失落靈魂有如貨物，被他們儲存在後面的病房裡——我也從沒聽過任何人反對提供。有個自稱來自拿撒勒（Zazareth），父母是聖母瑪麗亞與約瑟夫的病患，就算是這種人也提出了家族史。而現在，我遇到的頭一個病人就拒絕提供！我領悟到我必須照著蘿拉怪異的方式與她自己的步調進行治療，否則她就會跑掉。我記得我在自己的筆記夾板上寫道，我的第一個任務是讓蘿拉投入治療。

佛洛伊德有個概念稱為移情（transference），亦即一位病人對她的治療師發展出的感情。據他所說，這是治療的基石。反移情則是治療師對一位病人產生的感覺。在我私人開業的數十年裡，我發現妳是否真心喜歡一名病人並支持他，病患都能感覺到。如果他認為沒有，治療則會困難重重。病人與治療師之間有種化學作用，你們沒有任何一方能靠著意志力讓它出現。其他治療師可能不同意這個說法，但我想他們是在欺騙自己。

我運氣好。我跟蘿拉立刻一拍即合。她勇氣十足的步伐，強而有力的語氣，還有不廢話的行事態度，都讓我想起我自己。儘管她一週工作六十小時，晚上還去大學，慢慢上完一門又一門的課。以二十六歲的年紀，她朝著取得商學學位的目標前進。

我們的下一次治療，蘿拉帶著四本談壓力的書走進來，書上貼著一張又一張黃色的便利貼。她也抽出一大張圖，在上面畫出不同顏色標示的精細圖表。在頂端她寫下「壓力??????」，下面則是好幾個欄位，第一欄塗上紅色，標題是「應付混蛋」。次欄位裡寫出了幾個「混蛋」的名字：第一個是她的老闆克雷頓，第二個是她男友艾德，第三個是她父親。

蘿拉告訴我，既然她現在已經讀過了關於壓力的書，她會嘗試找出是什麼導致了她生活中的壓力。她花了一整個禮拜製作這張圖表。在我說裡頭沒有包括任何一名女性時，她仔細看著這張圖，然後說道：「有意思。真的是這樣。我不認識任何混蛋女人。我猜想如果我有遇到過，我會直接避開，或者不讓她們煩到我。」我指出我們離壓力之於她的意義又更近了，然後要求她舉個例說明這些男人為何夠格登上她的名單。她跟我說：「他們任何規則都不遵守，而且真的徹底不在乎要讓事情行得通。」。

我告訴她，我很想建立她人生至今的歷史，尤其因為她父親就在這張名單上。蘿拉聽到這番話時，翻了個大白眼。我堅持不懈，繼續問蘿拉她對父親最鮮明的記憶是什麼。她立刻說，她四歲的時候從一個溜滑梯上摔下來，被一片尖銳的金屬割傷了腳。她父親溫柔地把她抱起來，然後帶她到醫院去縫傷口。他們在等候室的時候，一位護士講到蘿拉身上嚇人的傷口，還有她沒有哭哭啼啼實在是太勇敢了。她父親伸出手臂環抱住蘿拉，然後說：「這就是我引以為傲的女兒。她從不抱怨，而且強壯得像匹馬。」

她不曾忘記那天她從父親那接收到的是一個強勁的訊息，一個愛與柔情的宣言，仰賴的是她的強悍不抱怨。在我指出這種雙重含意的時候，蘿拉說：「每個人被愛都有某種原因。」很清楚的是，無條件的愛這個概念，也就是無論妳做什麼，妳父母都會愛妳的觀念，對她來說很陌生。

在我問起她母親的時候，蘿拉只說母親在她八歲時去世了。然後，我問她母親是什麼樣的人，她只說了兩個我覺得有點不尋常的詞彙：「很疏離」跟「義大利人」。她想不起任何一個跟她有關的回憶。我再稍微施壓逼問她以後，她只說在她四歲的時候，她母親給她一個玩具爐子當聖誕節禮物，而且在蘿拉打開禮物時露出微笑。

她也不確定她母親是怎麼過世的。實際上，我必須建議她多說一點。「她早上還好好的。然後我跟我弟弟妹妹放學回家時，家裡沒有準備午餐，這點很奇怪。我打開我父母臥房房門，看見她在睡覺。我搖搖她，然後把她翻過來。我現在還能在腦海中看到印在她臉上的床單絨線睡痕。我沒有打電話給我爸，因為我不知道他在哪工作。我叫我弟弟妹妹回學校去。然後我打電話給九一一。」

警方找到她父親，然後用警車載他回家。「他們用一張毯子蓋住我母親的臉，毯子上印著多倫多東部總醫院（Toronto East General Hospital）財產。我完全不知道我為何記得這個，」她這麼說。「然後那些男人用輪床搬運她下樓，我母親的屍體就消失了。」

「沒有守靈夜或者葬禮嗎？」

「我想沒有。我父親出去了，然後直到天黑過了晚餐時間都沒有人做飯。」蘿拉當時明白了做晚餐並且讓弟弟妹妹知道母親已經去世，是她的工作。她跟她六歲的妹妹說這件事情的時候，妹妹哭了，但她五歲的弟弟除了問蘿拉是不是會變成他們的媽媽之外，沒有其他反應。

她母親的家人並沒有來參加葬禮，也沒有幫助他們的外孫。「我母親從來沒講過她的家人，但我從我爸刻薄的評論裡得知，他們基本上是不認她這個女兒了，」蘿拉解釋道。她說，他們是「真正的義大利人——妳懂的，大半輩子都穿著黑衣哀悼某人，在紐約小義大利（Little Italy）一帶晃蕩的那種類型。我母親在一個有五名男丁的家庭裡是唯一的女孩，她超過十歲以後就不被允許離開家門了。她必須待在家裡煮飯打掃。她可以跟她母親一起去購物，但她永遠不可以單獨出門。她的其中一個兄弟必須天天陪她上下學。」

儘管教養如此嚴格，蘿拉的母親還是設法在十六歲的時候懷孕了。蘿拉的父親是一名有蘇格蘭血統的加拿大人，在這個義大利家庭的說法裡則是個年輕流氓，在他十七歲的時候把她的肚子搞大了。她的兄弟們把他打了個稀巴爛，還說如果他不娶她就會宰了他。在婚禮之後，沒有一個家族裡的人有再見過她一面。

蘿拉在婚禮的五個月後出生，她妹妹則是在二十個月後，而她弟弟則是在一年後報到。我問蘿拉有沒有去過小義大利拜訪她外公外婆，她說她沒興趣。

我很納悶蘿拉的母親是否有臨床上的憂鬱症，所以無法提供情感上的支持。如果她有個在暴力男性宰制下受到過度保護的童年，接著又嫁給一個不想娶她、自己也有所不足，可能在情緒上與身體上也虐待她，既怨恨又忽視她的男人。受到這種對待，即使不到心理創傷的程度，誰不會憂鬱呢？她父母不認她，永遠不原諒她這個讓他們蒙羞的女兒。她無處可以求援。我質疑蘿拉，懷疑她母親的死亡是自殺，她說她完全不懂發生了什麼事。就她所知，並沒有驗屍。

難以置信的是，在她接受治療的四年間，她對她母親唯一的回憶仍是那個玩具爐子。在這段期間，我讓她自由聯想，寫一篇關於她母親的日記、去看她的墳墓——但蘿拉對她的記憶還是一片空白。

我們在接下來的療程裡，回到蘿拉的父親身上。她告訴我，他曾是汽車推銷員，但在她小時候失去了這份工作。他總是有些由酒精、賭博及某種「誤解」造成的問題。儘管他是個金髮碧眼的英俊男子，相當聰明又有個人魅力，他的社會階層還是往下流動了。

在她母親死去那年，她父親讓全家移居到巴伯坎基恩（Bobcaygeon），那是多倫多東北的一個區域。蘿拉認為有人在多倫多糾纏著他，而他搬走是為了躲避他們，不過她不確定。為了賺錢，他開餐車服務來避暑別墅度假的客人。弟弟妹妹在停車場玩的時候，蘿拉則做爆米花、薯條供應這些遊客。他說她是他的「左右手」。他們住在城外的一間小木屋裡。屋主一家擁有幾間樸素的小木屋，散布在他們地產上的樹林裡，地點偏僻又孤立。

他們手足三人從九月開始在那裡上學，當時蘿拉九歲。在避暑的遊客離開以後，餐車生意變得日漸蕭條。他們買了個小暖爐放在這棟只有一個房間的小屋裡，一家人依偎在一起。蘿拉回想一次有兩個男人出現在他們家門口，要求他們為那輛餐車付錢，可是她父親躲在浴室裡。擺脫他們是蘿拉的工作。

然後在十一月底的某一天，她父親說要開車進城去買香菸，一去就再也沒回來了。孩子們沒有食物，只有兩套衣服可供替換。在講到這件事的時候，蘿拉沒有展露出恐懼、憤怒，或者任何感受。

她不想告訴任何人他們被拋棄了，就怕被送去寄養，所以她就只是繼續維持他們的日常生活。那間小木屋位在一個湖泊之鄉的森林深處，屋主是擁有三個小孩的五口之家。蘿拉跟屋主的女兒凱西玩的時候，那一家的媽媽葛蘭達對蘿拉很好。父親朗恩是個安靜的男人，常常好心地帶著蘿拉六歲的弟弟克瑞格跟他自己的兒子一起去釣魚。

蘿拉很惱怒地說，她妹妹崔西「老是在哼哼唧唧」。崔西想去葛蘭達跟朗恩家，說有人帶走了他們的父親，而且想問是否可以跟他們同住。

蘿拉不像她的弟弟妹妹，她知道父親拋棄了他們。「他走投無路，欠別人錢，天知道還有什麼別的狀況。」她說。在母親死後，孩子們要是不守規矩，爸爸就會威脅要把他們丟在孤兒院，而蘿拉明白這不是隨口說說的。她只知道她的任務就是讓事情好好運作。在我問她對於被拋棄有什麼感覺的時候，蘿拉看著我，就好像我在小題大作似的。她說：「我們不盡然是被拋棄。我爸知道有我會處理事情。」

「妳九歲大，身無分文，獨自住在森林裡。妳會怎麼稱呼這種狀況？」我說道。

「我猜技術上來說這是拋棄，但我爸必須離開巴伯坎基恩。他並不想留下我們。他別無選擇。」

在那一刻，我領悟到蘿拉跟她爸爸之間的情感連結有多強，還有她如何小心翼翼地自我防衛，避免感受到任何一絲失落。情感連結（bonding）是一種動物跟人類都有的普遍傾向，會向一位家長尋求親近感以形成依附，並且在那個人在場時感覺安全。蘿拉不記得當時有任何「感受」，她有的就只是「計畫」。換句話說，她讓她的求生本能接管一切。畢竟要在荒野中度過加拿大的冬天，還要照料兩個需要吃穿的幼童。蘿拉之後還會繼續嘲弄我不斷詢問她的感受，不止一次指出感覺是那些過著逍遙日子、犯不著「絞盡腦汁」（這是她的說法）的人才擁有的奢侈品。

蘿拉所謂計畫與感受之間的對立，我能感同身受。我自己的人生遭遇逆境時，我也只有時間行動，無法探索自己的感受。我在一個富裕的家庭裡成長，但在我還是個青少年的時候，我那極為明智、自己當老闆的父親，開始表現出心理異常的行為。我們發現他長了一個無法手術治療的腦瘤。在我打電話給他的會計師時，他向我揭露父親已經失去他所有的錢。我必須留在學校裡，並且兼兩份工作來幫忙養家。我就像蘿拉，真的對於任何一種感受都不復記憶。我滿腦子都在想該做什麼才能收支平衡。

在治療蘿拉的早期，我加入了一個心理師聚在一起討論病例，並且設法給彼此一些指引的同儕督導團體。我十分訝異於他們多數人認為我觸及到太少蘿拉的情感，而且「迎合了她的防衛心態」。我領悟到我必須探究自己的心靈，以便確定我的創傷反應沒有影響到我們的治療。我認為我的同儕可能是對的；但另一方面，我也想問他們是否有過所謂「走投無路」的經驗，要是沒有全年無休地專注於環境的變化，可能就會受到嚴重的傷害。沒有一件事情比滿足生存的需求，更能讓人心無旁鶩了。

然而無可否認的是，沒有通往蘿拉感受的入口，讓治療變得很困難。我很快就領悟到我的工作不是詮釋她的感受，而是去觸及她的感受。晚些時候我才會去詮釋它們。

當我在第一個月寫我的筆記時，我這樣總結：我有個不想投入治療的客戶，她記不清楚她擁有八年的母親，這種事在文獻裡聞所未聞；她根本不知道壓力是什麼，卻想要擺脫它，而且想不起來她被拋棄時有什麼感覺。我眼前有很多工作要做。

蘿拉繼續描述她的磨難，很顯然當時她一直思慮清晰。她領悟到大多數的小木屋都已經為了過冬而打掃乾淨了，所以她跟弟妹們搬進最偏遠的那一間，那間在春天來臨以前都不太可能被打開。他們帶著暖爐一起離開，知道他們必須維持例行公事，否則就會被發現，所以每天走將近一哩路去搭學校的巴士。蘿拉會對外界提到她爸爸，就好像他還在小屋裡，並且指示她弟弟妹妹也這樣做。

「所以你們在九歲、七歲跟六歲的年紀被單獨留下，住在一間小木屋裡，」我說：「如果妳在找引起壓力的事件，這一件可以列入清單。」

「首先，這事情已經結束了，其次，我還好好的，」蘿拉反駁。「九歲其實沒那麼小。」

「這延續了多久？」

「六、七個月。」

在這節療程的尾聲，我總結了我怎麼看待這個情況。「妳一直很勇敢。妳的人生聽起來很艱難，而且有時候還很嚇人。妳被拋棄，自己住在樹林裡，而且要為兩個更小的孩子擔責任，妳自己要當他們的父母都太年輕了。」我說：「這是沒有麵包屑，卻面臨所有風險的漢賽爾與葛麗特。」

她坐在那裡整整一分鐘以後才回話。在幾乎長達五年的治療裡，這是極少數她眼眶含淚的時刻，然而卻是憤怒的眼淚。「妳講這種話幹嘛？」她質問。

我說我是在同理她，她駁斥我說：「這是有人死掉時才會講的話。醫生妳給我聽著，如果我還來到這，絕對不希望妳再做出這種事，否則我就走人。把妳的同理心還是別的什麼留給妳自己吧。」

「為什麼？」我問道，真心感到困惑。

她強調：「在妳講到關於感受的事情時，我看到一道門打開了，裡面滿滿都是妖魔鬼怪，我絕對不會進去那個房間，我必須繼續過日子。如果我開始哭哭啼啼，就算只有一次，我都會溺斃。而且，這樣不會讓事情有任何好轉。」

在我點頭的時候，她補充說明：「今天在我離開以前，妳必須答應我，妳永遠不會再那樣做了。否則我就不能再回來了。」

「所以妳在說的是，我對待妳的方式，絕對不要有一絲仁慈、同理或同情？」

「對。如果我想得到同情，我會從合瑪克（Hallmark）賀卡裡吸收我應付得了的分量。」

請記得，蘿拉是我的第一個病人。我不想跟客戶的病態需求做這種交易。然而我看得出來，她說要停止治療是認真的。來自我的一丁點同理心，對她來說就太過火了——這是她的底線，而且嚇壞她了。

如果我不是個新手治療師，我就會如實描述我的難題。就像完形療法的弗利茲．波爾斯（Fritz Perls）建議的那樣，我們本來會在他所謂的「此時此地」處理這個問題。波爾斯相信，治療師與病人在療程中建立的動力，就是病患在她自己與其他世界之間建立的同一種動力。我本來可以說：「蘿拉，妳在要求我表現出妳家長的行為，那個男人對妳的痛苦不感興趣。妳習慣沒有人回應妳的悲傷，但我不想要扮演那個角色。現在我覺得進退兩難。」

但我反而說：「我同意尊重妳的期望，顯然妳非常堅決，而我想讓妳覺得自在，好讓我們可以一起工作。然而，我不會同意在整個療程裡都這樣做。」

下一週，蘿拉再度帶著她的書抵達診間，並且指出她工作的地方是她的壓力來源。「有很多事情要做，但我老闆克雷頓很晚進辦公室，然後花了兩小時跟他的祕書去吃午餐，他們在搞外遇。」她這麼解釋。「他五點鐘就回家去了，所以我比他早來又晚走好幾個小時。」

「妳有跟克雷頓談過這件事嗎？」

「**當然！**我甚至對著他大吼大叫。但他不在乎。」

「所以妳做了太多的工作。」

「我真的沒有選擇。我必須做他的工作，還有我自己的工作。」

「自覺別無選擇，是很有壓力的。」我做出結論。

我們花了很多時間徹底思考如何應付克雷頓。實際上，蘿拉看不出他會有所改變。如同她男友艾德所說的：「克雷頓過得很好。他為什麼要改變？」

「這話從艾德嘴裡說出來挺有趣的，」我說道。

「為什麼？」她問道。

「喔，艾德也把事情推到妳身上。克雷頓丟出來的是工作，艾德丟出來的是皰疹。他就把皰疹留給妳處理。在妳生他氣的時候，他否認自己帶有病毒，而在妳逮到他在用皰疹藥物的時候，他編出薄弱的藉口，說他以為那不會傳染。一個人一定是來自另一個星球，或者處於嚴重否認現實的狀態下，才會那樣想。」

「至少艾德很抱歉。他在我上班時送我兩打玫瑰還有一張卡片，上頭寫著**因為我愛妳**。」

她認為這樣就可以彌補皰疹嗎？我說出口的話是：「艾德不是為一家捷豹經銷商工作嗎？妳告訴我，每次有女人來試車的時候，他第二天就會送她玫瑰。這件事做起來沒那麼難。」

「妳是打算要惹毛我嗎？」

我向她保證，我的意圖不是要激怒她。我說我只是納悶她對艾德的行為有什麼感覺。

「我能怎麼樣？永遠不原諒他？」

我指出，我們對話的開端是有些沒擔當的艾德講到克雷頓，說他不負責任。我想要蘿拉看出艾德的評論有其反諷性：克雷頓不必改變，因為她做了所有的工作。蘿拉兩手一攤，說她無法理解這個論點。到最後我問她，在她跟艾德的關係裡是誰在努力。當她承認是她自己的時候，我保持沉默。她終於問我到底在鬼扯什麼。

我澄清說：「妳原諒艾德老是遲到、可能偷偷跟女人調情又傳染皰疹給妳。」在長久的沉默以後，我問她為什麼不期待男人表現出正派而像個成年人的行為。

「至少他表示歉意了。那比我爸爸做過的還多了。」然後她望著窗外說：「實際上，我爸也不是那麼糟糕。他在我們的母親死後，還把我們帶在身邊。有很多男人會打電話給兒童保護服務單位。」

「唔，他確實把你們留在巴伯坎基恩，在一間小小的木屋裡受凍。」

「我告訴過妳了，我們設法熬過去了。」她用一種不屑一顧的口氣說出這句話，好像我是在碎念毫無意義的小細節。她在使用一種稱為重新框架（reframing）的心理技巧，把一個概念拿來重貼標籤，以便改變其意義。她重新框架我眼中的疏於照顧，替我的擔憂貼上「過度保護」的標籤。

「在妳第一次來到這裡的時候，妳講到『妳人生中的混蛋』。我們可以更具體地說明這一點嗎？」蘿拉看起來很困惑，所以我把問題表達得更細緻些。「在妳使用這個詞彙的時候，混蛋指的是某個對妳有所要求，卻沒有回報的人嗎？某個只為了滿足他或她個人需要的人？」

「人人為己，這是我爸的座右銘之一。」

「他是在把他自己的行為正常化。有多少爸爸出去買菸，然後就不回來了？」

「外頭一定有像這樣的爸爸。我的意思是，有孤兒院啊。為什麼會有好幾千個小孩到頭來去了兒童援助組織（Children's Aid）？父母離開了他們，就是這樣！」

「有多少人有這種懶惰卻還保得住工作的上司，因為他們的助理超時工作掩護他們？」我問道。

「是啊，唔，如果我逼克雷頓逼太緊，他可能會開除我。」

「有多少人被她們的男友騙，騙的是像皰疹這麼嚴重的事？」

「可能就跟那些白繳錢給騙子心理醫師的人一樣多吧。」

在蘿拉憤怒地收拾東西要離開時，她搖著頭，呼吸沉重地說：「抱歉我這種態度，但我真不敢相信我必須重複這種沒用的鬼扯。」然後她補充說，除了「少數幾次小失誤」以外，她爸爸一直都在她的生命裡。事實上，如同她大聲指出的，她常常看到他、跟他談話。

蘿拉仍然是一位不情願的病人，對治療有防衛心，而我仍然是一個新手治療師，想逐步鑿去她的防禦卻用力過猛。我開始看出知不知道一位客戶出了什麼問題完全不重要，治療的藝術在於讓客戶自己看到這一點。如果妳急於成事，他們就會猛然關上心門。蘿拉花了一輩子時間建立這些防禦，要花些時間才能剝除，得一層一層慢慢來。

我有我自己的心理困境。身為治療師，我需要保持耐性，但我內心深處有個A型人格。在A型跟B型這兩種人格類型中，B型人格是放鬆而非競爭性的，A型的特色則是野心進取，有控制的需求。（這是個粗略的概括敘述，許多人是介於A型與B型之間。）A型人格很性急，而那股驅力可以轉譯成壓力。說真的，這些特徵通常都跟壓力相關疾病相連。舉例來說，蘿拉的壓力加劇了她的皰疹發作。

許多社會心理學家相信，人格類型是天生內建的，意思是一個小孩生來就有某些長大後也不會改變的傾向。當然出生順序、父母教養與社會變數，都可能軟化你任何人格類型特徵，但改變不會很多。換句話說，一朝為A型，永遠為A型。蘿拉跟我都是A型人格。好的部分是，我們工作努力，有所成就；壞的部分是，我們缺乏耐性與同理心。在我們朝著自己的雄心壯志前進時，傾向於輾過其他人。所以我必須小心不要跟蘿拉陷入一種A型人格的對決中。如果我想做個好治療師，我就必須學著減輕一些這樣的特質。A型人格很欠缺的一種特質——耐性，會是關鍵。

2 進入森林

病患常會把文化指涉帶進治療時間裡。比方說，他們會講夢裡出現的電視節目角色，或者認同新聞裡的政治人物或形勢。他們標準預設是我跟他們共享這個社會脈絡，然而我常常根本不知道他們在說什麼。七〇與八〇年代，這整整二十年裡我幾乎沒看電視也沒聽廣播。我上大學的時候沒有電視機，忙著做各種工作又要念書，所以一個節目都沒看。然後在攻讀博士的時候，我生了個兒子。一年後，我生了一對雙胞胎兒子。我丈夫也是學生，而我跟三台嬰兒車、三張兒童安全座椅一起在一家店鋪樓上生活。我也必須在限定時間內完成我的博士學位，所以我以前習慣把鬧鐘設定在凌晨四點半，配合嬰兒的作息趁隙工作。我丈夫跟我都沒有時間看電視或聽廣播；我們用省下來的每一秒來照顧孩子或者工作。我的立場很怪異：對於十九世紀科學，特別是達爾文跟佛洛伊德我所知甚多，但對實際生活中的流行文化一無所知。多年以後，我發現反正我不怎麼想念這些，我以閱讀取代。

但我確實會每年到紐約市的電視廣播博物館（Museum of Television & Radio）朝聖，史上曾經製作過的每個電視節目，在那裡都有一份拷貝（當然，那時候沒有YouTube）。一般大眾可以選擇節目到視聽室裡觀賞，我可以在那裡補看病患們談到的所有節目，看看那些幫忙塑造出他們人格特質的角色。從某個電視節目如何影響某位特定病人的脈絡來觀賞它，是很讓人入迷的事。許多病患沒有父母恰當的引導，所以電視與電影裡的人如何互動，對他們有劇烈的影響。

蘿拉是個切中上述要點的完美例子。她的電視夢在治療中打開了一條全新的路線。一如往常，我很難引導她投入報告夢境的過程中。在我問起她的夢境時，她說她從不作夢。然而她總忍不住全力以赴。下次我們約診時，她踩著細高跟鞋搖曳而至，同時帶著一份她最近的手寫夢境紀錄，上面還用黃色螢光筆標出關鍵句。她噗一聲坐進椅子裡，說道：「這個夢跟波特上校（Colonel Potter）有關。」

「妳在軍隊裡有親戚嗎？」我問道。

她說：「喔天啊！妳一定知道他是電視影集《外科醫生》（*M. A. S. H.*）裡面的上校吧。」看我一臉茫然，她說：「別跟我說妳不知道波特上校。我希望我看的心理師不是從天王星來的。」

她解釋說，這個影集是一齣情境喜劇，講的是韓戰時期的一支美軍醫療團隊。職業軍官波特上校是這個團隊的領袖，他自己就是外科醫師。蘿拉把他描述成一個仁慈的人，而且無論他在對付的是哪種白痴，他從不心存批判。

「所以他有榮譽感又可靠。」我注意到這兩個特徵，在她老闆、男友跟父親身上都付之闕如。

「在夢境裡，波特上校戴著飛蠅釣釣手會戴的那種帽子，上面掛滿釣餌，」她說。「我穿著一件病人袍，一拐一拐地沿著一條醫院走廊前進，而他走向我。除了那頂釣魚帽，穿得就像他在影集裡一樣，一身軍隊的工作服。我跛著腳走過去的時候，他伸手捏了捏我的肩膀，不過什麼話都沒說。我醒來的時候感覺真的很好。」

「波特上校對妳來說有什麼意義？」

「喔天啊，我不想講那個！我父親不在的時候，我的行為很可恥，這跟當時發生的事情有關。」

我知道蘿拉喜歡清楚、實際的解決方案，我說：「我以為妳想在最短時間內好轉。羞恥就像汽油彈一樣：它黏呼呼的，會灼燒妳，然後永遠黏在那裡。如果妳辦得到，最好把它一小塊一小塊剝下來。」

「羞恥跟壓力是一樣的嗎？」蘿拉問道。她仍想講求實際，替她的壓力貼上標籤，以便擺脫讓她痛苦的皰疹。

「我會說羞恥肯定會導致壓力，」我回應道：「在我們的社會裡被視為某種禁忌的行為，會導致羞恥感，一種羞辱或難過的痛苦感受。佛洛伊德說，羞恥讓人覺得沒有人會愛妳。羞恥比罪惡感更傷人。對妳的行為產生罪惡感是很痛苦，然而羞恥在心理上的毀滅性高得多，因為這是對妳自己這個人有糟糕的感受。」

蘿拉聽到這番話以後挑起一邊眉毛，然後點點頭，好像領悟到她必須好好調查此事。

「好，」我繼續說道：「讓我們回到那間小屋，那個妳身為一個九歲小孩，跟妳八歲大的妹妹與六歲大的弟弟同住的地方。」

她說：「就像這裡有個水很冰冷的湖泊，妳最好直接跳下去開始游。所以別打斷我，就讓我暢所欲言。妳聽完以後會說：『難怪她會長皰疹，活該。』」她最後一句話是結合罪惡感與羞恥的經典組合，結果就是導致自我厭惡。

蘿拉眺望窗外，避開眼神接觸，語氣單調地講起她的故事。「我父親離開之後幾天，我領悟到我們得吃飯。再加上克瑞格的老師來到我們班上，問他為什麼沒有午餐吃。」她描述克瑞格如何啜泣起來。其他學生捐出一些午餐，老師則注意到他把餅乾放進口袋裡。「她問我家裡的狀況還好嗎。我說一切都好，我爸那天會拿到他的薪水。她想打電話到我們家，但我告訴她我們沒有電話。」老師要蘿拉請她的母親打電話到學校來。

「我就是那時開始從牛奶錢收集箱裡偷錢的，」蘿拉繼續說道。「那個盒子到處傳來傳去，每個人都應該把他或者她的錢放進去，不過我把錢拿出來。錢沒有很多，我也沒有被抓到過。接著在放學以後，我把那筆錢拿給我妹妹崔西，讓她去雜貨店裡買些廉價糖果，趁她引開店員注意力的時候，我偷走火腿罐頭跟各種食物。我真的很擅長這招。我走遍鎮上的不同店鋪，這樣就沒有人會懷疑我。」

然後蘿拉描述了在沒有洗衣機的情況下，她如何設法讓她的弟妹們有乾淨衣服穿。「我們最愛的電視節目是《迪士尼的神奇世界》（*The Wonderful World of Disney*），所以在節目播出的晚上，我叫每個人去洗澡，然後把他們的衣服丟出來。我每個星期五都趁週末之前去巨虎（Giant Tiger）折扣商店，偷些星期一可以穿的新衣服。我是個很厲害的小偷，就跟我父親一樣，我猜這是遺傳。一次我看了部電影叫做《壞種》（*The Bad Seed*），派蒂．麥考馬克（Patty McCormack）演的，而我知道那就是我——外表漂亮善良，但內心鬼鬼祟祟又邪惡。」

在她揭露這段過去的過程中，我小心翼翼，不用我的詮釋打斷她。我就只是聆聽，如同蘿拉所要求的。

「感覺崔西好像時時刻刻都在哭。克瑞格除了他餓了以外一句話也不說。他尿床。起初我對著他吼，但後來我乾脆忽略這件事，就讓他睡在尿上。最後，我會說些要是他們不停止抱怨、或者不聽我的話，我就會離開他們之類的話。我就是媽媽。」

我很震驚除了克瑞格的老師竟然沒有其他官方人員介入，但這位老師也沒有持續追究下去。

蘿拉看著地板，而我可以感覺到她的羞愧。她通常不會表現出痛苦，但我看得出來，她將要說出口的事情深深影響著她。「我不是個好媽媽。我不容許任何人講到爸爸，或者他離開的事。如果他們開始哭哭啼啼，我就會說我們必須繼續過下去。所以誰哼哼唧唧我就揍。」

蘿拉是受電視上《外科醫生》聖誕節特別篇的協助，才學到如何對她的弟弟妹妹更有同情心。「波特上校說只要他們擁有彼此，禮物就不重要。」出於一種絕望，蘿拉開始聆聽波特上校給他麾下其中一位年輕士兵「雷達」的建議。「他就像雷達的爸爸。我假裝他也是我們的爸爸。我假裝他在外打仗，我們必須看電視才能收到他的訊息。我告訴自己，不管他說什麼，我都會照做。我開始對上校的裡裡外外瞭若指掌，所以我可以對自己說：『面對這種情況，波特上校會怎麼做？』」

蘿拉把這個技巧應用在克瑞格尿床的事情上。「我假裝克瑞格就是雷達，我則是波特上校。我說：『所以孩子，你有什麼苦惱？』」克瑞格沒有回答，她就伸出手臂擁抱他，告訴他一切會沒事的。幾天之內，尿床就停止了。

「然後我開始跟波特上校講我偷竊的事，他則會對我說這類的話：『等這場戰爭結束以後，妳可以償還妳偷走的所有東西。』他會告訴我，我不是個壞人。外頭在打仗，我們做的是不得不做的事情。他也會這麼說：『有一天一切都會結束，我們會回到自己的家園，心愛的人在那裡等著我們。』」蘿拉對崔西跟克瑞格，也同樣開始重複這些安慰人的話。「我告訴他們，我們全都會長大，會跟某個像波特上校那樣的人結婚，他會愛我們，而且總是希望我們得到最好的。這讓我們熬過那段時間。」蘿拉還是會夢見波特上校，大半是在她感覺孤獨或者被逼到死角的時候。

她往後坐，注視著我。「唔，妳是唯一一個知道這整件事有多瘋狂的人。我知道我是個小偷，不過這表示我瘋了嗎？」她問道。「每次我讀到瘋子會聽到聲音，我總是覺得害怕。把波特上校當成爸爸還想像他的聲音，實在太接近瘋狂了，讓人不安。」

現在是我重新框架這個故事的時候了。「要是我會說，妳距離瘋狂很遠。事實上，妳很足智多謀。妳做了妳必須做的事情好生存下去。妳想要讓全家人團結起來，而且妳做的比大多數九歲小孩能夠做到的還多。我想妳是個勇士。」

蘿拉忽略我講的話。我沒繼續往下，她就很譏諷地說：「別用兒童節目主持人的態度對我。」小時候鮮少被稱讚的病人，通常不信任別人對成為大人的他們說的正面話語。一個孩子的自我概念是在孩提時代成形的，而且要花上很長的時間、用上許多肯定的例子，才能把那種自我概念扭轉過來。

「我現在還能感覺到偷那些罐裝火腿時的恐懼，聞到店主鋪設的厚紙板吸收融雪濕氣後的氣味。」她這麼承認。

「妳這樣做是為了讓妳弟弟妹妹生存下去。我想波特上校是個完美的父親，而我們全都透過角色模範來學習。實際上，這比任何其他形式的學習都要來得強。妳聰明到足以選擇一個對妳、跟弟弟妹妹都有效的角色模範。」

「不過我對他們很壞。」

「妳很實際。妳們不能花太多時間哭哭啼啼，要不然可能會全都垮掉。妳嚴格管理，不過一旦從波特上校那裡學到一些工具以後，看看妳對克瑞格尿床的事表現得多仁慈。」

蘿拉聽不進去。「我其實不是個好母親，崔西跟克瑞格都搞砸了。崔西從沒念完高中。她住在鄉間某個糟糕的地方，在一間工廠裡做掏火雞內臟的工作。她跟一個叫做安德魯的雜工搞上了。他們兩個都還滿蠢的，根本不知道怎麼樣維持一段關係，甚至不知道怎麼好好相處。」

「我弟弟克瑞格已經有孩子了。他沒有跟孩子的媽一起住，是個不負責任的爸爸。他做季節性的工作，鏟雪，基本上抽很多大麻。」

「妳有察覺到自己被期待做個家長的時候才九歲大嗎？」

「那又怎樣？有一大堆女孩在九歲的時候就得為人父母。她們設法辦到了。」

顯然蘿拉這麼深刻的羞恥感，是奠基在她可以在九歲就做個好母親的錯覺之上。通常讓人感覺最劇烈的傷痛，都建立在一個錯誤的前提上。我說：「在沒人幫忙的狀況下辦不到。妳被逼著要做妳不可能知道怎麼做的工作。這個計畫本來就註定是要失敗的。」

令人悲傷的是，蘿拉沒能完全解決的問題之一，就是她始終有個錯覺，認為自己對她弟妹來說不是一個好家長。她無法接受她當時是個小女孩，沒有能力做這種工作。

這些年來我已經發現，要是一個孩子在年紀太小的時候就被賦予成人的責任，又無可避免地失敗了，他們成年以後就會對那任務永遠感到焦慮，似乎永遠無法接受自己太年幼應付不了，反而會內化任務失敗的經驗。蘿拉聚焦在她為人家長的不及格上，鮮少提到被拋棄的創傷。她沒有一次暗示她父親疏於照顧，她把罪過全攬在自己頭上。

為了闡明蘿拉那時有多年幼，她跟她父親的期待又有多不切實際，我帶她去看在學校環境裡的九歲小孩。我的一位朋友是學校校長，替我們安排了一場戶外教學，去拜訪一個三年級的班。在蘿拉觀察到一群八、九歲的小女孩穿著小緊身褲跟連身裙時，她很震驚。不過在我們離開的時候，她沒有像我預想的一樣，說她一直對自己太嚴苛了。她反而說：「天啊，**她們**真不成熟。」我帶著她去了三個不同的班級。在開車回家時，她終於說：「八歲跟九歲比我記得的要年幼得多。」

我想她那堅若磐石的防衛，在去過那間學校以後微微出現了裂縫。在她那有缺陷的小屋生活回憶裡，她是個成人，現在她領悟到她當時實際年紀有多小了。這是無意識的需求可能悄悄潛入記憶並改造記憶的一個例證。她父親讓她相信她是個大人，因為他需要自己的人生裡有個大人，所以她就把自己想成是大人了。

這是我的第一個病患，而我們是在第一年療程的中段，蘿拉才慢慢開始看出她的人生跟大部分的人很不一樣。有一次她描述她收到一場生日派對的邀請函，所有三年級的人都受邀了。她告訴那位壽星，她父親那天要帶她去看棒球賽。當然了，冬天在加拿大沒有棒球賽可以看，所以那女孩的母親可能察覺事情有異。在派對後那個女人到學校來，帶給蘿拉一塊蛋糕、一個上面有她名字的氦氣氣球，還有一個裝滿小禮物的禮物袋。那些東西在她到校以前就放在她桌上了。蘿拉說，她很訝異對方如此大費周章，對此感到不自在。多年之後她才體會到這是個好意的表示。蘿拉每次看到那位媽媽在遊戲場附近等著接她女兒的時候，就會躲在廁所裡，直到她離開為止。我問她為什麼，她說：「感覺太詭異了。我完全不知道她想從我這裡得到什麼。」很顯然，蘿拉在求生模式下運作良好，可是人性中的仁慈反而讓她愕然。

蘿拉並沒有從中獲得重要的洞見，出現在她眼前的反而是一幅巨大的拼圖，每隔一段時間就會有一塊碎片突然變得合理，不過還不足以讓她看到事情的全貌。

在下一次約診，蘿拉描述他們在小屋裡的恐怖童話生存記是如何結束的。「我搞砸了。我在巨虎商店替克瑞格偷內褲時被逮到了。」那是四月，這些孩子已經靠自己生活六個月了。

我重新框架這起被她描繪成「搞砸」的事件，把它定義為一種成功。「所以，妳以一個九歲小孩的身分，帶著兩個年幼的手足，設法獨自在加拿大的冬天生存下來，從十一月過到四月。」

「在警察來接我們的時候，他們帶著我們回到那棟小屋，」蘿拉回憶道：「他們相當震驚，就只是一直搖頭。去小屋屋主葛蘭達跟朗恩的家敲門，然後問他們是否可以讓我們同住，直到警方聯絡到兒童援助組織、或者找到我們的爸爸做好安排為止。」（直到四年後他們的父親才會再度出現，不過這點稍後再談。）

朗恩跟葛蘭達自己有三個小孩。蘿拉看得出來崔西跟克瑞格很樂於待在那裡，這讓她很難過。「我以為我們靠自己過得不錯。再加上我不習慣讓別人告訴我要做什麼。在我們三個人之中，我才是那個有調適問題的人。」

他們留在那裡四年。我藏起對這一家人收留這三個孩子的驚訝，問起他們是什麼樣的人。蘿拉的答案是：「很好吧，我猜。」他們有紀律跟秩序，她這麼說。「崔西跟克瑞格仍在聖誕節去拜訪，把他們想成是自己的父母。我不這樣做。葛蘭達，那個媽媽，有一大堆規矩，而她想要事情照她的方法去做。」

我問起為什麼她妹妹跟弟弟調適得比她好。蘿拉說她一直是她父親的最愛。「爸從來沒有對我很惡劣過。我是最忠於他的人。他忽略崔西，但他對克瑞格很惡毒。」她父親曾經把小個子又脆弱的克瑞格說成是「媽寶」。

在此同時，收留他們的男人對待他們的方式卻好多了。「朗恩，就是擁有那些小木屋的男人，是個安靜但仁慈的人。他持續帶克瑞格去釣魚，從來沒有試著要催促他不要口吃。」（克瑞格在母親死後有了口吃問題。）「我們在那裡的時候，克瑞格的所有毛病都沒了。而且我會承認，桌子上有食物讓人鬆了一口氣。」

我問蘿拉她跟葛蘭達的關係。

「崔西跟克瑞格認為葛蘭達簡直無所不能，而她奉獻了大量時間照顧崔西的不安全感，」蘿拉說道，但她承認她自己的感受不同。「妳懂嗎，一直都是我跟我爸同一國。」

「從來不是妳跟妳媽？」

「不，從來不是，所以我猜我從來不知道有個媽媽是什麼感覺。」然後蘿拉頓了一下，笑出聲來：「嘿，聽聽我說什麼！我變成妳了——在詮釋我自己！」

蘿拉描述她如何抗拒葛蘭達的關注。「葛蘭達會說像是『外面很冷，妳需要戴帽子』之類的話。我那時搞不懂。我現在還是不懂。對我來說，要被當成一個小孩來對待已經太遲了。我已經在經營一個家庭。我們冷戰。」

但她很感激朗恩。「他以前常常帶男孩們去釣魚。他有一頂那種上面鉤滿魚餌的釣魚帽。他從來沒有對我說過任何鼓勵的話，但他偶爾會對葛蘭達說：『放過蘿拉吧，葛蘭達。她在照自己的方式做事。』」

我指出，在她夢裡波特上校頭上戴的就是掛了魚餌的帽子。「夢裡的那個男人有可能一部分是波特上校，一部分是朗恩嗎——一種組合兩者的仁慈善心？」

蘿拉看起來很震驚。「對，可能是。現在回想起來，夢境裡那頂帽子正是朗恩的帽子。」她露出微笑說：「有時候我會有幻想，想著我會長大變成有錢人，然後買一艘永遠都發得動的大船給朗恩，那是他很渴望擁有卻負擔不起的東西。」

我們第一年的療程接近尾聲了。我需要徹底充實我對蘿拉的治療計畫，並且規畫出達成計畫的方法。她跟她父親有很強的依附關係，但在關係中充滿了緊張焦慮。她照顧他，寬宥他的過失，基本上是她在做他的家長。她沒有要他為自己的疏忽或自私負起責任。蘿拉已經被拋棄過一次，還拚了命忠於自己的父親。她在那段關係裡的角色是拯救者。因為家裡沒有負責任的大人，她就接下這個角色，好讓他們可以運作下去。母親死了，父親的發展停滯，停留在不負責任的青少年階段。她必須支持他。她從中得到什麼？**活下去**。

蘿拉在她的家庭中是真正的英雄，但問題是，在她與其他男人的關係裡，蘿拉也扛起拯救者的角色。就跟面對她父親時一樣，她容許男友艾德還有老闆克雷頓不負責任，而她的工作就是拯救他們。我的工作則是讓她承認深埋在她心中的無意識需求：當個拯救者，還有如何下意識選擇了如同她父親一般，軟弱自私又需要被拯救的男人。

治療師的任務是指出模式。在蘿拉的例子裡很明顯的是，她置身於軟弱可能還有精神病態男性存在的情境。不過有很多理由，導致蘿拉張開眼看到這點很困難。首先，她把心理治療當成對付皰疹的一種辦法，而不是為了要解決童年的問題。其次，她一心一意忠於她父親的程度，讓她過去拒絕親近仁慈的養父母。儘管事實是她父親曾經消失無蹤，一連四年沒有跟自己的孩子聯絡，她還是與他有很深的羈絆。他回報她拯救這一家人的方式，是把他擁有的那一點點愛都給了她。這會是個很難打斷的動力，因為人幾乎會為了愛做出任何事情。不論我們在自己家庭裡是因為哪種角色而被愛，我們都會繼續體現那個角色，儘管如此會付出重大的代價。

雖然蘿拉認為她在掌控她的人生，但在現實中，她是個被拋棄、背叛、利用的失恃孩童。顯然蘿拉跟我兩人都有很多工作要做。

3 貓拖進來的東西

隨著蘿拉開始做第二年的治療，我身為治療師的第二年也開始了。對於治療隨機應變的本質，我學到很多。在自己開業以前，我根本不知道要跟上一位病人，會出現多少論述上的偏差。我很快就領悟到，理論純粹性完全只是學術上的奢侈。身為一個心理師，我會用上能從任何學科裡找到的武器。

然而就算有了必要的知性訓練，在實作的層面上有時候還是會掙扎。蘿拉有很多要宣洩的怒氣，她會花過多時間表達激憤，卻沒得到任何洞見。我很難巧妙引導治療過程，這是一種要慢慢學會的技巧。在《決斷2秒間：擷取關鍵資訊，發揮不假思索的力量》（*Blink: The Power of Thinking Without Thinking*）裡，麥爾坎・葛拉威爾（Malcolm Gladwell）描述了直覺判斷要如何靠多年經驗發展出來——而這點在任何書裡都學不到。隨著我做治療師的經驗變得更豐富，我確實學到怎麼把火力集中在對痊癒有必要的事情上。

在聖誕季節之後不久，蘿拉告訴我艾德給了她一條黑色綢緞床單當禮物。我問起艾德這份禮物心理上的意涵，她說：「妳知道嗎，妳對老好人艾德相當嚴苛，」同時補充說他是個極佳的性伴侶。「有時候我下班回家，他已經在房間裡擺滿了蠟燭。他會買性感內衣給我，我們會共舞。他真的在乎我有享受到美好時光。」

「這是個有趣的禮物，因為其中有性愛色彩，」我繼續說道：「透過性，艾德對妳造成最大的傷害：他傳染皰疹給妳，背叛妳的信任。」

「哇，妳有沒有放下過**任何**事情啊？好比說，妳有沒有講過：『嘿，那是昨天的事了。為什麼要為了覆水難收的事難過？』我選擇放過那傢伙。他對皰疹那件事遺憾得要命。」

艾德失去為捷豹賣車的工作時，蘿拉為他辯護，說他被開除是因為另一個業績爭不過他的推銷員陷害他。然後，為了留在他的豪華公寓裡，艾德開始賣古柯鹼，直到他找到另一份工作為止。

蘿拉跟我談了很多關於心理界線的事情——這是一種人為界線，我們以此指出別人跟我們互動時安全合理的方式。一個人的界線愈強就愈健康，他或她能夠對別人表達什麼是可以接受的，什麼不是。很明顯，艾德跨過了蘿拉的一條個人界線。她不贊同過度飲酒、販毒跟無業，然而她無法說出：「艾德，關於皰疹、毒品和失業，你越界了，我們玩完了。」雖然艾德的行為導致她心理上的痛苦，她卻不知道她有權要求他改變。一個又一個月過去，艾德一直沒找到另一份工作。我沒再提起這件事，希望隨著我們談到更多心理界線，蘿拉會建立起一些她自己的界線。

蘿拉的人生中有個無能男性三人組，她對他們全心奉獻。我認定鎖鏈裡較脆弱的連結，是她的老闆克雷頓。要是她有可能維護自己、脫離扮演拯救其中任何一位的角色，最有可能的對象就是克雷頓。她無法改變他，但她可以改變她對他的行為。她開始把焦點放在自己的工作上，不再掩護他。

克雷頓對她施壓，蘿拉既然從沒學會怎麼建立心理界線，他的心理操縱便讓她覺得很焦慮又有罪惡感。她下意識相信她應該做克雷頓的工作，懷疑自己是不是刻意那麼殘忍。她不知道恰當社交交流的基本原則。人在其中有平等的付出與接受的正常行為，在她看來很造作又肉麻。

在我問起她為什麼沒有自己的規矩時，她表達她極度地困惑：「如果每個人衝破界線，結果只剩下斷瓦殘垣，幹嘛還要有界線？沒有人會照**我**想要的做。他們為何要這樣？」蘿拉正好完美地界定了無力感；一段關係中的無力感，正是壓力或焦慮的主要起因之一。

做出心理上的改變也會激發焦慮。要打破一個習慣是很困難的，尤其是你讓自己適應了某種雖然不算好，卻讓你得以活命的特定模式時。無意識很強而有力，它會奮戰到死來維持一個舊有的模式。

蘿拉拒絕做克雷頓的工作，打斷了她的模式。克雷頓因為身為該部門懶惰又領太多薪水的經理，被掃地出門，又進一步擾亂了這個模式。蘿拉被升到他那個高薪的職位。「他們真的怪**他**欸！」她又驚又喜地說道。這對蘿拉來說是很棒的學習經驗，而且給她一種權力感。

大約在同時，蘿拉出席一場婚禮，她在婚宴中跟一位醉醺醺的伴娘有了一次震驚的對話。「我看到妳跟艾德在一起，」這個女人說：「他也傳染皰疹給妳嗎？」

在蘿拉回報這件事的時候，我只是挑起一邊眉毛注視著她。到了這時，她已經知道我在想什麼了。「我知道妳想要我離開他，」她說：「但誰會要我？好男人不會忍受長皰疹的人。」

她的說法有其見地，但我指出或許塞翁失馬焉知非福。「妳一直很漂亮又很享受性愛，但妳害怕親密，」我溫和地指出。「現在妳必須發展出一種情緒親密的關係，經過等待，再發生關係。在跟妳做愛以前就接受妳所有缺陷的男人，會是個特別的人。」

「吉爾迪娜博士，」她回答：「妳**到底**有沒有去過外面的真實世界啊？」

一個月後，蘿拉來赴約同時宣布：「唔，我辦到了。我知道艾德背著我偷吃，但我根本不知道他把皰疹傳染給半個城市的人。我告訴他，我們結束了。」在我問起他的反應時，她說艾德哭了。「他說他很抱歉，然後說他想娶我。我告訴他：『艾德，我為什麼會想要一個撒謊、劈腿、傳染疾病、全職工作是販毒的丈夫啊？一個像這樣的男朋友已經夠糟了。』我是在大掃除嗎？我正在擺脫我人生中所有的混蛋。」她以自己為傲，我也以她為傲。

在蘿拉所謂的「混蛋三位一體」中，唯一剩下來的就是她父親。這棘手多了。他是她最深的牽掛，不像克雷頓跟艾德，他在她的人生裡一直維持著重要性。

蘿拉的夢境揭露她跟父親的情感關係如何改變。佛洛伊德說，我們無意識的驅力或本能像是性與攻擊，被隔絕在我們有意識的心靈之外，文明並不想讓我們看到這些東西。因此，壓抑（repression）、否認（denial）與昇華（sublimation）等防衛機制，在保護著這些驅力。無意識驅力偷溜進有意識心靈的方式之一就是透過夢境，其素材偽裝成象徵性的符號。不過佛洛伊德論證說，如果你詮釋這些符號，並且做自由聯想，就有可能搞清楚無意識企圖透露些什麼。如果夢境被掩飾得太好，意義可能會遺失；如果掩飾得不夠，就會是一場惡夢。佛洛伊德說得對：「夢境是通往無意識的捷徑。」因此，夢境在治療中是不可或缺的。

藉著詮釋夢境，蘿拉跟我頗有進展。有一天，她把她的夢境日記抱在胸前說道：「雖然佛洛伊德在很多方面很混蛋，他真的對夢境滿有一套。我有個很鮮明的夢，鮮明到我醒來的時候心臟狂跳，有好幾分鐘以為事情真的發生過。」

「我在舞台上，那裡有數百名觀眾。我穿得破破爛爛又沒塗口紅，這讓我很尷尬。台上有隻用紙漿做的超大黑貓。毒藥樂團（Poison）彈奏著他們的新歌〈看貓把什麼拖進來了〉（"Look What the Cat Dragged In"），同時我踢著這隻貓的嘴巴，直到牠開始破裂解體為止。有些觀眾在拍手，但我感覺很糟，我很納悶我為何要這麼做，雖然我就是忍不住。」

在分析這個夢境時，蘿拉說不難想到背景音樂的來源，因為她最近才在她妹妹家裡聽到這首歌。我問那句話「看貓把什麼拖進來了」對她有何意義，她臉色一沉。「我父親在我去監獄看他的時候，這樣對我說。」

我很訝異聽到這個全新消息：她父親坐過牢。看懂我的表情以後，蘿拉早一步打斷我，說她從來不知道他為何在牢裡。「要去監獄得搭十三個小時的巴士。我那時十四歲，為了這趟旅程存錢存了好幾個月。我走進監獄裡的時候，男人們吹起口哨，我爸就只是笑，然後說：『我的天啊，看貓把什麼拖進來了。』」

「講得好像妳才是問題似的？」

「他就只是一直笑。我想要生他的氣，但這樣有何意義嗎？他已經窮途末路了，所以我吞下自尊，設法把事情做完。此外，要到明天才會有另一班巴士。我告訴他我必須睡在巴士站的時候，他說：『喔，妳這身穿著很適合啊。』我穿著那時候很流行的褪色牛仔褲。他不喜歡那種褲子。那是我最後一次去監獄探望他。」

「我猜妳那時很憤怒。在夢境裡，妳氣到直踢那隻貓的嘴巴。」

「我想要說：『我會讓你看看一隻貓可以把什麼拖進來。』我在夢裡摧毀了那隻紙漿做的貓。」蘿拉的表情又陰沉下來。「真是個自私的混帳。再加上其他受刑人有幾分色瞇瞇地猛盯著我看，他也沒有說：『放尊重一點，你們在看的是我女兒。』他用他那種不入流的方式，對那群魯蛇炫耀。強者竟然墮落至此。」

「妳以前覺得他是強者，對妳來說，看到他變得這麼卑微一定很難受。」

她嘆了口氣。「我猜他從來就不是強者，我只是以為他是。」

這是她第一次真正表達對她爸爸的憤怒與失望，而這在治療中是很重要的一刻。一大塊拼圖就了定位。

「所以妳去監獄看他，靠著課後打工買了張巴士票，在十四歲的時候獨自搭好幾小時的車前往，他卻羞辱妳、嘲笑妳，沒有在其他受刑人面前保護妳。妳覺得自己衣冠不整，那些受刑人色瞇瞇地盯著妳看。在夢裡，『沒塗口紅』跟『觀眾』代表其他受刑人看著妳暴露在外，沒有妳父親的保護。在夢裡，妳很憤怒，妳踢著那隻其實是妳父親的貓，然而**妳**卻有罪惡感。有些人鼓掌了，有些人沒有。那是怎麼回事？」

「我生他氣的時候，我有罪惡感。但我知道妳希望我對他生氣。為他說句公道話，他唯一一次批評我就是在這起監獄事件中。」

我反駁說，我是想要她以實際的角度看待他。那樣她可以發展出一個對他們兩個人來說都行得通的關係。我告訴她，他們在跳一支無意識的探戈——他不負責任，她則過度負責。

「妳就像世界上所有其他女兒一樣，跟父親情感連結很深。達爾文指出所有物種都有那種情感連結。妳跟妳爸爸的情感連結完全是正常且必要的，但我想妳把情感連結錯當成愛了。情感連結不是一種選擇，是生物上的必然，對生存來說是必要的。愛則是一種選擇。在妳碰到一個需要妳照顧的無能男子時，妳立刻對他充滿好感，因為妳對那種行為建立起情感連結了。妳精心磨練過妳的角色：照顧男人，並且因此被愛。但愛是產生在你們的彼此關懷之中。妳要欣賞戀人的性格特質，而不是保護他免於真實世界的摧殘。妳爸爸愛妳，盡他所能地愛，是因為妳照顧他。可是某個男人會因為妳所有的性格特質而愛妳，不只是愛那些會替他文過飾非的特質。」

蘿拉把這番話聽進去以後，似乎放鬆下來。「以前我覺得這種話聽起來像兒童節目內容，但在最近這幾個月裡，我心裡有一小塊地方真的很渴望這樣。」

病態的防衛在治療中開始崩解時，病患會帶入他們出身背景裡的更多材料，那是他們原本一直抵抗著的東西。突然之間，治療之初還無法觸及的記憶就浮現了。在蘿拉一直想捍衛她父親的時候，她遮蔽掉許多她對父親的負面記憶。然而在兩年的治療之後，那些痛苦的回憶開始像熱岩漿一樣流動起來。

當蘿拉與弟妹們住在巴伯坎基恩的時候，葛蘭達、朗恩以及兒童福利單位曾經設法要找到他們的父親卻沒有成功。最後他們放棄了，領養了這些孩子。那幾年是美好的，蘿拉與崔西都過得很好，克瑞格的發展尤其順遂。克瑞格跟朗恩在一起的時候狀況最好，而且他在學習如何成為一個工匠。他開始比較多話，會很有耐心地在窗口等朗恩晚上回家。

在他們住在這進入第四年的一個寒冷冬夜裡，有人來敲門。朗恩開了門，孩子們的父親就站在那裡。根據蘿拉的說法，他走進來說道：「嗨，孩子們！我已經再婚了，現在該打包回家了。」沒人有所動彈，這時他口氣輕快地說：「你們有個新媽媽了！」

突然間，蘿拉看起來很悲傷。她描述她弟妹本來想要留在他們的養父母家。是蘿拉堅持他們要離開朗恩跟葛蘭達。「我現在領悟到這對我的弟弟妹妹來說，是多麼糟糕的決定。這毀了他們的人生。我爸從來不喜歡他們兩個。有朗恩這種永遠仁慈的爸爸，克瑞格表現得那麼好。」這是在療程中，她第二次熱淚盈眶。

他們搬到多倫多。此時他們的父親窮愁潦倒，是個幾乎只能勉強維持日常生活的長年酒鬼，住在某個糟糕區域的低級酒吧樓上。在他們爬上那個陰冷又沒有照明的樓梯間時，那裡站著一個比蘿拉大不到十歲的年輕女子。她骨瘦如柴，漂成金色的頭髮有暗色的髮根。她穿著一件聚酯纖維金線做成的半透明上衣，裡面穿著一件黑色蕾絲胸罩。琳達二十一歲，蘿拉的爸爸三十來歲，雖然蘿拉注意到他看起來比實際年齡老，他們全家一起出門的時候，大家都以為琳達是第四個小孩。

琳達穿著高跟鞋走向他們，用小娃娃似的聲音說：「嗨，親愛的，我是你們的新媽咪唷。」崔西跟克瑞格都說了哈囉，但十三歲的蘿拉只是怒視著這個二十一歲的對手，然後走進她的房間。她必須跟她弟弟妹妹共用一間臥室，而且那裡沒有門，只有從有水漬的天花板垂下的珠簾。

在接下來兩年裡，琳達大多數時候都喝醉了，而且不像蘿拉的母親那樣總是安安靜靜的，琳達是個很惡毒的醉鬼。她會嘶吼尖叫，說她可以跟世界上的任何一個男人在一起，卻被困在一個老廢物身邊。蘿拉的父親也會喝醉，然後痛打琳達。蘿拉會去拿冰塊冰敷琳達的嘴唇或眼睛。

有一天晚上，三天的痛飲狂歡達到最高潮時，蘿拉的父親跟琳達起了爭執。蘿拉描述這裡有個可以預測的模式：她繼母會在性方面拿別的男人跟她父親做比較，用來奚落他。「她知道這樣他就會大發雷霆，而他也總是被激怒，就跟發條一樣準，」蘿拉這麼回憶：「她從來不知道適可而止，她也為此付出代價。他一直叫她閉嘴，否則她會後悔的。」

蘿拉記得在她房間裡讀《神啊，你在嗎？》（*Are You There God? It's Me, Margaret*）的時候，聽到拳頭落下還有東西碎裂的聲音，接著樓梯間一陣騷動。崔西跟克瑞格留在房間裡，但蘿拉走了出去，看到琳達癱成一團倒在樓梯底下。她父親全身冒汗、喘不過氣，穿著扯壞的襯衫坐在餐桌前雙手抱頭。她從兩邊都有牆壁、狹窄如隧道的樓梯往下跑。「琳達躺在那裡，癱成一小團。她失去知覺，而且脖子扭成一個怪異的角度。」蘿拉摸不到脈搏，衝上樓去打九一一。然後她看著她爸爸，心裡明白可能是他把琳達推下樓梯。「我叫他脫掉襯衫，把襯衫藏在我房間並拿了另一件給他穿。擦乾他手臂上的血，那是她抓傷他留下的。叫崔西跟克瑞格在警察來的時候，說他們沒吵架。」

「妳父親這段時間裡在幹嘛？」我問道。

「他爛醉如泥。」

在急救人員抵達的時候，他們宣布琳達死於頸部骨折。蘿拉告訴警方她從樓梯上掉下來。他們問起她為什麼看起來像被痛打過，蘿拉解釋說她的頭撞到了每一階樓梯。「在地人都知道琳達是酒鬼，在酒吧裡一喝醉就惹麻煩，所以她就這樣被載走，沒有人再看到她。」蘿拉語氣平淡地說。

「第二天，我已經清醒的父親說，我們在樓梯上應該小心，因為樓梯很危險——某些腳踏板已經鬆掉了，克瑞格用鐵鎚修好了橡膠腳踏板。琳達從樓梯上摔下去成了家族傳說。」

「傳說？」我很納悶蘿拉不是承認了她父親把琳達推下樓梯？

「我到現在都還不確定是他把她推下樓梯，還是她自己跌下去的。沒有人看到。」

「然而她飛出去的速度足以致死，」我指出。

「確實，」蘿拉這麼說，然後補充：「可是她很嬌小，大概就八十五磅重。此外，總是有人自己跌下樓梯死掉。常有這種事。」

「妳對琳達的死亡還有當時的狀況有什麼感覺？」

「說實話，我從來不喜歡琳達。她是個自私、難取悅又惡毒的醉鬼。她從沒煮過一頓飯，她就只是另一個我必須應付的麻煩人物。」

「不過這肯定帶來相當大的創傷。這是妳第二次為了妳父親死去的妻子叫救護車。一次是為了母親，一次是為了繼母。」

蘿拉說，她沒感覺到受創，這只是又一件必須處理的事。

「全都只是份內的工作？妳有沒有對妳父親感到懷疑、憤怒或害怕？」

「我知道妳會覺得我很奇怪，但我怪我自己。對我來說，真正的創傷是——既然妳愛用這個字眼——是我拖著克瑞格跟崔西回到多倫多，那段日子對他們來說實在很糟糕。我爸沒辦法應付任何一件事。我早該知道這點，不該讓他有這種負擔。」

「所以妳責怪自己給他太多壓力，而不是他可能害死了琳達？」

「做過兩年治療以後，我現在已經知道這種邏輯不太對勁，不過老實說，我就是這種感覺。」

身為一個新手治療師，我很驚訝蘿拉竟然如此頑強的否認。無論她有多明白她的父親能做出什麼事，她仍然不願意要他負責。我開始學習到，我逐步鑿落的不是一塊冰，而是一條冰河。

在治療第二年的尾聲，我們頗有進展，但還必須更深入鑽研蘿拉跟她父親之間的關係。「踢貓」的夢當然是個開端，她用更實際的眼光看待他了。我害怕的是直到她放棄保護他為止，還會繼續在其他男人身上重複這種角色。

從實際的面向來看，我開始納悶那位父親——很顯然比較像個精神病態者，而不是個倒楣的酒鬼——是否謀殺了琳達跟他的第一任妻子。我懷疑蘿拉封鎖了所有跟她母親有關的記憶，是一種保護她父親的手段。針對那起死亡事件，她在無意識的層面上知道的事情，會不會比她察覺到的還多？

4 天啟

以特定的心理學理論為基礎，治療師可以施展各式各樣的方法來治療他們的病人。在我執業的早年，我大半仰賴假設有「無意識」存在的佛洛伊德範式。隨著時光流逝，我變得更兼容並蓄。我把完形心理學的技術，像是角色扮演也整合進來，並且聚焦於目前發生在治療師與病患之間的事，反映出病人如何處理外在世界的衝突。我也應用卡爾．羅傑斯（Carl Rogers）的當事人中心療法（client-centred therapy）。根據此療法，當事人才是她個人困境的專家，治療師大半的作用是當塊共鳴板。

簡而言之，我發現只結合一種取向很受限。我需要思考每個案例，並且權衡對每位當事人來說怎麼做最好。有時候病患並不特別善於內省，很難靠著佛洛伊德式的自由聯想觸及他們的感受。所以我會從洞見取向的路線，轉向既即時又深具震撼效果的方法，也就是角色扮演。在這種情況下，病患會被推進一個角色裡，必須做出回應。舉例來說，如果她對她的老闆感到憤怒，我會假裝我是老闆。而病患的真實感受，通常會在練習中浮現出來。或者，如果某人在童年受到極大的剝奪，沒有人聽他或她說話，我就會用卡爾．羅傑斯方法——純粹聆聽，將此做為提供病人成長所需養分的方法。每個案例都需要頻繁的重新評估，而如果患者沒有心理上的進步，就有必要嘗試另一種不同的技術了。正如愛因斯坦的名言：「瘋狂的定義就是一再重複相同的作為，卻期待不同的結果。」

有時候使用一種社會學模型而非心理學模型是有幫助的。用社會學詞彙重新定義蘿拉的案例，她父親屬於一個群體，也就是酗酒者，蘿拉則屬於「酗酒者成年子女」的群體。匿名戒酒會假定酗酒者有某些特徵，而他們的子女才會發展出自己的獨有特徵，以便因應父母的酗酒行為。事實上，世界各地都存在這樣的團體，專門幫助在酗酒家庭長大的成人。

所以我給蘿拉一本珍妮特・沃提茲（Janet Woititz）的《酗酒者的成年子女》（*Adult Children of Alcoholics*）。我想讓她看看許多酗酒者成年子女共有的特徵列表，尤其是長女通常會變成替代家長。

蘿拉下次來赴約時顯得緊張不安，因為她發現她有列表中的每一項特徵。她做了另一張翻頁圖表，讀出圖表上面的每個特徵時，就像個在點名的陸軍中士。「酗酒者的成年子女會做下面的事情，」她開始說：

一、猜測正常的行為是什麼。

「我根本不知道，一個八歲小孩必須扮演家長並不正常。」

二、毫不留情地批判自己。

「我痛恨自己是個壞家長，又得了皰疹。」

三、很難享樂。

「享樂？我是什麼人啊，還在念幼稚園嗎？我工作。」

四、非常嚴肅地看待自己。

「我工作的地方還有我爸爸那邊都批評我無法接受玩笑。」

五、發展親密關係有困難。

「不會讓妳靠近或同情我。畢竟這樣可能導致這本書所謂的**親密**——不管**那**是什麼意思。」

六、對於他們無法控制的事情反應過度。

「怎麼不會？所有的改變都是壞的。改變就是謀殺、警察叫我們搬家，或者我們必須躲避債主。」

七、永遠追求認可與肯定。

「我會為艾德、我爸還有克雷頓工作，只為了取得他們的認可，雖然他們是混蛋。喔，我爸不是個徹底的混蛋，不過他可以很混蛋。」

八、覺得自己跟別人不一樣。

「我是不一樣。別人都還在沙地玩。我做過他們想像不來的事情。」

九、超級負責。

「為了完成工作，我可以肝腦塗地，然後絕對不會認為自己做得已經夠好了。我會在半夜醒來，擔心第二天上班得做的事。」

十、極端忠誠，甚至在有證據指出根本不值得忠誠時亦然。

「呃，這個太明顯了，甚至沒啥好討論的。我很忠於克雷頓、艾德跟我爸，這些男人在他們的年齡層都該贏得年度第一混蛋獎。」

對蘿拉來說，這本書跟這張症狀清單就像一道閃電。她感覺這些內容描述的就是她，就好像作者看透了她的靈魂。

在她閱讀這本書以前，她根本不知道並不是只有她是這樣。在她完成她的列表時，她大受啟發並提高了聲音說：「**我就是個酗酒家庭的產物。我現在懂了。**」

有一週，蘿拉透露她祖母過世了。在我表達哀悼時，她說不用，因為她祖父母都是「白痴」。幾分鐘後她才說：「我該知道的。我跟他們同住過。在琳達死後，我爸惹上某件不重要的爛事被關了起來。我十四歲或十五歲的時候，我們被送到歐文灣（Owen Sound）去跟他父母住。」

她的祖父母住在一個拖車停車場裡。她說他們「蠢得跟柱子一樣，讓所有住拖車的垃圾白人都跟著名聲蒙羞。他們能找到彼此還真是令人驚訝，因為他們是同一個模子印出來的瘋。如果妳不照他們的期待去做某件蠢事，他們就抓狂。」有一次，蘿拉帶著奶油玉米而不是玉米粒回家，她被皮帶抽打，然後被鎖在衣櫃裡二十四個小時。（狹窄空間與樟腦球的味道，到現在還是會讓她喘不過氣。）這類行為還有許多其他的例子。他們一邊打她，一邊跟她說她父親不是好東西，她也不是。

蘿拉不習慣肢體暴力與口頭辱罵。就算在她父親跟琳達同住的時候，他也從來沒有殘酷地對待過她，也從不體罰。事實上，他常常誇獎她。他的慣性作法是忽視。

她提到她祖父曾經對她抱有「異樣的性態度」。我請她闡明，她說：「他會說我看起來就像我母親是個『外國娼妓』，要是她沒對他們的兒子設下圈套、毀了他的人生，他本來會很成功。每次我約會完回家，他就說要檢查我的貞操。就這麼一次，我舉起一把刀，說如果他敢碰我，我就會打電話給養父母朗恩跟葛蘭達，然後警察就會來，他就可以去監獄跟他兒子團聚了。祖父笨到不知道我是認真的，但祖母懂得察言觀色，就說：『別管她了，我們才不想靠近她。』」

那是蘿拉第一次提到有不恰當性意味的行為。發生這種事的時候，通常有更多事情是病人沒有揭露的。

「妳可以告訴我妳祖父講過什麼跟性有關的話嗎？」

她敷衍地搖搖頭。「他什麼都沒做。他內心深處是個懦夫。祖母才是那個靠病態信念掌權的人。」

我設法小心翼翼地趨近，不植入任何先入為主的觀念，但我最後確實說了，過著混亂生活的人更常碰到性虐待，因為少了家長的保護，他們更容易受害。而且，他們不知道正常的行為是什麼，也不知道他們有權利說不。

「我不是這樣。任何人敢靠近我，我就會割開他們的喉嚨，而且我想男人察覺得到這種事。」

蘿拉曾經成為受害者，但她從不接受受害者的角色，因此她才這麼有英雄色彩。就算她已經戰鬥了許多年，她每天起床時都決心要讓自己變得更好。

雖然她在某方面是個英雄，但在心理上否認痛苦有其缺點。她沒有去體驗她真正埋藏起來的感受，亦即恐懼、寂寞與被拋棄——她只感受到憤怒。憤怒不是一種感受，那是一種防衛。妳無法承認妳真正的感受，因為它們太過痛苦難耐，這時候妳就會用憤怒來抵抗它們。我的工作就是讓蘿拉把真實的感受連結到她的遭遇上。

我從蘿拉這個案例中學到一個心理師不能心存批判。每個人在某種程度上都會下評斷，我們人類就是這樣分類與評估情境。我本來可以將蘿拉的父親貼上「在青少年階段就停止成長的酗酒精神病態者」這樣的標籤，或者用一般人的說法來說就是自私。然而我一聽說他有個虐待狂母親，還有個變態又缺乏工作能力的父親時，我就領悟到他是在逆境下奮鬥。沒有人讓他為成人生活做好準備。事實上，他已經比自己的父母還更擅長為人父母了。只有他自己知道父母在小時候是怎麼對他的。他沒有角色模範、治療或者任何描述的工具，但他確實一直以他有限的方式嘗試重新連結。

在我們一同工作的第三年後半，出現了某個來自過去的訊息對治療造成衝擊。最近這幾年蘿拉的妹妹崔西一直過得不太好。她有個兩歲兒子，前一年感染腦炎時陷入昏迷，現在有輕微的腦部損傷。她最近生下一對雙胞胎。她丈夫幫不上忙，又是個有功能障礙的憂鬱症患者。蘿拉有好幾個週末都去崔西在郊區的家，幫忙照顧新生兒。

然後蘿拉得知崔西的丈夫在浴室裡上吊自殺身亡。在這個恐怖事件的餘波中，崔西坦承她無法獨立照顧這對雙胞胎。

「崔西要求妳做什麼？」我設法釐清。

「幫忙。我會這麼做的。我會每個週末去她那個崩壞中的荒涼農舍添個人手。天啊，我在那裡的時候，每一分鐘都很忙。我必須付尿布錢，因為她企圖要限量分配尿布。天啊，她真的應付不來。」

「我同意她需要妳的幫助。幸好她有妳幫忙。沒有人比妳更擅長組織、工作比妳更努力。」我試探性地問：「但情緒上的幫助呢？」

「當我沒在討論那些具體的事情，她就只是哭。」

我提醒蘿拉，她妹妹跟她體驗過相同的失落：母親之死，父親的遺棄，琳達的暴斃，父親身陷囹圄。我指出蘿拉一直是她父親的最愛，同時他卻忽略崔西、叫她「牢騷太太」。蘿拉是聰明又漂亮的姊姊，有令人仰慕的鋼鐵意志。崔西卻完全不具備這些天賦。我溫和地指出，她可能需要蘿拉情感上的支持。

「盡我所能。我已經跟她說過我們會熬過這一切。」

蘿拉描述的是鼓勵，不是親密。我決定再一次提出這個主題。我們曾經隨口帶到**親密**這個字眼，她也曾經讀到過，不過我還是覺得她沒有內化這個詞彙真正的意義。我知道我必須極為謹慎地進行，因為她潛藏的感受有極其堅強的防衛；她要是關上一道門，就是砰一聲地甩上。我提出建議，告訴蘿拉說她或許會想要跟崔西分享她內在的感受。我指出她做了三年的治療，崔西卻沒有。「妳有告訴過崔西說妳在做治療嗎？」

「老天爺啊！沒有。」

我提醒她，她來做治療是為了學習如何處理她的壓力與焦慮，而治療效果良好。不只是她的皰疹發作率降低了。她對她自己、還有如何增進生活品質，也學到了更多事情。但她需要鑽得更深一些。「有個概念叫做親密感，妳曾經讀過人會在這時候分享他們的感受，」我冒險說道。

「我**知道**這個。我不是來自歐克星[3]。」

然而蘿拉看起來很困惑。所以我說：「親密是在妳很熟悉自己的情緒時，跟別人分享妳的感受、恐懼、羞恥、希望與喜悅。」

「天吶！為何不乾脆在街上裸體跳舞算了？」

---

3 譯注：在美國電視影集《默克與敏蒂》（*Mork and Mindy*）裡，主角默克是外星人，他的母星叫做歐克星（Ork）。

我跳過這句話。「一開始很難做到，因為在妳小時候，沒有人向妳表露過感受，」我說：「事實上，妳為了掌控生活還必須隔絕妳的感受。難怪這對妳來說很難學習。」我解釋，親密地談話就像學習另一種語言。妳做得愈多，就會變得愈容易。

蘿拉執意想著實際上該怎麼做，要求我給她一個實例。

「在妳跟我分享皰疹讓妳深感羞恥的時候，我能夠同理妳的感受。」我提醒她，在她第一次來做治療的時候，她禁止所有的同理。

她點點頭笑了，就好像那是上輩子的事。

「要是別人用這個來對付妳呢？」她問道。

「總是有這個可能性。妳應該只對妳認為可以信得過的人表達親密感，這是建立更多信任的基石。在這方面妳必須稍微放手一搏。」

「老實說這聽起來很冒險，但我懂了。這可以讓人更親近或徹底搞砸一切。」

「人在分享自己的感受時會覺得比較好，壓力比較小、也比較不焦慮。如果妳計畫有個生活伴侶，情緒上的親密會是黏著劑，讓你們在身體的親密消退之後，還能夠繼續在一起很久。」她做了個鬼臉，表示她覺得這個概念有點扯。

蘿拉跟我排練了如何有一段親密的對話。我設法給她一些可用的字彙。我說：「崔西有可能跟妳一樣，不知道怎麼跟人親密。也許她利用抱怨，把這當成一種防衛機制，就跟妳利用憤怒一樣。」蘿拉曾經告訴我，崔西發現她丈夫在淋浴間裡上吊的時候，她第一個反應是：「現在誰會來幫我呢？」失去一個心愛的伴侶，她沒有任何話要說。崔西跟她的伴侶是兩個失落的靈魂，從親密感的角度來看，他們是徹底的陌生人。

現在我們處於治療的第三年，蘿拉在劃分界線方面有很大的進步，但我們仍然在談像是親密感這樣的基本概念。這個概念對她來說仍然令人厭惡，畢竟她對此最初的記憶是在她割傷腳的時候，她的父親對她的堅強展現出愛意。在蘿拉心裡，分享痛苦並不堅強。

現在我要求她拋下警戒心。二十多年來，她在家庭與社會大學裡學到的事情，與此完全相反。在拳擊場上，從來沒有人會叫一個拳擊手放低他的左拳。

蘿拉取消了她的下一次診療，這是她以前從沒做過的事。她把約診說成是她的「救生索」。幾週後她來了，看起來愉快卻假假的，我可以從她臉上看出事有蹊蹺。

我告訴她我覺得房間裡有股危險的暗流，並且補充說要是她沒有出席診療，肯定發生了什麼嚴峻的狀況。她坐了幾分鐘，眺望著窗外。最後，子彈似地射出這些話來：「我嘗試了妳**魯莽的**主意，企圖跟我妹妹變得更親密點。我早就知道，我不去捅親密感這個馬蜂窩是有理由的。」她一拳摜向她的椅子扶手，以充滿譴責的目光看著我。我保持沉默。她繼續說：「我去崔西家。在半夜，我在餵其中一個寶寶，崔西在餵另一個。我們幾乎是在一片黑暗中，坐在成對的搖椅裡。我說我們小時候過得不太輕鬆，還有我是從治療裡學到這件事。她很驚訝我這麼說，因為她一直是哭哭啼啼的那個人，我則一向不容許這種事。她說她以為我一直很快樂，因為我『擁有一切』。」

蘿拉向崔西揭露自己不但在做心理治療，她也開始領悟到，她們的父親並不總是個完美的家長。「他一定已經盡他所能了，但這樣還不夠。我告訴她，我怎麼學到艾德只是爸爸的翻版。他是個英俊有魅力的人，但他背叛我，把皰疹傳染給我。」

蘿拉接著凝視著我的眼睛，說道：「對，吉爾迪娜博士，驚奇還沒結束呢——我告訴她皰疹的事。我繼續說，說了艾德做的工作甚至跟爸爸一樣，也像他做起非法生意。我說我一直為艾德找藉口，就好像為爸爸找藉口一樣。崔西似乎很困惑，所以我講了一整套關於情感連結的長篇廢話。**我有一整晚可以講，對吧？**」

蘿拉也坦承，她折磨自己，因為她對崔西跟克瑞格來說是個壞媽媽，只把重點放在生存，而不是他們的情緒健康。「我告訴她我有多抱歉。然後我頓了一下，」蘿拉低聲說道。「我猜我是希望她原諒我，或者說我只是個孩子已經盡我所能，就像妳常常跟我說的那樣。」

「她沒有這麼做。她只是癱坐在那裡。我開始覺得很火大，就好像我正在掏心掏肺，她卻像一輛生鏽又被挖掉零件的舊車，就只是停在那裡。最後我催促她，我說：『崔西，妳想要跟我分享點什麼事嗎？』妳應該聽聽我們兩個搖晃自己的椅子所發出的吱嘎聲。到最後，她用一種徹底平板的語調說：『爸在我們還小的時候，跟我做過很多次愛。』」

現在輪到我一臉茫然地坐在那裡。我沒料到會聽到這個。我就跟當時的蘿拉一樣震驚。蘿拉讀出我的驚訝，然後示意要我等到她講完為止。「我就坐在那裡，手上的嬰兒奶瓶顫抖著等她繼續說。她沒再多說一個字。我想要尖叫說她撒謊。我知道不該做那種事，但我耳朵裡只有我如雷的心跳，我無法思考。我就這樣靜靜等了真的很久的時間，等到我的五臟六腑不再翻攪為止。」到最後，崔西說話了。「『有一次我們真正的媽媽開門逮到我們。她看了幾秒鐘，然後就把門給闔上了。』」她這樣告訴蘿拉。

蘿拉問起既然她們姊妹睡在同一個房間裡，她為何一無所知。崔西說，他在四下無人的時候這麼做，但他冒著很大的風險。

「我問她，為什麼從沒有告訴我，」蘿拉說道，然後陷入沉默。

她看起來沒有感覺受傷的樣子，反而很憤怒。實際上，是狂怒。最後，我敦促她說出崔西的答案。

「她就像她平常那樣，了無生氣地聳聳肩。然後說：『妳不會相信我的。妳以為他無所不能。』無論我再怎麼問，她都不肯再多說了，」蘿拉回憶。「然後我想到妳說的同理，我就沒有再逼問實際上要怎麼做，我只是說我有多遺憾。然後她只是一直哭，眼淚落在她抱著的雙胞胎臉上，我還得用乾尿布去擦。」

「這對妳來說一定是很大的驚嚇，」我說：「妳對這番揭露有什麼感覺？」

蘿拉沒有回答，反而描述她如何請假，花了三天北上去跟她父親談話。他跟一個名叫珍的學校老師住在一起，她是個富有的寡婦，住在蘇聖瑪莉（Sault Ste. Marie）。

「一如往常，他看起來十分高興見到我。問起我近況如何，聽說我升職很興奮，覺得我跟艾德分手很可惜。他認為艾德是真正『活力十足』的人，」蘿拉說道。「他的衣著幾乎像是個中產階級，只差一步就是學院風的穿著了。而他喝的是**裝在玻璃杯裡**的健怡可樂，我假定那裡面沒摻酒。我根本不知道他是怎麼時來運轉的。這可能不會維持太久。」

蘿拉向珍解釋，她想討論某些家族裡的事，所以珍離開那裡去拜訪她的姊姊。她一離開，蘿拉就低聲問她父親：「你性虐待崔西嗎？她說你這樣做了。」

她父親爆炸了。「**老天有眼，不可能！**我從來不怕弄不到女人。我永遠不會轉而對我的小孩這麼做。那太病態了。不管發生什麼事，崔西永遠都是受害者。她只是很氣珍跟我不去跟她窩在一起，幫她照顧小孩。她自己惹的麻煩，她可以自己解決。」蘿拉的父親繼續講，說他不想拖著珍「上山下海，大老遠去幫一個怎麼樣都扶不起的阿斗。」然後蘿拉說，他用力猛拍桌子，那力道之大讓她以為玻璃桌面可能會裂掉。「他說：『我知道她會報復，這招很適合她。她那個丈夫受夠了她老要當受害者就自己上吊了，可能就只是為了表達『崔西，現在誰才是受害者？』」

「他氣沖沖地在房間裡繞圈子大吼：『如果崔西想這樣陷害我，就讓她來，直接來啊。我只希望妳清楚知道崔西是什麼樣子，而且她一直都是這樣。她跟她母親兩個永遠都是委屈的一方。去問克瑞格，他會告訴你這是鬼扯。』」

「『克瑞格跟這件事沒有關係，』我說。」

蘿拉繼續告訴我說她拿起皮包要走，就在她要離開的時候，她告訴她父親，「狀況還不明朗。」我等著蘿拉說更多。她看著我搖搖頭用很憤怒的語氣說：「我知道妳認為我在捍衛他，但我對天發誓，崔西從來沒有跟他獨處過，而她**確實**永遠都在扮演受害者。」然後她模仿了崔西哀怨的聲調：「『為什麼我丈夫這樣對**我**。』，還有『為什麼**我的**小孩會得腦炎？』」

我問蘿拉，她如何能夠確知崔西從來不曾跟她們的爸爸獨處。蘿拉有很多朋友，當崔西在家坐困愁城的時候，蘿拉會出門去參加派對、跟朋友相約一起出去玩。

她做了個鬼臉，勉強承認我說的是真話。

「最重要的問題是：**崔西是個騙子嗎？**」我繼續說：「身為受害者，她有撒過謊嗎？不，她沒有。事實上，她丈夫**確實**自殺了，而她的孩子**確實**因為一種可怕的疾病病倒了。」

蘿拉厭惡地搖頭，然後說：「每次我們在祖母家，沒有人邀她出去的時候，她就說是因為我們跟住拖車的瘋子同住。可是別人常常邀我出去。在我們小時候，她說沒人邀她去參加生日派對，是因為我們的母親從來不跟別人的母親聊天。然而有人邀請我。她總是有藉口，從來都不是她的錯。」

「這不是說謊，」我澄清這點。

「她總是嫉妒我跟爸爸之間的關係。這可能是崔西跟我競爭的一種可悲方式，她在說：『妳看，我跟他也很親近。』吉爾迪娜博士，妳不認識她。老天爺，她想要放棄這對雙胞胎，交給兒童福利機構。我必須告訴她，她**可以**做好他們的家長。我告訴她，我們不想成為世世代代拋棄小孩的家庭。」

「如同妳所說，她那樣做肯定不恰當，但這不是撒謊。」

「我向天發誓，我相信他。我知道妳的下一個問題。不，他從來沒對我做過任何那類的事，從來沒有——連很接近的事情都沒有。在別人說我很漂亮的時候，他甚至連句評語都沒有。」

「除了在監獄裡，那時候妳覺得他利用妳的美貌。」

「天啊，妳記性也太好。我是在證人席還是在做治療？」

她是對的。我必須退回去，把焦點集中在尋求**心理上的**真相，不是**表面的**真相。

我們真的沒有辦法知道真相。可以肯定的是，崔西能力不足而且依賴成性——就是一個性獵食者會選擇盯上的人。他知道蘿拉永遠不會容忍這種事，她會拿著菜刀追殺他。追根究柢，如果我暗示說蘿拉抗拒相信崔西以便保護她父親，我就是在選邊站。再多談亂倫是否實際發生過，會超出我身為臨床心理師的角色。心理師的工作是指出行為裡的模式，而我確實提醒過蘿拉，她的模式就是為她父親的過錯辯護，不願意對他有切實的看法。我給了她工具，現在要由蘿拉來選定真相。

對我來說，這個亂倫事件突出的細節之一，就是崔西描述她母親如何打開門，然後就只是靜靜地關上門，從來不提她看到什麼。我想像那位可憐的母親無處可去，卻知道她的孩子受到性虐待。她可能深陷憂鬱，或者在這段關係裡沒有個人力量或權力可以去捍衛她的女兒。我再度對她到底是不是自殺感到疑惑。不曾有過死因調查，也沒人說有犯罪活動發生。當時一聽說第二任妻子的死亡，我就納悶蘿拉的母親會不會也是死於她父親之手。我從來沒能搞清楚為何蘿拉對她母親的記憶只有一個。

在這個節骨眼，我必須非常小心。我不想把想法植入蘿拉的腦袋裡。我當治療師已經三年了，但還沒有碰過亂倫的案例。我也必須記得，治療並不是關乎真相：如同傑克．尼柯遜（Jack Nicholson）在電影《軍官與魔鬼》（*A Few Good Men*）裡那聲知名的怒吼，有時候人就是「承受不起真相」。治療的重點反而是讓你的無意識停止控制你的有意識。有效的治療是要降低你的防衛，好讓你可以處理你生活裡冒出來的問題。

有一段很長的治療性沉默。這個驚人又令人意想不到的揭露，讓我們兩人在後半段診療時間裡都陷入不尋常的深思狀態。大約十分鐘後，蘿拉的聲音裡已經排除所有怒氣，她終於說：「我們永遠不會知道真相，對吧？」

我搖頭表示她說得對。

我回去談她跟崔西在一起的那天晚上。「有一件事確實發生過，就是崔西設法要跟妳親近，就像妳想跟她親近。很明顯，她需要幫助。無論她是不是被虐待的受害者，她認為她是，而且她需要去看治療師。」

我找到在崔西家附近的某間醫院，有一位願意無償看診的精神科醫師。遺憾的是，崔西只去了幾次。然後我替她找到一個支持團體，她只去了一次。接著我聯絡了一個給雙胞胎母親的支持團體，安排好人去她家接送她。但在最後一刻，崔西拒絕出席。

我了解到我把太多精神能量放在崔西身上了，她甚至不是我的當事人，而且她抗拒治療或接受任何一種幫助。我也必須提醒我自己，追根究柢，讓一切都暴露在陽光下是我自己的需求，不是我的病患們的需求。我必須從兩個面向來看：第一，蘿拉在治療中很努力工作，也不怕在自己身上下工夫。其次，她是對的，我們永遠不會真的知道實情。在我們治療的第三年，這是個悲劇性的註腳，但這件事要留給崔西跟她父親來釐清。

5 失去工作

我覺得我們快要抵達終點了。蘿拉剛開始來治療是為了處理她經常發作的皰疹，而現在發生頻率降到一年發作個一兩次，這證明她學會怎麼處理她的焦慮了。她在工作與私人關係上都設立了界線。有人激怒她的時候，她不再束手無策。她努力建立親密感與同理他人。她開始領悟到她有個不正常的童年，並且把她的焦點放在成為一個平衡的人。

還是有挫折與舊病復發的時候。某一週，蘿拉踩著重重的步伐來赴約，我可以從她走路的樣子看出她受夠了。在她碰上威脅的時候，她仍然可能轉換到怒火超載的模式，以便保護她脆弱的自我。我很久以前就已經學到，不要介入蘿拉跟她無意識的恐懼之間。她可能身心同時都在奮力抗爭。有一次她晚上獨自站在地鐵月台上，有個男人想偷她錢包。她踹他下體，把他**撞下軌道**，然後壓下對講機說：「有個混蛋落軌了。」然後搭計程車回家。

在我問她為什麼這麼氣的時候，她指出她這一週「很尷尬」。她開始跟我說，她養父母朗恩跟葛蘭達的女兒凱西，現在在多倫多當小學老師。她男友讀完了一個電腦科學的研究所學位。

蘿拉邀這對情侶來晚餐，凱西的男友帶來一位叫做史蒂夫的朋友，他也剛完成一樣的電腦科學學位。蘿拉告訴我，這很羞辱人，因為很明顯凱西是邀請他來見她。「這件事在許多層面上都太不對，太尷尬了。我甚至不知道要從哪裡開始講起。」她說。

小題大作通常不是蘿拉的作法，她曾經平靜的描述她母親與繼母的死亡。

「從第一個層面開始？」我鼓勵她說。

「首先，**我**以前是畢業舞會皇后。我不需要以前在樂團裡吹低音號的凱西，來照顧我的約會需求。我不是可悲的孤兒。」

「第二個層面？」

「那傢伙不是我的菜。他看起來像是看《華頓家庭》（*The Waltons*）長大的。」（這個電視節目講的是一個生活在經濟大蕭條期間的美國家庭，雖然家境貧窮家人間卻彼此親近又充滿愛，有高尚的道德情操。節目的主角是這一家人的長子，叫做約翰小子。）「他想要當好人。凱西的男友在修理我的電視，凱西則借了我的縫紉機，他這時去清理桌子，我跟他說那些碗盤放著就好，他說：『就讓我把這些碗盤洗一洗吧。我們早上都有工作。』然後，」她義憤填膺地說：「在我說我會洗之後，他還繼續洗那些碗盤。」

「我們講到糟糕的部分了嗎？」我問道。

「拜託。沒有人這樣做的。」

「波特上校如果看到他太太做了三道大菜的正餐，時間又已經晚了，她早上還得工作，這時候他會幫他太太嗎？」

蘿拉在那裡坐了幾秒鐘。「是啊，他可能會，但我喜歡身為父親的波特上校，不喜歡這樣的性伴侶。」

「所以，讓我們把這件事情講清楚，」我說：「一個來到妳生命中的男人，在一個有競爭力的領域裡拿到碩士學位，而且會幫妳洗碗，因為他知道早上很疲倦是什麼感覺。他有良好的判斷力，知道要用洗碗來感謝妳做這頓晚餐。這樣的人是什麼？一個魯蛇？請幫我理解這點。」

「我的意思是，他不刺激、不是個冒險家，」她說。

「妳怎麼知道這一點？我不是在推銷這個叫史蒂夫的人，但我需要知道妳為何舉他展現好心腸的例子，來把他放在禁區裡。」

她靜靜坐著，而我忍不住補充：「除此之外，妳怎麼知道他是不是一個會冒險的人？」

「我知道艾德有許多缺點。但他總是有狂野的點子，而且知道怎麼讓事情活絡起來。」

「像是傳染皰疹給妳，還有每份工作都被開除。妳爸也是妳所謂的『刺激』的人，然而他的狂野跟刺激，並不包括照顧他的子女、遵守法律或者賺錢維生。在電腦科學領域裡競爭，需要膽量跟頭腦。」在我說這句話的時候，我理解到我太過火了。蘿拉緊抓著她的父親做為角色模範，讓我氣急敗壞講出刺耳的話。我為自己咄咄逼人而不是詮釋這個情況道歉。

她眼中閃爍著怒火。「妳現在正好連戰連勝，所以想說就說啊。就這麼一次，讓我聽個夠吧。」

「蘿拉，每當我太接近妳的痛處時妳總是把我推開。妳可以在妳的餘生裡都護住那個痛處，但這樣不會幫助妳好轉。」

「抱歉。妳本來要說什麼？」

「我想妳跟那些類似妳父親的行為建立了連結。妳以前必須忍受他，又沒有母親。妳要怎麼辦？要何去何從？妳達成很驚人的成就，在荒野中開拓出一條小徑。在沒有人應該失去父母的年紀，妳就沒有父母了。誰是妳的角色模範？妳一個都沒有。妳那麼足智多謀且強韌，以至於妳發現了波特上校，還聰明到足以運用他來做為妳的角色模範。並不是許多人都可以這麼有辦法，在他們需要家長的時候**創造**出一位。」

「不是由妳來負責頒發紫心勳章，還真是太可惜了，」她譏諷地說。

蘿拉在許多面向上都有所改善。然而她還有一個頑強的症狀需要克服：她與男性之間的關係。她還是會被壞男人給吸引，稱他們是「刺激」而不是「精神病態」。這時她又來了，在情緒上抗拒一個男人，因為他幫她洗碗，不讓她扮演她習慣的救贖別人的那一方。

這種頑強抵抗讓我受挫，所以我決定詮釋她對客人的行為來跟她對質。「我想史蒂夫提不起妳的興趣，是因為妳根本不知道妳在這段關係裡的角色會是什麼。妳可能不必拯救他。」我頓了一下，接著很激動地說：「**妳失去了妳的工作。**」

蘿拉往後靠著她的椅子，就好像胸口被挨了一拳。我繼續挺進，「為什麼妳會是妳爸爸的最愛？」

「我照顧他。我的家庭就像古巴的那些舊車[4]。我就是一直修補它，用我能找到的任何零件來讓它繼續跑，無論那是否只是一塊口香糖。」

4 編按：一九六二年美國對古巴全面實施貿易禁運令，使得缺乏新車與零件的古巴人需要不斷維修車子。

在我們的會談時間結束時，我要她想一想對於一個不需要她，而是愛著她的男人，她要怎麼辦。

在接下來幾個月，蘿拉開始定期跟史蒂夫約會。她買下她的第一雙登山靴，在週末他們會精心烹調正餐、做些娛樂活動。她在學習正常的關係是怎麼運作的。史蒂夫的生活忙碌，不過要是會遲到他就會打電話讓她知道。起初她嘲弄這種行為太像強迫症又太講究。我指出這是成年人會做的事，用意在於體恤彼此。他重視她的時間，就像他也重視自己的時間。既然她沒有底線，我就是一道窗口，讓她看見在一段關係裡怎麼樣叫正常。

蘿拉很難在情緒上親近任何人，不過她嘗試跟史蒂夫親近，分享她的某些過往，他似乎接受了大部分的事情。他從沒有逼著要發生性關係，雖然他們什麼都做了就只差插入。蘿拉說她藉口用盡，她必須告訴他關於皰疹的事情。實際上，她考量過主動跟他分手，這樣她就不用承受他向她提分手時的羞辱。她沒這麼做，反而勇往直前，揭露了她的皰疹病情。史蒂夫靜默地坐著，她可以看得出來他大受動搖。之後他很快就離開了，說他必須思考一下。她有一星期沒聽到他的消息，然後是兩星期、三星期。

在史蒂夫無聲勝有聲的沉默進入第四週的時候，蘿拉說：「看起來約翰小子找了個藉口開溜，回去華頓家了。」她拿那個節目開玩笑，但她還是會看。她研究華頓一家的善心與合乎倫理的行為，像一位靈長目動物學家可能會做的那樣，去分析在國家地理頻道上講猴子群體的節目。

我問她對於史蒂夫的離去有何感受，她毫不猶豫就說：「鬆了口氣。」我問她為什麼，她說：「現在我不必嘗試當個正常人了，這樣好費力。再加上他很吝嗇。聽聽看這個：有一次我們要去看電影，他先做了爆米花。我說我不可能帶著自製爆米花走進電影院，天啊。」

「唔，他拿到了第一份工作，而且有一個他出租給學生的家，還有一間小屋，是他跟他父親用夏天的週末修好的。對於一個工作第一年的人來說，他很有成就。」

「是啊，好吧，他緊掐著每一分錢。在我們去那間小屋的時候，我們從早到晚都在修理它。要是溫度沒低於華氏六十度，他甚至不肯開暖氣。」她把頭靠在她的椅背上，舉起她的腿，就好像她在一把躺椅上似的，然後吐出長長的一口氣。「再見了，水手！」

「蘿拉，在鬆了口氣跟逞強底下，藏著什麼呢？」

她坐了好一會，然後看著她的手錶說：「我們的時間不是到了嗎？」

我搖頭表示還沒。

在治療超過了三年以後的現在，蘿拉已經學到怎麼樣去挖掘她的無意識。雖然這是個全新的傷口，但我希望她可以做這件事。我提醒她，沒有揭開傷口，傷口可能會化膿。

最後，她又長吁了一口氣，然後說：「我很受傷且覺得羞恥。這就像我來到這裡的第一個星期。我的垃圾家庭讓我名聲敗壞，而他想脫身了。他母親是個小學老師，他爸爸在教工業藝術，還在他參加的曲棍球隊當教練。他們有個後院溜冰場，他每天晚上跟他爸一起將那裡灌滿水，而且他們一直住在同一棟房子裡。他父母很仁慈，是**真的**波特上校。我永遠不可能介紹他們認識我亂七八糟的家人。」

「任何人都會覺得受傷，」我說道，我確實很同情她。「好的部分是，妳已經承認妳真正的感覺了。」

「我想，我猜我希望他在乎我。我們真的喜歡待在一起整修小屋，他很愛我那些裝潢的點子。我真的很擅長那些，我們都是天生的工蜂。」

「他可能在乎，不過皰疹這個障礙太大了。或者，妳有沒有想過，也許他還在權衡他的選擇？」

「**怎麼可能！**」

「不是每個人都很性急。妳習慣妳所謂的自發性，但如果妳翻轉那個詞彙、重新框架它，它可能就意味著魯莽。有些人會花時間小心翼翼權衡重要的抉擇。」然後我問道：「妳爸或者艾德有皰疹的話，會告訴別人嗎？」

「艾德沒這麼做，我爸不會這麼做。」

「唔，但妳這麼做了，這讓妳不同於妳爸還有艾德。記得，妳總是可以控制自己的行為。」

「是啊，我今年只發作過一次，這樣不壞。發作總是跟壓力有關，真讓我訝異。」

「史蒂夫知道妳家的每件事了嗎？」

「是啊，每件爛事。我沒講跟崔西有關的亂倫事件，因為我不相信發生過。我也不認為我爸殺了我媽，至於琳達的事情還懸而未決。」

我同情蘿拉。她開誠布公，然後被拒絕了。她花了這麼多時間去敲正常世界的門，她肯定覺得累了。

下一週蘿拉來了，坐下來的時候臉上有個微乎其微的笑，而且她說：「他——回來啦！」她解釋史蒂夫先前必須等待跟他的醫生約診，醫生給他很多關於如何進行安全性行為的資訊。「他必須思考要不要做出承諾，這花了他一些時間。」

這段關係平順地進行了幾個月，直到情人節來臨為止，那時候史蒂夫只給了蘿拉一朵玫瑰。她氣壞了。他說在他家，他們存錢買可以持久的東西，禮物就只買象徵性的。他覺得他的家庭給他的最大禮贈，就是四年大學跟研究所教育。

蘿拉已經學會替自己訂立長期目標——她為了追求大學文憑堅持了許多年——但她不習慣在一個**男人**身上看到這個。她認為花錢大手大腳，在某方面來說是很有男人味的。她把那種慷慨看成是一種浪漫愛的徵兆。然而史蒂夫把這看成浪費。

一如預期，史蒂夫沒有道歉。他說這就是他的風格，如果他們未來什麼時候結了婚，他現在擁有的兩間房子跟小屋也都會是她的。

蘿拉對我說：「這真是狗屁。他就是吝嗇。我父親會花他最後的一分錢，買琳達想要的設計師皮包給她。」

「在他可能殺了她之前？」我忍不住這麼說。

「那是個意外，大半是。妳知道嗎，妳真的很擅長放冷箭。」

這一點她說對了。

蘿拉跟史蒂夫撐過了情人節的玫瑰風暴，然後是這一年的聖誕節。蘿拉拜訪了史蒂夫在帕里灣（Parry Sound）的老家，那是多倫多北部的一個小鎮。他的母親替她織了一件毛衣，蘿拉描述那是《草原上的小木屋》（*Little House on the Prairie*）裡面的人會穿的。

「這能有多糟？」我說，心裡知道蘿拉非常時髦。

「我正希望妳會問呢。」然後她打開她的外套製造效果。她穿著一件亮紅色的聖誕節毛衣，上頭描繪了唱著聖誕歌曲的人，大家都戴著不同的帽子，帽子是用毛氈、天鵝絨跟某些碎布料貼上去的。唱頌歌的人們拿著用白色毛氈做的歌譜，在一根燈柱下歌唱。我忍不住笑出來。「我可以拿這個來開史蒂夫玩笑嗎？」蘿拉抱著希望地問道。

「他見過妳的家人了嗎？」

「是啊，全見過了，克瑞格除外。」

「他有說什麼負面的話嗎？」

「一句都沒有。」

我等待著。

她坐著思考了一分鐘。「我跟這件毛衣分不開了。我們在一起的每年十二月，這都會是我的時尚宣言。」

慢慢地，蘿拉學習到怎麼適應中產階級生活。她開始欣賞可靠且長程的計畫，還有他們日益成長的積蓄。史蒂夫欣賞她的工作倫理，也愛她生氣蓬勃、自然流露的幽默感。

她很困擾他從來沒跟她說過她很漂亮，這是她習慣聽到的讚美。我解釋了溝通的需要，有時候在正常關係裡，必須告訴伴侶想要什麼。她回答說她不想卑躬屈膝求人誇讚，這時我告訴她，想要感覺被愛是完全正常的。

在她確實告訴他的時候，他說他常常在想她有多漂亮，但他是來自一個不「過度逢迎」的家庭。她說如果他實話實說，就不是過度逢迎。史蒂夫學得很快，現在常常會告訴蘿拉他有多愛她，還有她有多漂亮。「詭異的是他看起來是真的這樣想。」她說。那時他們已經同居幾乎一年了。

有一天蘿拉出現時臉色蒼白，沒有平常的那種活力。她坐在椅子邊緣，說史蒂夫離開她了。她完全不知道他已經到極限了。「他抱怨的時候不會拉高聲音，所以我假定他沒有**那麼**生氣。」

在我問是否有個導火線的時候，蘿拉解釋說她要做晚餐的時候，看到冰箱裡有個裝著吃剩義大利麵醬汁的保鮮盒。所以她煮滾了水要煮義大利麵，但在她打開保鮮盒的時候，她看到史蒂夫只打包了一湯匙的醬汁。她對著他尖叫，然後把醬汁扔到牆上。史蒂夫低聲告訴她，他要離開一星期，然後她可以決定是否要繼續用他受不了的方式處理她的憤怒。如果還是這樣，他們就有非常嚴重的問題了。

我問她有多常暴怒。「一星期一到兩次，沒那麼頻繁。我的意思是，說真的，誰會保留那一小團醬汁啊？」蘿拉看著我，真心感到困惑。「拜託，吉爾迪娜博士，如果妳丈夫這樣做，妳也會做出相同的事。每個人都會的。」

我根本不知道蘿拉會有那樣的行為。治療的其中一個陷阱是，所有資訊都經過病人的過濾，而病人可能是不可靠的敘述者。如果病人回報說進展良好，那只是一個觀點。在這個例子裡，另一個觀點是她的脾氣失控了。在蘿拉的家庭裡，每個人都是透過吼叫、對嗆來處理每件事，然後很快讓事情過去。古怪的是，當她砸爛她父親的烈酒瓶、把裡面的酒倒進水溝，或者去他正在喝酒的酒吧，在其他顧客面前對他大吼的時候，她父親從來沒有懲罰她。有別人在控制狀況，似乎讓他如釋重負。所以現在蘿拉在控制晚餐，她根本不知道為什麼史蒂夫不乖乖聽話，不認為有食物出現在餐盤裡就該開心了。

我建議我們使用波特上校來當正常行為的試金石。每次她想起他，她就能完美地想像他會說什麼，然後反省出正常行為該是如何。我讓她扮演波特上校，而她用上校的腔調說：「史蒂夫，請不要留下任何少量的食物在冰箱裡，因為這樣很容易把保鮮盒裡的食物錯當成整頓大餐。我了解你不想浪費，可是這樣把我搞迷糊了。」

問題在於這番小小的致詞，在蘿拉聽來像是濫情的電視節目，跟情侶實際上如何互動無關。所以我叫她做兩件事情。首先，她就弄假成真。我提醒她，她是來自功能失調的家庭，正常行為感覺起來就是既笨拙又生硬。不過如果她繼續堅持，隨著時間過去，這樣做就會感覺更正常。其次，我告訴她每次感覺憤怒的時候，應該記得憤怒是一種防衛，不是一種感覺，並且要去分析憤怒在掩蓋的是什麼感受。

蘿拉告訴史蒂夫，如果他回家，她會盡全力控制她的脾氣，甚至會穿她的聖誕節毛衣。他回家了，同時約法三章：對於如何應付挫折，她必須做出一些改變。

另一個不相干的問題很快就浮現了，替一家大科技公司工作的史蒂夫，想要跟另一位電腦分析師開設自己的公司。蘿拉害怕風險。改變對她來說總意味著分裂與損失。在她的童年生活裡，每次出現新事物——八間中學、寄養、在北方過著孤立生活、惡毒的祖父母、一直搬家——都意味著苦惱憂傷。況且，她父親粗疏無腦的創業構想，全都因為計畫不當而失敗了。然而現在史蒂夫在離開他可靠的工作之前，希望得到她的祝福。

到最後，蘿拉很不情願地認可了。在我們的診療時間裡，她納悶踏實、埋頭苦幹、死守穩定工作的史蒂夫發生了什麼事。我指出他並沒有冒不必要的風險，這是個**經過計算**的風險。他並不衝動，然而他有足夠自信去嘗試成立自己的公司。換句話說，他是以四平八穩的方式行動。如果你是來自一個功能正常的家庭，你父母會為你示範角色模範，而你長大時會把正常的方式內化，用來指引你自己。然而我向蘿拉保證，她學得很快，我鼓勵她看看從五年前第一次約診開始至今所學會的一切。

蘿拉終於畢業，進入她所謂的「正常狀態」。工作進展順利，史蒂夫也求婚了，他們要在聖誕節結婚。現在蘿拉必須把她的家人介紹給史蒂夫的家人，這個期盼中的事導致她這年唯一一次皰疹發作。她邀請兩家人到他們家來共進感恩節晚餐，並且祈求她父親不會喝醉，克瑞格不會抽大麻抽到暈頭，崔西不會抱怨個不停。既然蘿拉、史蒂夫跟史蒂夫的家人會為婚禮付錢，蘿拉的父親便堅持要帶火雞來，這在他看來是公平交易。蘿拉告訴我，他遲到了，在他們打算吃飯前的十五分鐘才到，然後把一隻還沒解凍的火雞砰一聲扔在桌上。

「喔不！」我說道，想像她有多困窘。

「我可能更像正常人了，」蘿拉說：「但我並不笨。我的烤箱裡已經有一隻填好調味料烹煮過的火雞準備上桌。我向他道謝，把那隻火雞塞進冷凍庫，然後節目繼續進行。」

我等到蘿拉的婚禮結束才提議說，我們的工作已經完成了。她眼中充滿淚水，不過她點頭表示同意。蘿拉是我第一位當事人，而且是我治療最久的一位。有時候我同時是她的母親與父親，而在我們各自成長到符合各自的角色時，我們一起分享了許多歡笑與成長中的痛楚。

蘿拉在最後一天相當公事公辦，我也是，而她在離開前微笑著握了我的手。一個小時後，我走進等候室，她在那裡啜泣，旁邊丟了一大堆衛生紙。在她走出這裡到外面探險前，她抱著我好一段時間。而我眼中也含著淚水。

沒有一位心理師會忘記她的第一位病患。這就像是妳的第一個小孩，沒有人與任何足夠的學習能讓妳做好準備。妳進入未知的領域。我們一度是這個宇宙中兩個分離孤立的人，現在雙方都有個新的角色，以醫師與病人的身分結合。當妳看到第一位病患充滿期待與希望地坐在妳面前，妳會感受到需要為自己接下的任務負責。一個生命被交付給妳，而妳的工作就是要豐富那個生命。

蘿拉是我在執業期間遇到的第一個英雄，但不是最後一個。她在九歲大的時候，設法帶著兩個年幼的孩子在森林裡住了六個月。她沒有角色模範，沒有一個她可以仿效的成人來給她指引。然而她沒有放棄。她把手伸進電視機裡拉出《外科醫生》的波特上校，仔細研究他、然後模仿他的行為。這罕見地結合了原創性與想像力。有趣的是，蘿拉選擇的丈夫史蒂夫，他沉默、冷靜又自信的舉止，跟波特上校有著神祕的相似性。

蘿拉的強韌加上她內在的力量，還有無論她必須穿越哪種混亂狀況都不曾動搖的勇氣，讓她成為一個真正的生存鬥士。她也有自然的天賦，包括美貌、頭腦與勇於奮戰的性情。出生順序也站在她這邊：身為長女，她必須成為母親，而做「負責任的那個人」則是她的決定。她對於她父親的缺陷很敏銳，也領悟到要如何得到他能給的那一點點的愛。她取得那微薄的材料以後，就靠這個工作下去。

蘿拉結束治療以後，偶爾會寫信給我。然後，在最後一次診療的六年後，我收到一個信封袋，裡面是一篇關於波特上校的新聞報導。

【洛杉磯訊】星期三一位西洛杉磯市立法庭的法官，撤銷了針對演員哈瑞・摩爾根（Harry Morgan）的毆妻刑事控告，他先前承諾，如果這位《外科醫生》的明星完成一輪暴力諮商療程就會撤銷此案。哈瑞・摩爾根完成了六個月的家暴與憤怒控制諮商療程。

蘿拉在上面黏了一張便利貼，上面寫著：「我還真會挑人。」

幾年之後，我在信件裡收到一張大捕魚船的照片。照片後面潦草地寫著：

我昨天在電臺聽到「悲劇之果」（Tragically Hip）樂團的歌〈巴伯坎基恩〉，然後想起我養父朗恩以前會在黃昏帶我們去釣魚，我們會看到星座與其他星星自己現身，就像那首歌裡說的。

我想妳會喜歡我有能力買給朗恩的這艘船。美夢確實會成真！

我最後一次見到蘿拉，是要讓她知道我會把她寫進一本談心靈英雄的書裡。我們安排好要在一家餐廳見面，她一走進來，我立刻認出她。她看起來就像幾十年前一樣，完美的髮形與打扮。過了這麼多年她仍然美貌驚人，在餐廳裡還是會吸引別人的目光。她坐下來的時候，我們兩人都熱淚盈眶。

在講到她家人的近況時，她告訴我她跟史蒂夫婚姻美滿，他在電腦業已經變得極其成功。他們有兩個兒子。一個從長春藤盟校畢業，讀的是工程，而且在美國開辦了自己的公司。另一個是多倫多的法庭訴訟律師。（我說我知道他論辯的能力是從哪來的。）

蘿拉的父親大約四年前死於癌症。她告訴我這件事時哭了。她在蘇聖瑪莉的醫院裡連續待了好幾週，在最後一個月，他只認得出她。她一邊啜泣一邊說，在他死時她覺得一部分的她也跟他一起死去了。然後蘿拉抬頭看著我，可能讀懂了我的表情，說道：「我知道妳覺得我瘋了，才會這樣依戀他。我知道他有很大的缺陷，但我選擇忽略那些缺陷，只拿他能給的部分。」她頓了一下，然後以我極其熟知的鋼鐵意志補上一句：「我是天生的鬥士，而且我努力奮戰，把他留在我生命裡。」

我問她為何儘管他做過那些事，她還一直這麼親近他，她再度回溯童年他們在醫院的場景，那時他給她一個訊息是他愛她的堅強，還有不抱怨她受了傷的腳。「我對自己說，無論如何，我都可以做到這件事，而我永遠有他的愛做為回報。他一直都是最棒的爸爸嗎？**不是**。他一直愛著我，或者給我他所有的愛嗎？**是**。」

蘿拉認為如果沒有治療，她本來會嫁給某個像她父親一樣不可靠的人。她不會嫁給史蒂夫，並且體驗到他無條件的愛。「史蒂夫是我的磐石，他總是告訴我，我不必完美，不須事事周到。他告訴我，他愛我是因為我是我，而我工作努力，是他愛我的地方之一。」

我問蘿拉是否有任何後悔之處，她說，她真希望她沒有太快長大，沒有成為嚴苛自律的奴隸。設法要達到完美讓人精疲力竭，而且蘿拉知道她錯過了她兒子們擁有的無憂童年。然而她說，如果要她重新再活一次，她可能不會想要有任何不同。

「真的？」我難以置信。

她舉起手來抗議。「聽聽我過去幾十年裡做了些什麼，妳就會知道我是什麼意思。讓我先從我弟弟克瑞格開始，」她說他死時就跟生前一樣孤獨一人，在睡夢中因為不明原因靜靜死去，享年四十六歲。「他有個悲哀的人生。」

有三個小孩、其中一個有輕微心智障礙的單親媽媽崔西，變成一個仰賴社會救濟的酗酒者，體重不到九十磅。在孩子們的父親自殺以後，她繼續住在鄉間的那棟房子裡。

有一天崔西在蒐集木材做燃料的時候，腿部被一根鐵釘割傷了。她忽視傷口與隨後的發炎，到最後發展出噬肉菌感染症。她失去了雙腿，幾年後也在睡夢中死去。「醫師們說，她因為喝酒抽菸而心臟肥大。」蘿拉說：「我想她基本上放棄了。在整個家族裡，我是唯一一個還活著的人。」

蘿拉與史蒂夫收留了崔西那三個還在求學的孩子，盡可能給他們全部的幫助。他們每個人都在某方面有「特殊需要」，蘿拉花了大量時間去配合這些需要。「我創立了一個基金會，設法為腦部損傷者募集基金，」蘿拉說：「妳知道，我有事情要做的時候，就像狗咬住骨頭不放。我在這個領域裡做的工作，讓我贏得各式各樣的獎項。史蒂夫堅持把這些獎項掛在我們的小窩裡，這真是讓人尷尬。」

「所以妳看，在某方面我很高興過著需要工作與推動事情的人生。我年輕時就學到沒有人會幫妳做。有些企業贊助者，是我花費多年心血才建立的。我永遠、永遠不會放棄，所以他們終於加入了！」（我發現自己真心希望，我那些抱怨微不足道童年小事的病人能聽聽這個。）

在我們等結帳的時候，我詳細說明為何我把她視為英雄。但蘿拉打斷我，說道：「妳知道嗎，我想這整套英雄的說法對我是有影響的。」然後她告訴我一個故事。在一個公司晚宴裡，她丈夫的一位同事評論說，她很幸運能夠「嫁得好。」「那真的讓我很困擾，」她用很有個人特色的堅決語調說道。「以前有過一段時期，我要是聽到這種話，會覺得他逮住我的小辮子了，還會覺得很羞恥。我現在再也不會那樣覺得了。」她說那個男人有富裕又願意支持他的父母，讓他上了私立學校、資助他去歐洲旅遊、還付錢讓他上很好的大學。他變成一個CEO，沒人覺得驚訝。「妳知道，人生是一座叢林，他是開著教宗座駕穿越的。我用走的，還用一把手斧劈出我的路，穿越黑暗中心進入充滿吸血蛭與鱷魚的沼澤，」她說：「我對叢林的了解比他多上太多。我必須自己一個人走，一路轉錯彎，直到我對整座叢林瞭若指掌，終於活著出來了。我會很想看看**他**做這件事。或許這不是一位英雄的作為，但這是一種成就。所以永遠別說我嫁得好，老兄！」

我問：「妳認為妳為何走出來了，妳妹妹跟弟弟卻沒有？」

她想了很久。「我想我生來就有些霸道的特點，而我爸打磨這些特性，還給我他所擁有的，而我猜這樣就夠了。別忘了他是醉鬼，而我是拯救者。他讚美我，**任何**稱讚都能撐上很久。我是年紀最大的。我隨時留意周遭狀況，擷取我需要的東西。妳給我的五年幫助造就出差別。在治療之前，我根本不知道是什麼在驅策我。」然後她眼中充滿淚水。「說實話，妳就是我從來沒有過的母親。克瑞格跟崔西就是沒有得到他們需要的東西。如果他們留在養父母朗恩跟葛蘭達家裡，他們本來會過得更好。」

我們往外走進帶著涼意的秋季空氣裡，在正要西下的陽光下，秋葉閃閃發亮。蘿拉說道：「喔，我差點忘記告訴妳去年發生過的一樁怪事，事發的那一刻我馬上就想起妳。史蒂夫的公司贊助了一家多倫多大劇院的活動。有輛加長轎車把大主管跟他們的伴侶從餐廳載到劇院去。在加長轎車打開車門時，有好幾百個劇院觀眾在排隊，還有乞丐在討零錢。其中一個人頭髮蓬亂油膩，看起來很眼熟。」她頓了一下，然後注視我的眼睛。「那是艾德。我就直直往前走，避免跟他眼神接觸，免得他尷尬。然後一個攝影師為了拍攝發布給媒體的照片，讓贊助者們聚在一起拍照。拍攝結束後，我朝他在的方向偷瞄了一眼，但他人已經走了。」

蘿拉沉默了幾秒鐘。「一方面這實在是太近了，近到讓人不舒服。另一方面，卻已經是上輩子的事了。」

彼得

聆聽音樂的人，他的孤獨立刻得到陪伴。

——羅伯・布朗寧（Robert Browning），《布朗寧詩作全集》（*The Complete Poetical Works of Browning*）

1 上鎖

心理學在很多方面都像考古學，隨著你往下挖掘出每一段地層，細心地替出土文物撣去灰塵，你最終會找到一整個被埋藏的世界，看起來比小說裡寫的還要奇異。

一九八六年，一位專治性功能失調的泌尿科醫師打電話給我。他說他有個不尋常的案例，並轉介了一位三十四歲罹患性無能的華人男子張彼得給我。雖然彼得身體正常，也能夠自慰並且體驗到性高潮，女性在場時他卻從來無法有任何形式的勃起。泌尿科醫師給他壯陽藥，讓他在嘗試性交前一小時注射到陰莖裡，結果讓他很震驚。「我行醫多年從未見過這種藥失靈，除非患者有嚴重的循環問題。」彼得沒有這種問題。有時候這種藥的副作用甚至是太有效了——某人事後可能會連續勃起三天。然而這種萬無一失的藥，對張彼得徹底無效。醫師做出結論：「他腦袋裡不管發生了什麼事，力量肯定強到能夠阻擋這種絕對有效的針劑。」

我問起彼得是否有可能是同性戀，這位醫生說他自稱是異性戀，而且渴望與女性發生性關係。他告訴彼得，在詳盡的測試之後，泌尿科團隊推論出他的性能力沒有生理問題，反而有心理問題，他要把彼得轉介給一位心理師。醫生說他會送出書面轉診信，並且提議要是我找出這個病例的起因，我們就一起做教學訓練，因為這個例子難倒了整個部門。結束通話時他說：「這個例子可以拿來寫書了。就在你自以為無所不知的時候，就有人證明你對人類的處境屁都不懂。」

雖然那次的轉診是在威而剛發明以前，近年來我也有些病人使用威而剛無效，無論多少劑量都一樣。（泌尿科醫師向我保證，威而剛比那些舊式的注射藥物來得溫和。）勃起失調藥物只對**生理**問題有效，再多的血流都解決不了情緒性的問題。在任何性反應中，心智都必須跟身體攜手合作。

彼得急於看診，預訂了我有空的第一個時段。我走進等候室，發現一個外表普通、輕聲細語的華人男子，穿著一般的牛仔褲、跑鞋，還有一件上面橫寫著 Yamaha（山葉）的黑色 T 恤。他走進我的辦公室後，用很周密的方式說明他的歷史，期間沒有任何眼神接觸。他詳述了某些令人困擾的細節，就像在報告一篇學術論文，而不是在講他自己。

彼得在一個樂團裡待了十五年，擔任鍵盤手。他白天做鋼琴調音師，補貼當樂手的收入。他在一間公寓裡獨居，沒有伴侶。我問能怎麼幫他，他說：「大多時候，我很寂寞。我想要跟女性發展關係，但似乎辦不到。」

我問他說的是不是性關係。「是，」他看著地板小聲說道。「我無法性交，但我也想要有情緒上的親密關係。我想要有可以交談還有分享事物的對象。」

我問他以前是否嘗試過發展一段關係，他說他是有過，但方式很有限。然後他有點困窘地微笑補充說：「大半時候就只在我自己心裡。」

我告訴他無論問題是什麼，心理師總是會蒐集病患的家族史資訊，因為那些關係形成了其他一切的基石。彼得的華裔父母在一九四三年從越南抵達加拿大，而到了一九五二年，這對夫婦有了兩個小孩。彼得的姊姊比他年長四歲，現在已婚、有一個親生孩子。彼得刻意指出他姊夫不是華人。

彼得的父親在他九歲時去世了。在我問起細節的時候，他皺著臉，絞盡腦汁要想個說法，最後形容這是「某種自殺。我爸是糖尿病患者，不肯注意他的飲食。每天我母親都做甜點給他，跟他說現在他該去死了。他變得極度超重，腫脹的腳再也不管用了。他呆坐著，也可說是悶在那邊，靜靜地過了好幾年，我猜想他是處於憂鬱狀態，有一天終於心臟病發死了。」

在我對他表達同情，說九歲失去父親是個太早的年紀，他說：「我很悲傷，但我母親說這樣對家人來說是最好的。」

彼得描述他母親期盼著他父親的死亡，他都罹患糖尿病了還餵他甜食，想加速這個過程，最後在他死時表示如釋重負，就好像這樣很正常似的。這位母親惡意的行為讓我反感，不過我不想在我們初次診療時就表現出我的擔憂。我需要跟彼得建立友善的關係，並且蒐集到家族史。我反而刻意輕描淡寫，指出他母親的態度有點嚴厲。但彼得為她辯護：「我母親希望我們得到最好的，還身兼三份全職工作。」我指出一天沒有那麼多個小時，他則說她同時做兩份工作，然後再做另外一個。他們家在安大略省的小鎮希望港（Port Hope）上，開了鎮上唯一一間加拿大中國餐館——結果這個地名成了一種反諷。

一次，彼得跟我說他父親本來在那間餐館裡掌廚，他母親則是服務生，還做所有其他事情來維持生意。她有空就會做細膩的串珠細工，賣給多倫多一間昂貴的百貨公司。她也趁夏天在一個大花園裡種植他們很多的食物（中國蔬菜），並且經營針對中式食品供應商的批發生意。彼得停頓了一秒，然後說：「我還記得半夜從窗口看出去，我會看到我母親戴著礦工的頭燈，連續好幾個小時採收植物跟拔雜草。」

「身兼三份工作，還要照顧小孩？」

他猶豫了，然後冷靜地解釋，廚房裡放了他姊姊的搖籃，後來餐廳裡還有張高腳椅。她不准說話或者發出任何聲響。「她總是很乖，但我非常壞。我還不到兩歲的時候會在高腳椅上旋轉，我姊姊卻靜靜坐在雅座裡。我記得我有一次用一張菜單摺了一台紙飛機，然後設法要讓它飛。我母親不能容忍餐館裡出現這種行為，她忙得團團轉，這樣會打擾到顧客。我就是不聽話。」

我指出男生通常比女生更活躍，他的行為很正常。他禮貌性地點頭，然後重複他的固定台詞：「我母親做的是對家人最好的事。」我注意到他內化了母親的訊息，相信自己一直「非常壞」，因為他做了那個年紀每個正常男孩都會做的事。我問起她怎麼處理他的行為，他說道：「扣除關於紙飛機的回憶，從我最早有記憶以來，我都獨自被關在餐廳的閣樓裡。我母親會在早上留下當天的食物。如果她有帶我回家，我那時也都在睡覺。」我問他這種孤立狀態維持多久，他說一直延續到他五歲為止。彼得說他母親每天都把他鎖起來，因為他的父母必須從早上六點開始工作到午夜。

我在椅子上坐直身體、屏住呼吸，領悟到我眼前有個罕見的例子——一個在童年最關鍵的時期都被關起來的孩子。兒童心理學的兩位早期先驅，艾瑞克．艾瑞克森（Erik Erikson）與尚・皮雅傑（Jean Piaget）假定兒童發展有些關鍵性的階段，每個階段都構築在上一階段之上。如果彼得從兩歲到五歲一直處於孤立狀態，他要跟上進度會有問題。他會錯過初期階段：依附（attachment）、情感連結（bonding）還有語言發展（language development）等等，這還只是其中幾樣而已。我們在孩提時代要學習在發展心理學上具有時效性的特定任務，這些任務全都有所謂的「窗口時期」（open windows），這些窗口會逐漸關閉。如果孩童錯過了發展某個階段的時間，事後要彌補可能會有極大的困難。舉例來說，被徹底孤立的孩童在語言方面通常會有無法彌補的缺陷。

在吸收彼得提供的驚人資訊以後，我以全新的角度來看待他。我手上這位病患的陽痿，只是問題的冰山一角。如果我讓他提高警覺，或者讓他覺得他很不尋常，可能會嚇到他。所以我謹慎地繼續進行，要求他描述記憶中那段獨自一人的日子。

「喔，冬天很冷，夏天很熱，」他說：「我被留在搖籃裡。我確實記得我學會爬過欄杆、離開搖籃的那天。我很開心，但接著我發現門被鎖上了，就難過了。」

「你早年最鮮明的記憶是什麼？」

「那是個很尷尬的記憶，但我想要老實說。」彼得接著描述，他必須用一個燉番茄空罐來排泄。他回想起來，那是個商用大容量的罐子，邊緣太過尖銳，所以他沒辦法坐在上面。「我為此非常擔心，因為如果我沒瞄準罐子，我母親會很生氣，而要是我割傷自己，她也會很生氣。」

我說：「一個沒有贏家的廁所系統。」

他稍稍微笑了一下，表示同意。接著他的臉恢復原本的面具狀態。「我記得我很害怕那個罐子，因為要是我害我媽要做任何額外的工作，她就會用竹鞭抽我，我會留下痕跡還會流血。」

我說這聽起來很痛，他又複述了他那句真言：他母親別無選擇，因為她當時設法要賺錢維生。她不能把時間浪費在他身上。他苦著臉說道：「我把絕緣材料剝下來做玩具的那一次，被打得最慘。我想要有個東西可以抱、可以玩。」

我插嘴說如果他母親**有**給過他玩具，可能會有幫助。彼得說他們很窮，所有華人移民都必須做出相同的犧牲，這是在加拿大唯一能成功的辦法。

當然，這不是真的。華人移民不必連續好幾年、一週七天、每天十八小時，都把他們的孩子獨自鎖在閣樓裡。就像蘿拉，彼得把他父母的病態行為正常化。這種忽視在他們看來很正常，而且他們想保護自己的父母。

隨著療程的進展，我開始詢問彼得怎麼看華人的移民經驗。到最後，我問他是否真的認為所有華人男性在人生前五年的大半時間都會被鎖在房間裡？他的回應讓我震驚。「呃，這是我的錯，」他低聲說：「我在櫃檯轉高腳椅，又到處亂跑。我母親負擔不起雇人來看顧我。我姊姊學會靜靜坐著。我學不會。」很清楚的是，他並沒有準備好要檢視這些很顯然是忽視與虐待兒童的行為。

事實上，他最強而有力的童年回憶，也是他唯一能夠歸類成快樂經驗的回憶，就是在夏天從閣樓窗口看見他母親坐在餐館後面的階梯上切菜。有時候她會走上二樓，去拿一袋儲存起來的米。他可以聽見她的腳步聲，而且渴望她會來到三樓這間囚禁他的閣樓，他記得他的心臟會大力跳動，希望她會為他而來。她鮮少這麼做。（她只會在過了午夜他睡著的時候，把他帶回隔壁的家裡。黎明時分他還在睡的時候，她就會把他帶回去以便工作。）她會回到樓下的餐館，他則心一沉。

「最糟的部分是那種孤寂，」他回溯當年，這麼說道。「責打跟寒冷是偶爾的事，可是孤寂是一種恆常的、折磨人的感覺，從來不曾離去。」他記得他看著樹梢的松鼠，懇求牠們來到他窗前。「我那時不認識任何詞彙，但我記得在我離開閣樓很久以後，學到了孤寂這個詞。我那時一定是七歲或八歲，正在看電視上的《綠巨人浩克》（*The Incredible Hulk*）。他說浩克很孤寂，因為他必須與世隔絕，這樣就沒有人會發現他是浩克。在節目尾聲，當他必須離開某個城鎮時放的音樂，實在好悲傷。我記得我當時很震驚，有別人跟我一樣感覺到孤寂。還有，現在我有一個詞彙與標籤可以稱呼那種可怕的感覺，那就是**孤寂**。」

隨著我們的治療繼續進行，我問彼得，他母親是否曾經對他好過。他說，有一次她給他一台小小的白色玩具鋼琴。許多年後，他姊姊告訴他，這是帶著一個年幼兒子的顧客遺落在餐廳裡的。多年以來在那個陰暗小閣樓裡，鋼琴跟番茄罐就是他所有的一切。他說：「我愛那台鋼琴，假裝它就是我的朋友。」

我問起那台鋼琴是以什麼樣的方式當他的朋友。他說：「他的名字叫小彼得。我不知道任何其他的名字，因為我從沒遇到我爸爸以外的男生。我想要小彼得跟我說話，所以我開始玩他，假裝叮叮咚咚的聲音是對話。我可以讓小彼得悲傷或快樂。」（每當我聽見喬治．哈里遜〔George Harrison〕的歌〈我的吉他輕聲哭泣時〉〔*While My Guitar Gently Weeps*〕，我就會想起小彼得。）

在彼得得到那台鋼琴以後，他的生活在情緒上有了改善。他有個摯愛的朋友，而且他變得遠沒有以前那麼依賴一個永遠憤怒並視他為負擔的母親。

在診療之外的時間裡，我到參考圖書館裡查詢彼得（當時是八〇年代，遠在電腦普及之前）。我發現他是一個知名樂團廣為人知的鍵盤手。有一篇評論說他是「一個能讓鍵盤說話、哀訴、哭泣或雀躍的男人」。考量到彼得是怎麼描述他那台鋼琴所扮演的角色，我驚嘆於那篇評論寫得如此真實。

小彼得是彼得最親近、也是唯一一位朋友——以心理學術語來說，就是他的「過渡性依附客體」（transitional attachment object）。一個孩子對母親的依附，是複雜卻很關鍵的心理狀態。在正常的童年發展階段，在最一開始母親就是孩子的全世界。然後，在嬰兒與學步幼兒階段之間的某一刻，孩子領悟到他跟母親是分離的，並且體驗到一種分離焦慮，她不在視線範圍內孩子就會哭。通常為了迴避焦慮，孩子會採用一個代表母子依附安全感的物體。這個物體就變成了過渡性依附客體。這種物體常常是一條毯子或者一個絨毛玩具，而學步幼兒會帶著它到處走，尤其會帶到床上。過渡性客體幫助孩子架起一道橋梁，跨越依賴與獨立之間的鴻溝。

彼得跟他母親的依附關係是失常的。她從來沒有對他表達過任何溫情。她在他年紀尚小的時候留他一個人獨處，如果他精力旺盛又樂得吱吱叫，甚或是在餐館裡公然說話，他就會被懲罰。只有小彼得容許他表達。他透過小彼得接觸一切，而隨著時間流逝，彼得跟小彼得之間的依附變得很堅定。

既然彼得沒說任何關於他父親的事，我問他父親如何順應這個狀況。「我爸跟我或者家裡的任何人都沒有關係。他不是個壞人，從來沒有對我說過殘酷的話或揍我。他的工作就是在餐館裡煮飯，總是在聆聽收音機播放的美國爵士樂。在夏天廚房窗戶開著的時候，音樂會往上傳進我的閣樓，而我會試著在小彼得身上重複這些旋律。我真的很享受那些夏季音樂會。」

當我問到是什麼事情導致他父母的婚姻有這麼大的嫌隙時，他說：「我母親把她從三份工作裡賺到的錢全部存起來，從來不花任何一毛錢在不必要的事情上。我們所有的衣服，包括我父母的衣服，全都是從多倫多的表親那裡來的。她拿著沉重的袋子穿過市區，她沒有車子，從來不搭巴士。我父親一個月去一次多倫多採買補給。直到今天，我都不確定到底發生什麼事，但他在某一趟補給之旅中，投資了某個毫無價值的計畫，把他們所有的錢都投進一家假的西貢進口公司去了。我母親本來存了加幣三萬一千元，那時全部沒有了。」

在我的筆記裡，我評論說在一九五〇年代，三萬一千加幣是一筆驚人的財富，尤其是他母親不會講英語，而且加拿大的平均房屋價格只比七千元高一點。我敦促彼得多發掘他父親參與了什麼事，但他年紀太小記不得。他不知道他父親是否有鴉片或者賭博問題，或者只是做了個糟糕的投資。這一點他從來不清楚。他本來就已經很難相處的母親極端憤怒，每天都在說她有多希望她丈夫會死掉。

他們必須賣掉餐館才能償付債務，這一家人必須從頭開始。這時五歲的彼得，在他們搬到多倫多的時候脫離孤立狀態。他母親在一家工廠裡工作，並且開始做按件計酬的家庭代工，操勞到午夜。她再度開始做起彼得從來沒搞懂過的某種食物進口生意。在他們離開餐館以後，他父親就沒再工作過了。他們住在中國城最窮困的區域，充滿敵意的表親根本不想收留他們，卻覺得有義務要這麼做。

在多倫多待了不到一個月，彼得開始上幼稚園了。他講述這個時間點的事情時看起來很痛苦，比他講起孤立時更痛苦。他悄聲說：「我幼稚園留級。這是讓我覺得最羞恥的事。我母親說我很笨，讓她在華人社區裡丟人。」

花了好幾次診療時間，我才找出幼稚園裡發生什麼事，看來彼得是嚇壞了。除了姊姊還有開學前幾週跟表親們在一起以外，他幾乎從沒有跟其他小孩相處過。再者，他不會講英文也不會講中文。在他人生中的頭幾年裡，不管是哪種語言，他一天聽到的就只有幾句話。他或者他姊姊也都沒學過中文，這對他們來說很尷尬，尤其是在參加華人的婚禮與一些正式活動的時候。

我向語言專家確認，他們說要不是這些孩子受到太嚴重的不當對待，以至於他們封鎖了這個語言，就是別人跟他們講話的頻率太低，讓他們無法在語言習得的關鍵年齡學會。（他們的父親在失去全家人的金錢以後，就變成選擇性緘默症患者。）兩個小孩長大後都沒有華人朋友或配偶。彼得聽到中文的時候會感到輕微焦慮。他說：「在聽到一個女人講中文的時候，我會起雞皮疙瘩，甚至到今天都還會。如果她大喊，我會嚇個半死。」

所以彼得開始上幼稚園的時候，沒有能力口頭溝通。在小朋友用中文對他說話的時候，他聽不懂，而他也不懂英文。在他們玩遊戲的時候，他害怕跟人握手圍成圈圈。「有一次我得去上廁所，而我很習慣番茄罐子，還有不管我怎麼做都會被打。所以我尿濕了褲子，因為我不知道要怎麼辦。」

眼神接觸也讓他恐懼。他把這比擬成在公共場合赤身裸體的感覺。這種體驗對他來說是太過頭的親密，每當有任何人直接看著他，他就覺得想逃跑。他也從沒學到在跟他人共享空間的時候，怎麼做才正常：他一直都一個人，覺得每個人都站得太靠近他了。在他變得不知所措的時候，他會躲在教室裡的大型直立式黑色鋼琴下面，而且緊抓著鋼琴上的木條來安撫自己。事實上，對彼得來說，鋼琴是學校裡極少數的正面事物之一。他把那台鋼琴想成是小彼得的父親，很渴望擁抱它、拍拍它、依偎著它。（它仍然是一個比較大的依附客體。）

悲哀的是，在彼得聽聞幼稚園留級這個導致他創傷的消息前，他真心相信自己過得很成功。除了鋼琴以外，另外一個正面影響是一位仁慈的老師。她的溫柔讓他很訝異。起初他很怕她，她一出現他就顯得畏畏縮縮。但她對他微笑——這是他前所未見的東西——而他直覺地領悟到微笑的用意是表示接納。她也看出他對鋼琴的愛，在她彈〈三隻瞎老鼠〉的時候，她讓他站在她旁邊。他把手放在鋼琴側面，感覺到琴身在震動與呼吸。他把手放在那，就像個孩子握著自己母親的手。彼得把大大的白色琴鍵看成牙齒，整台鋼琴咧嘴笑著在歡迎他。那是他體驗過最超然的時刻。聽到音符轉變成一首歌，讓他熱淚盈眶。他相信鋼琴在跟他說話。對他來說，在幼稚園的刺耳噪音之中，這是他能夠理解的第一件事。

在彼得發現他留級的時候，他傷心欲絕。他本來以為老師喜歡他，現在他認為她討厭他。他母親告訴他，每個人都升級了，現在已經是大男孩的他必須跟小寶寶一起上學。彼得相信他在這個世界上失敗了，就像他父親一樣。「發現這件事實在太羞辱了，我就是力有未逮。」

我設法解釋能成功度過幼稚園生活，是許多習得行為所累積的結果，這些在閣樓的孤立之中是不可能學會的。彼得錯過了太多步驟，他不可能為幼稚園做好準備。老師看出了這點，所以沒讓他升級。我繼續描述人如何透過一個又一個階段，發展在世界上的獨立性。如果那些階段被打斷了，就像彼得經歷過的，發展就會延遲。

首先，在某個人能以健康的方式冒險進入世界以前，一位母親的愛是很根本的。在我這麼說的時候，彼得總是會抗議，堅持說他母親**確實**愛這個家。她做的所有工作都是為了這個家。我解釋說，她無法**直接**對他表達關愛，而且他整天處於孤立狀態，也無法感覺到她的愛。

母親必定會抱著她的寶寶，並且感覺跟寶寶有連結，反之亦然。大約在兩歲左右，孩童領悟到他們是跟母親分離的。為了試試看他們做為獨立個體的能耐，他們藉著說「不」，開始不同意周遭他人的意見（所以有「恐怖的兩歲」之說）。成功脫離母親的學步幼兒，實際上能夠說出這種意思的話：「不，我不會吃妳想要我吃的東西、穿我的鞋子、或者照妳說的做。我是不同的人。」這個階段幫助兒童學會「我的」這個概念，而且這樣做有一部分也是在學習堅持個人主張。然而彼得沒有機會確立跟他母親分離的自我。事實上，他說直到現在為止，他從沒想過要對她做出任何讓自己有所區別的要求——在他還是小孩的時候，就更不用說了。

彼得也害怕別的小孩，根本不知道要怎麼跟他們玩。籃球或者任何遊戲的規則，似乎都太過複雜而晦澀難解。我再度解釋，他那時並不笨。大多數孩子在進入幼稚園以前，已經有四年群體行為經驗。其他父母會丟球給他們的小孩，然後讓他們打球，或者他們會帶孩子去公園看其他小孩玩。看小孩子享受玩溜滑梯的樂趣，會教導一個兩、三歲的小孩該怎麼輪流玩，而小孩第一次獨自從溜滑梯上溜下來的時候，會有一位家長在場。但彼得根本不知道「輪流」是什麼意思。他以為他站在定位的時候，應該要自己轉圈圈。他沒有辦法玩傳球遊戲[1]（monkey in the middle），太混亂了。

我解釋，大腦是一塊塊建立起來的，不是一出生就完全成形。在人生的前四年裡，一個小孩應該要建立所謂的「執行功能」（executive function）。前額葉皮質（prefrontal cortex）必須在腦內建立通道，以確立能把所有學習串連在一起的連結。舉例來說，執行功能幫助發展選擇性的注意力：學著忽略無關緊要的聲響，替多重要求排定優先順序。這是個複雜的世界，而我們一次學會踏出很小的一步。

在他重讀幼稚園以後，彼得有了很大的進步。他有另外一位老師，他覺得這個老師也對他仁慈得難以置信。

我問他「仁慈得難以置信」是什麼意思，他說：「她沒有對我吼或者用竹鞭打我。」那個老師很年輕，而且常常在鋼琴上彈奏歌曲，包括〈巴士上的輪子〉（*The Wheels on the Bus*），他很愛這首歌。他認為自己跟大彼得一起經驗美好的時光。

對年幼的彼得來說，鋼琴帶來了一個改變人生的事件。有一天，通常會來學校接他的姊姊沒有出現。他跟老師都不知道她在操場上跌倒了，人在醫務室裡包紮傷口。老師把彼得獨自留在教室跟鋼琴在一起，而他則去看看發生了什麼事情。

彼得走過去擁抱大彼得。當他抱著它的時候，其中一根琴鍵被壓到了，發出了一個音。彼得開始彈奏。他說起初他彈的是〈巴士上的輪子〉，用的是老師那種歡快的彈法，但接著他用憂傷的方式彈，就好像巴士在路線上跑得很累，而且迷路了。他不確定**快樂**或者**悲傷**是什麼意思，但可以透過鋼琴重現它。彼得根本不知道他能夠彈奏那個曲調，他只知道他曾經仔細看著老師彈。接下來他彈了〈三隻瞎老鼠〉，即興把老鼠的奔跑彈成某種爵士的重複段落。彼得的腳太短踩不到踏板，而他必須滑到鋼琴椅的另一端去彈某些音符，然後再滑回來。他渾然不覺過去了多少時間，但在他抬頭看的時候，好幾位老師，還有他姊姊、學校的護理師、校長跟校工，都站在門口附近看著他。校工開始拍手，所有其他人都跟著加入了。

彼得身為表演者的人生誕生了，那是他體驗過最快樂的時刻之一。他走路回家的時候感覺煥然一新。他的朋友大彼得在為他說話，而他奇蹟般地被人理解了。他記得那是個秋日，所有葉子都在對著他揮手。彷彿世界塗上了飽和的色彩——直到那時為止，他才領悟到他看到的世界只有黑與白，他是名符其實的井底之蛙。他從沒注意過他的周邊。他說連他的深度知覺都進步了，他不再那麼笨拙。這是他整個人生中第一次成功溝通情緒，而這種感覺燦爛輝煌。

1 譯注：這個遊戲類似籃球中的傳球動作，兩個面對面站著的人彼此傳球，中間的第三人則企圖把球抄走。

2 愛的表現

離彼得一家離開希望港小鎮到多倫多，幾乎已經過了四年的時光。雖然現在九歲的彼得不再被鎖起來，他的家庭生活還是一場磨難。他們離開了表親家，住在西端區皇后街（Queen Street）上一間陰暗的單臥室公寓裡。他跟姊姊放學以後，會在他們小小的家裡看電視，直到他們的母親回家為止。彼得透過學校、電視還有跟姊姊對話，改善了他的英語。他帶著玩具鋼琴到處去，複製他聽到的每一首歌。他說：「小彼得只有八個琴鍵，所以當我彈出《奇幻島》（*Gilligan's Island*）[2]的主題曲，我姊姊聽出來還鼓掌的時候，我很自豪。」

到這時彼得的父親已經不管自己的胰島素濃度，照他太太的建議吃糖吃成一個過重的糖尿病患者。到目前為止，他在我病人的陳述中出現得極少。自從他們離開希望港的餐館以後，父親疏於照顧的糖尿病、過重與令人失能的憂鬱症，都讓他找不到工作。他就整天坐在椅子上聽爵士唱片。偶爾有特別好的即興重複樂段，他會含糊地指著唱片。彼得理解失去家產以後幾乎立刻不再與人對視的父親，是設法要跟兒子分享他的音樂。彼得從較年長的表親那裡聽說，他父親小時候很有音樂天分，看到樂譜就能演奏，不過在旁人勸阻下沒去追求音樂職涯，因為大家認為這種東西太輕浮，又是腐敗西方世界的一部分。

彼得的母親從來不錯過機會羞辱他是一位「毀掉家庭未來」的父親。她不會給他任何一毛錢，甚至為了他心愛的唱片或香菸也不行。彼得後來得知他父親是來自一個音樂家族，照他太太的說法，被西方音樂腐化了，而且在越南有牽扯到鴉片的嫌疑。他母親把所有西方音樂，視為他父親那種揮霍的失敗的一部分。

有一天她出乎意料地提早下班回家，彼得的姊姊正忙著做串珠手工，彼得跟沒被分派到工作的父親則坐著在聽爵士樂。母親勃然大怒。「她對我們有多憤怒，是可以理解的，」彼得說：「畢竟她在外面工作，我們卻遊手好閒。她說我爸跟我是一個模子印出來的，我們都被西方思想跟音樂腐化了，跟墮落的法國人還有其他歐洲垃圾一樣糟。」（在他母親的童年時代，越南是法國殖民地。）他母親進入一種瘋狂的狀態，她的聲音出現一種彼得既熟悉又驚恐的危險音調。「她衝進客廳，用她的膝蓋把我父親的唱片一張張折斷。我站在那裡，僵住了，滿心希望她不會找上我，但她還是找上我了，」他回想著。「她一停止砸爛那些唱片收藏，她就看向我這邊，然後衝進我的臥室裡抓住小彼得，把他丟出窗外。」她用這麼大力氣把他丟出去，以至於紗窗都跟著掉了出去。

彼得那時九歲，表面上是因為沒有做串珠細活而被懲罰。實際上，他是因為像他父親被懲

2 譯注：一九六四至六七年初次播出的美國喜劇影集，主角是七個流落荒島的人，描繪他們如何在荒島上生存、想要回歸文明世界卻老是失敗。

罰。我問他，失去小彼得是否讓他傷痛逾恆。他說他對失落習以為常，他體驗到的只有感受的匱乏。「很難解釋。我看著窗外，然後為小彼得感到遺憾，就好像他是胖胖蛋先生（Humpty Dumpty）[3]。我自己沒有感覺到哀傷——就只是空虛。」他猶豫了一下，搜尋著可用的詞彙。「有點像是我不在自己的身體裡。」

我指出，在二十五年前的數百萬則記憶之中，他記得的是小彼得的死亡。我說，我相信這是因為這件事留下很大的創傷。「你經歷到的是人格解體（depersonalization），會發生在你覺得跟自己的自我分離開來的時候。你感覺不到自己的身體知覺或情緒。世界似乎霧濛濛的，而你跟自己的連結瓦解了。」

「我很常這樣。起因是什麼？」

「童年精神受創通常發生在自我分化的早期階段，再加上高度焦慮。」

彼得認為這個事件他會記得這麼清楚是因為幾天後發生的事。那時是夏天不用上學的日子，所以他姊姊從天亮到入夜這段時間都好好地在做串珠手工。彼得的父親比了個手勢，要彼得跟著他。到這個時候，彼得父親的年紀雖然是三十歲後半，走路卻很吃力，要拿著拐杖跛行。他跟彼得緩緩走到購物中心去便精疲力竭，他的腳踝腫起來又汗如雨下。不過在他們抵達以後，他走進一家店鋪的音樂部門，選了一台合成器，然後往外走到購物中心的公共區。一個警衛制止了他們，還叫了警察。警察問話時他父親一語不發，這讓他們領悟到他有點不對勁。在彼得向警方保證他們家裡有錢可付以後，警察開車載著彼得跟他父親還有那台合成器回家。「現在我回頭看這件事，我猜警察知道我們不是賊，可是兩個腦筋都有點問題。他們很好心，在我緊抓著合成器的時候，就只是靜靜載我們回家。」幸運的是，彼得的母親當時不在家。他姊姊拿出她的積蓄，付了合成器的錢。警方一臉懷疑地看著房間裡堆放的大量串珠手工，就好像這裡是個工廠。他們問起為什麼姊姊自己一個人在做童工。彼得聽到他們對彼此說，這可能只是一種「華人習俗」。他們似乎很困惑，沒有提出告訴。然後母親到家了，警方就在離開前解釋了一下狀況。

就在那時候，彼得的母親完全抓狂了。彼得告訴我說即使在最好的情況下她也是個很嚇人的女人，但他從來沒見過她這麼恐怖。她野蠻地拉扯他的父親，開始打他，直到把他打倒在地。她用中文尖聲叫嚷，所以彼得完全不知道她在說什麼。父親搖搖晃晃地站起來，然後癱倒在一面牆上，有好幾分鐘呼吸沉重，然後心臟病發死去了。彼得告訴我，他總覺得對父親的死亡有責任，因為如果父親沒有替他買合成器，他還會活著。

彼得有的童年記憶非常少，其中之一便是這起他父親偷合成器的事件。他小心翼翼地解釋說他覺得很羞辱，因為偷竊是不被接受的行為。他從來沒有碰過任何人偷東西過。然而另一方面，他把這看成是他短暫的人生裡，唯一接收到的愛的表現。他父親沒有錢，卻感覺自己快要死了，而且希望他兒子能有一台鋼琴，取代被丟掉的那一台。所以他就跛著腳走進一家店鋪裡，拿走一台合成器。他甚至沒費力氣把它藏起來。彼得看得出這是一個瀕死之人孤注一擲的父愛表現。

他也承認他父親的死是一種慢性自殺。我問他母親有何反應：「她本來可能很渴望這種結果，但或許在事情發生以後，她的感受就不一樣了？」

---

3 譯注：鵝媽媽童謠裡的人物，在童謠中它就像一顆蛋，從牆頭栽落以後碎成片片，再也拼不回原狀。

彼得重重呼出一口氣。「才不。她不是那種人。她希望他死，在他死時她如釋重負，說她少了一個負擔。在他死後，她再也沒有提起他，唯一例外是說我跟我父親一樣又懶又笨。」

「你像你父親嗎？」

彼得說是。他們兩人都有音樂天分，都可以視譜演奏，也能靠聽的就彈出旋律。再加上他們兩個都很安靜，喜愛音樂而且不怎麼愛賺錢或競爭。彼得只會在他房間裡彈他的合成器，就怕他母親一旦理解了這台合成器對他來說很重要，就會毀了它。

在他父親去世後那幾年間，彼得的母親買了一間裡面有四個單位的小型公寓。在四年後，又買了另一棟四戶公寓。到最後她擁有一整排這樣的房子。她自己維修跟收租，而且單槍匹馬對抗這個城市的租金管控。彼得二十來歲的時候，她給他其中一間公寓裡的一戶，離她自己家不遠。她仍然每天晚上跑回家準備食物、替他做晚餐，然後再跑去做她的下一份工作。與此同時，他姊姊一能離開這個家，就立刻嫁給一位非華裔人士成為家庭主婦。彼得的母親稱這個行為是「懶惰的加拿大方式」。

彼得相信他母親把自己看成是一個負擔，她叫他「沒用的東西」，而且持續敦促他去找份真正的工作。事實上，他在音樂的世界裡變得知名，雖然他疏於經濟利益，跟著樂團巡迴演出時沒賺太多錢。

很清楚的是，彼得的母親從他還是嬰兒的時候，就把他定義成一個懶惰遲鈍的壞小孩，直到成年還是如此。沒有反證能說服她不是如此。我永遠不會知道這是因為她憎恨自己丈夫，彼得又跟他相似，還是因為她相信西方音樂很邪惡，又或者是她通常不喜歡男性的關係。我唯一知道的一件事就是在母親替人貼上負面標籤時，你會相信她。除了她，還會有誰塑造出你的自我形象？然而隨著時間過去，關於這位母親的生活會有愈來愈多非常有趣的證據浮現，她的行為也就變得愈容易理解。如同佛洛伊德派會說的：「在維也納沒有謎團。」

我們剛結束第一年的療程。在那段時間裡，彼得更能調節他說話的聲音了，而且在最近幾個月裡，他開始與人有眼神接觸。因為彼得在情緒上受到太大的剝奪，他要花上整整一年才有辦法信任我。他必須學到我確實關心他，還有我們會一起朝著治癒的方向努力。

然而我很擔憂彼得的預後[4]。他錯過了這麼多發展階段，以至於我擔心我們要如何建立一個自我（ego）。原始材料這麼少，我們要靠什麼來建立？在這搖搖欲墜的地基上建立自我有一點危險，就像一位建築師要用不穩定的鷹架蓋房子那樣，讓我感到戒慎恐懼。

彼得超乎尋常的善意給了我希望。如果有人缺錢，他會借錢給對方。有一次，一個女人在我的等候室裡哭泣，他沒有問她出了什麼事，就只是出去買了杯咖啡給她，告訴她事情總會解決的。而他對他母親的忠誠，儘管所託非人卻很感人。仁慈與寬恕可以讓人走得很長遠。

然而彼得每次碰到別人發怒、或者在肢體上太靠近的時候，就會發生人格解體與嚴重焦慮的情形。我懷疑這些人格解體的發作，就是他性無能的起因。他太過焦慮，以至於經歷了自我脫離

4 編按：以目前病人的情況推估經過治療後，未來可能會有的效果。

身體的經驗，而你如果不在自己體內感受到性衝動，就很難成功進行性行為。

治療目標是建立他的自我，好讓他可以在有壓力的時候應付過去，不必在情感上解離。自我就是一個人的自我感受，是一種抽象概念，很難給它一個具體的定義。想像自我是一磚一瓦慢慢蓋起來的房子，它保護你免於外在世界的壓力，提供一個象徵意義上的家或庇護所，一個安全的場所。如果彼得的母親是個比較健康的女人，她就會告訴他，他是個敏感、仁慈、直覺強、聰明又有音樂天分的孩子。讚揚這些正面特質，本來可以幫助彼得形成一個比較強健的基礎。在狼來到門前敲門的時候，彼得就像童話故事裡的小豬一樣，本來可以靠著他扎實的磚造小屋來保護自己。

但與之相反的是，他母親數十年來都形容彼得懶惰、愚笨又沒有能力應付生活。他的地基上沒有扎實的磚頭，他住在稻草屋裡。在彼得要跟其他人來往或發生性關係的時候，他不覺得在稻草屋裡的自己有受到保護。他的自我不夠強健。他必須離開他的身體，人格分崩離析。

我希望在治療中達成兩件事：首先，我想要彼得理解他母親精神有狀況，而且是透過她自己扭曲的觀點在看待他；其次，我想要達到「好母親」的功能，幫助他搬出稻草小屋，搬進磚房。我的工作是幫助他看見正面特質，好讓他可以安全免於狼的侵襲。我希望讓他能夠對野狼說：「我是張彼得，這是我安全的屋子，我不必離開，你才該離開。」

隨著治療進入第二年，現在正是時候該把焦點放在彼得的陽痿問題上了。他嘗試跟女性發生性關係的時候無法勃起。既然他在一個樂團裡，他多的是機會認識女性。事實上，她們常常會找上他。彼得說，這跟個人吸引力沒有關係，就只是「樂團裡的人會發生的事」。我指出要是把這當成一種職業風險，比塵肺症好多了。

他渴望享受性愛，但身體親近女性讓他深感不安。我們討論過先建立友誼，緩慢發展出一段關係，然後他可以照著他應付得來的速度推進。我告訴彼得，為了處理他的陽痿問題，我們有需要檢視他從出生後的整個精神概況。母愛匱乏導致彼得有所謂著名英國精神病學家約翰．鮑比（John Bowlby）提出的「依附障礙」（attachment disorder）。對於一個嬰兒來說，母性依附優先於其他任何事情，甚至比食物更重要。為了擁有母性依附，一個嬰兒什麼都可以放棄。少了它，孩子會很焦慮，而且無法以任何正常的方式探索或者應付這個世界。而依附障礙不只影響孩子與母親，它還會影響所有社會關係、情緒與認知發展。如果這孩子沒有經歷過這種依附，就無法推進到第二步——信任且在情緒上依附他人，到最後是在性方面與他人產生依附。換句話說，如果你沒有嬰兒時期的依附，你在情緒上就無法成長。

動物學家康拉德．勞倫茲（Konrad Lorenz）之所以贏得諾貝爾獎的部分原因，就在於他指出我們可以從演化的脈絡去理解依附，亦即母親為嬰兒提供安全感這件事。依附是有演化適應性的，增強了嬰兒的生存機會，因此內建在大腦裡。一個嬰兒需要被母親抱著、愛著、摟著。

可是彼得很難把他在幼稚園的失常行為連結到他早年缺乏母愛，更別說是他的陽痿了。有時候治療師會碰上瓶頸，必須做出某些極端或非正統的事情來活絡現狀，好讓病患看出一個模式。為了幫助彼得更了解母性依附的觀念，我安排了一次一九五〇年代的哈洛（Harlow）[5]猴影片特映會。在社會心理學家實驗室產出的影片中，這部影片可能是最著名的。這項活動會在我偶爾教書的地點多倫多大學進行，採私人放映的形式。而放映師也已經同意，每當我打算對彼得指出某件事的時候就暫停畫面。雖然根據今天的標準，這些實驗會被視為違反倫理，它們卻提供一個讓人一窺依附障礙的獨特窗口。以前只有心理學系的學生看得到這些影片，但現在都放在YouTube上，任何人都能瀏覽。

哈洛影片在彼得的治療中成了一個轉捩點。影片開頭是哈洛教授解釋母性情感連結，這個他稱之為愛的概念，嬰兒藉此連結他們的母親。實驗內容是在一個有兩隻假母親的籠子裡養育新生幼猴。「鐵絲母親」握著一瓶奶水，幼猴必須跳到那位母親身上才能取得食物。「布母親」也是個鐵絲人偶，只是它身上覆蓋著毛巾。它提供的不是食物，而是一種可觸摸的感覺，幼猴可以擁抱依偎它。哈洛跟其他人很震驚地發現，依偎比食物更重要。幼猴抱著布母親的時間，一天可以高達十九個小時。牠們去找鐵絲媽媽幾分鐘就只為了喝奶。在布母親被拿走的時候，幼猴因為分離焦慮而在恐懼中哭泣尖叫。在布母親跟鐵絲母親都被拿走的時候，幼猴會前後搖擺，傷害自己。

聲音還是有幾分單調的彼得，開始很激動地說，他在那隻幼猴前後搖擺、咬傷自己的行為裡看到了他自己。獨自待在搖籃裡的時候，曾經反覆用自己的腦袋去撞搖籃。可是小鋼琴拯救了他。他說：「小彼得是布母親，會唱歌給我聽，並用音樂安撫我、擁抱我。」他實際上真的記得或想像出鋼琴令人舒心的聲響安撫了他內心的寂寞。他說他並不知道是自己在彈琴製造聲響，他沒有把兩件事完全連起來。他把鋼琴視為有生命的物體，一個安慰他的生物。

在影片重新繼續播映時，我們看著幼猴第一次被帶出籠子之外，並且被鎖進另一個房間，遠離布母親。這個房間裡有許多物件，是猴子通常會很喜歡的，像是梯子跟鞦韆。可是猴子害怕這一切，縮到一角難受地顫抖。布母親一被重新帶進房間裡，幼猴就爬到它身上去擁抱它。一旦牠從布母親身上得到一段時間的安慰以後，小猴子接著就敞開心胸探索環境。

彼得再度要求暫停放映影片。「喔我的天啊，」他說：「幼稚園就是這樣。別人都有個布母親，我卻什麼都沒有。我在牆角嚇壞了。我替那隻小猴子覺得**好難過**。我現在記得了，當時我納悶地想，為什麼其他小孩不像我這樣抓狂。他們在把我嚇得半死的大型布製毛毛蟲隧道裡，到處亂跑、互相追逐。」

這個影片接下來描繪了一個看起來像一隻巨大金屬蟲的怪物玩偶，有著很大的牙齒跟會旋轉的頭部。猴子顯然滿懷恐懼，跑過去抱住布母親。在猴子依偎得夠了，確保了跟母親之間的依附以後，牠就轉過身去，開始對那個大怪物發出具威脅性的聲響。

彼得表示他想要再度暫停影片。「我被霸凌了，而且沒有一個可以安慰我的地方，」他告訴我：「我就只是躲起來，然後這變成一個循環，讓我受到更多霸凌。」

我們看了更多部哈洛影片。這些影片揭示那些被剝奪母愛的猴子，長大以後無法自保。最引人注意的是，牠們不想交配。而在牠們被迫交配生育以後，根本不知道怎麼為人父母。公猴跟母猴都變得很殘酷，牠們會肢體虐待，情緒上很疏離，而牠們的後代通常必須從籠子裡被移出，這是為了幼猴的安全。

---

5 譯注：Harry Harlow（1905-1981），美國著名心理學家，利用恆河猴做了許多關於依附關係與社交孤立的研究。

最後一部影片放映結束，燈光亮起，彼得就呆坐在那裡。我注視著他蒼白的臉。他震驚地看著我說：**「牠們不想交配。喔我的天啊！」**

他總算恍然大悟。「沒錯。性就是最終階段，」我說：「首先你需要愛，然後是依偎擁抱，接著是親近，再來是保護，好讓你能夠大膽進入外面的世界賭一把。在童年時被孤立的人，錯過了所有這些步驟，而在他們成人以後，性愛看起來很嚇人。」

彼得問道：「妳有看到只有鐵絲母親的幼猴，在應該跟正常猴子交配的時候有多恐懼嗎？**我就是那種感覺。**」我看到他手臂下方的大片汗漬，而且他的眨眼頻率變慢了。他覺得混亂又迷惘，以至於無法離開視聽室。他剛經歷了一趟回溯童年初期的驚悚之旅。

彼得本來相信自己就是母親描述的那樣，沒用、能力不足又愚笨。我嘗試重新框架那個意象，卻沒有動搖彼得從他母親那裡得來的自我觀點。只有哈洛的影片才讓他理解到，他在發展中錯過了關鍵的步驟。彼得後來告訴我，沒有別的東西比哈洛的猴子研究對他的影響更強大了。治療立刻完美配合，從那時開始，療程被我們稱為「前哈洛／後哈洛時期」。

彼得開始領悟到他並不笨，也不是個失敗者，反而是一個對人生沒有準備的人。然而讓他困惑的是為什麼「其他父母在工作的華裔小孩沒遭受相同的命運」。我必須輕手輕腳地前進。彼得總是對他母親很忠誠，他從來沒說過她一句壞話。他固定的「副歌」是：「她所做的一切都是為了我們這一家人。」

然而我把她看成是某個母性本能受到嚴重破壞的人。不過身為治療師，我知道這樣說對彼得沒有幫助。他需要在他能夠接受的時間點，自己有這個領悟。如果在病人能夠聽得下去或者承認事實以前，你就對病人指出一個「真相」（姑且這麼說），他們就會對治療師失去信任。他們的防衛機制會接管，就只會有表面上改善。過度詮釋當事人，是新進或者有不安全感的治療師會有的表現。一位治療師可以把病患帶到理解的門口，卻不該拖著他們進去。他們的病患準備好了就會自己進去。

從人格解體到形成人格，治療是一趟緩慢的旅程，極其曲折蜿蜒。彼得沒有被當成一個人對待，所以到最後，他也沒體會到自己是個人。他在他的身體之外注視著自己。治療引導他走上漫長的旅途，朝著摸索人格、感知人性的方向前進。

3 燃眉之急

彼得的樂團在美國南方巡演時，他遇到一位在阿肯薩斯州（Arkansas）酒吧工作的女服務生。他在那裡有一週的表演。她帶飲料來給他，要求點唱〈喬治亞〉（*Georgia*）這首歌，並用緩慢的南方口音說：「讓我看看你有多想念喬治亞，因為那是我出身的地方。」彼得演奏這首歌的時候，整個房間都安靜下來。事後他對著麥克風說：「這是給美蘭妮的歌，她想念她在喬治亞州（Georgia）的家。」樂團成員大為震驚轉身望向他。他們在一起玩團十六年，這是他第一次在舞臺上開口說話。彼得說，他可以看出他們有多為他高興，雖然他們對他的治療一無所知。他們了解這是某種突破。

美蘭妮在表演結束後等著他，他們一起喝了一杯。彼得告訴我，他試著不要想到性，就只是活在當下。她問他住哪裡，在他說起旅館名字的時候，她意味深長地點點頭，然後注視著他。他說他想到我們的治療，還有他或許可以將狀況引導為他能夠逐漸接受的樣子。他告訴她，在連續表演兩場以後他累了，不過想邀她第二天共進午餐。她接受了。

他告訴自己不必擔心做愛的事情，反而可以先發展一段友誼。在午餐時間，美蘭妮告訴彼得，她父親蒐集藍調老唱片，所以他們談論了音樂，這對他來說是個很讓人放鬆的話題。他們繼續約會了好幾次，但沒有做愛。他從來沒有真的帶她到他的旅館房間。

彼得回到多倫多以後經常寫信給她。他在信裡能夠變得稍微熱情洋溢一些，甚至帶有點情欲色彩。他決定搭機南下，去跟她共度一個週末。隨著時間接近，我們演練了他可以說什麼。我告訴他，他不需要討論他的性問題。他需要做的，就是親切而充滿愛意。我向他保證，這樣會很容易，因為溫柔對他來說是很自然的事。

「我想裡面有個正常、充滿愛又善良仁慈的人，可以做個美妙敏感的戀人，」我告訴他。「你就是童年時承受太多孤立與創傷了，然而你還是想要嘗試與人連結。你的音樂裡滿溢出情感、官能性與表現力——所以你內在有這些特質。請記得，你受了傷害，卻沒有毀壞。」

我們討論了依偎溫存是什麼，還有怎麼樣做到這點，卻不顯得很造作。他姊姊有個孩子，而且常常擁抱他——或者說，在彼得看來算是常常。他仔細地觀察，以便複製這個行為。對他來說，這一切都不是自然而然的。

他帶美蘭妮外出吃晚餐，然後她說她想回他的旅館房間，因為她跟三個女生住在一起。他們上了床，但不幸的是，彼得又感覺到自己在人格解體。像是透過一個光圈不斷變小的攝影機，他看見自己躺在床上。他不覺得他在自己的身體裡。最後，他們兩個人都入睡了。

第二天他們出去約會。美蘭妮那天晚上必須在酒吧工作，從八點做到兩點，而他同意去那裡跟她見面。但在她的輪班結束時，她走向鼓手，跟他一起離開。認識彼得、也知道彼得在等她的酒保說：「抱歉，但中國佬在這裡不怎麼吃得開。」彼得知道酒保的本意是要安慰他，並不知道這話聽起來有多侮辱人。

我為彼得感到遺憾，但我告訴他把這想成是在試車。性愛只是冰山一角，其中有百分之九十是在水下，在無意識層面中，而我們必須聚焦在那上面。

我試著要彼得進入他的夢境，因為要通往他的無意識，夢是我們的最佳途徑。我叫他在床邊放鉛筆跟紙張，這樣到了早上他就可以寫下他的第一個念頭。結果，他的夢境一直都是類似的情況，總是會發生某個超出他控制的事件。

「我手腳攤開躺在一輛巴士頂端，這台巴士以危險的車速沿路橫衝直撞，我試著要抓住某樣東西，卻沒有把手。巴士從一條線道甩到另一條線道的時候，我就從一邊被甩到另一邊。我試著要對司機尖叫，但我發不出聲音。到最後，我一寸一寸挪到巴士車頂與前方車窗交接的地方，俯身往下，透過擋風玻璃往裡看，看到車裡沒有司機。」

每次彼得做這個夢的時候，他都在恐懼中醒來。我們談到他的人生在哪些方面就像那台失控的巴士。在他說他無法擁有人際關係的時候，我指出這不是真的。他到目前為止還沒能夠發生**性關係**，但他跟我、姊姊與樂團成員們都有建立關係，他的團員們看來既喜歡又很尊重他。樂團成員透過他們的音樂溝通，而彼得要這麼做毫無困難。事實上，他的音樂給人感覺很親密，打動了許多樂迷。無論聽眾人數規模有多大，他不曾人格解離的時刻就是在彈奏鋼琴的時候。

不過彼得反駁說在跟其他人的關係中，他不曾有過真正的感受，所以他怎麼能夠擁有一段真實的關係？在美蘭妮跟另一個男人離開酒吧的時候，他沒感覺到悲傷。事情就只是發生了。他在一份很重要的音樂雜誌上成為封面人物沒有讓他感到快樂。他把雜誌拿給他母親看的時候，她說只有吸鴉片的跟蠢美國佬才讀音樂雜誌。

在我們第三年治療的後半段裡，某件事發生了，讓彼得跟他姊姊大受震撼。結果這個事件變成治療中的另一個轉捩點。

彼得的姊姊過去一直是個安靜的小孩，坐在餐廳雅座裡用蠟筆畫畫。她是安靜順從執行母親要求的機器人。然而，她受到的創傷遠比彼得少。她從來沒有被關起來，也能夠跟顧客們互動、得到他們的關愛。成為大人以後，她仍然安靜又順從。然而她從來不許她母親苛待她的孩子，在這些時候她會像頭母熊一樣起身抵抗。彼得常常拜訪他三歲大的外甥女，享受跟她的連結。他透過觀察他姊姊跟小女孩之間充滿愛的互動，來學習正常行為。

有一天彼得的外甥女把一鍋辣醬從爐子上拉下來，害自己嚴重燙傷必須住院。外甥女的傷勢讓所有人都精神受創。彼得說，他跟母親還有姊姊一起去醫院燒傷病房探望她。他很警恐地看著小孩子們在痛苦中扭動的景象。

然後她母親開始有詭異的舉止。「在我們沿著走廊往前走的時候，我母親開始笑，然後說道：『看看她！看看她！』她指著一個嚴重燒傷的孩子開懷大笑。一位護理師盯著她看，然後說道：『妳不表現得像人一點，就給我滾出去。』」護理師對她說話的方式讓彼得很震驚。「突然間妳說過關於我媽媽的一切，洪水似地湧入我腦海。信不信由妳，她繼續笑，護理師說如果她不停下來，她就要叫警衛了。現在其他護理師聚集過來。我姊姊就只是默默看著。我為這個身上有著恐怖疤痕的小女孩感到很遺憾。我暴跳如雷地跟我媽說：『妳到底哪根筋不對？這些小孩在受苦受難。要不現在就給我閉嘴，要不就搭巴士回家去。』她閉嘴了，我姊姊把手放在我的背上，某種程度上是在支持我。」

史上第一次，彼得有意識地對他母親發怒。我無法想像他在無意識中會憤怒到什麼程度。我指出，雖然彼得對他母親怎麼對待他無法感到憤怒，現在看到她如何對待那些燒傷病患，他已經有些可以動用的憤怒感受了。

接下來，我對於他母親為什麼會有這麼奇怪的行為深感迷惑，我向彼得問起她的童年。他的回應意味著她的過去對他來說也是徹底的謎。就他所知，她沒有父母或手足。他們在多倫多的表親都是他父親這邊的人，但她跟他們都很疏遠。在她丈夫失去家產、需要住處的時候，她利用他們，但現在她很有錢又有好幾棟小型公寓建築了，卻拒絕借錢給他們創業。

彼得說，看到他母親對那些受傷的孩子有如此無情的行徑，釋放了他的憤怒，他很氣她對他做過的事。他再也不願意去她家吃晚餐了。

他母親似乎對彼得的抽離很困惑，把晚餐放在他家門外。隨著時日過去，她抗議時變得愈發狂亂，在電話裡吼著要他來吃晚餐。最後他同意去拜訪她。在我的建議下，他試著探究她在燒傷病房裡為何有這麼可怕的表現。在彼得提起此事的時候，她開始發出跟當時一樣瘋狂的笑聲。彼得對她的冷血很憤怒，開始宣洩他的童年有多痛苦。她母親再度搖頭，一邊笑著，一邊說他根本不知道痛苦的童年是什麼樣，還補充說她保護他避開了所有壞人。

彼得問起她的過去。她加以粉飾，只說重點在於自給自足，好讓自己永遠不必依賴丈夫。她也說她永遠不會做「二房」。

花了好幾個星期，這位母親的故事浮現出來。彼得的外婆是一位越南華裔商人的「二房」。這一家人是華人，但住在越南好幾代了。二房在這裡指的是介於女主人跟寵妾之間的身分。一個有錢人會在經濟上支持一個女人，以便換取性生活，而生小孩不是交易中的一部分。彼得的外婆很美麗，他富有的外公曾經以擁有她為傲。但在他失去財富以後，他開始虐待她。他的社會地位下降了，而且再也不能跟有損名聲的人來往。他拒絕給二房任何經濟支援，也不容許計畫之外的孩子，也就是彼得的母親擁有任何法律權利。彼得不知道他母親說的「權利」是什麼，而因為語言上的隔閡，他沒辦法釐清。他外婆無法得到工作許可，也無法取得商業執照或者正式證件，因為二房被認為是非法的。到最後，她開了一家地下鴉片館招待「墮落」的外國人。這裡也是給「喜歡熱鴉片的男人」的地方——彼得說，這是他母親的原話，而他不確定這是什麼意思。他猜測那是某種妓院兼鴉片館，顧客們會做出如同虐待狂的變態行為去燙傷別人。彼得的外婆會取得鴉片，妓院或鴉片館的女孩子們則會被法國香菸燙傷，其中也包含彼得的母親在內。

「彼得！」我大吃一驚。我問這些顧客是不是法國人。他假定是，因為事情發生在二〇與三〇年代的西貢，當時越南還是法國殖民地。華人在這個國家是占比最高的少數族群，經營許多這樣的生意。彼得的母親做的工作，就是要讓這些男人開心——被燙傷、做「壞事」，無論那是什麼意思。她用英語描述那是「扭曲的性」還有「熱鴉片燙傷」。她在多倫多的醫院裡看到那些燙傷患者時，想起她的家鄉。彼得問外婆是否也被燙傷過，他母親很實事求是地回答：「沒那麼頻繁。年輕女孩賺進來的錢更多。」他想知道他母親跟其他年輕女孩當時多年輕。她迴避他的問題，說「我不懂你的英語。」她想混淆視聽的時候常這麼說。

他母親最後在一間鴉片館裡遇見了她的丈夫。他跟他的兄弟在同一條街上的一個地下爵士樂團裡演奏，偶爾會進來抽鴉片。在他提議要娶她、帶她去加拿大的時候，她立刻抓住這個機會。她告訴彼得，她在乎的就只有賺錢，這樣她就不會變成一個「二房」，她們沒有力量也沒有權力，必須做「不正經的生意」。最後，彼得問她一個重要的問題：「妳母親有把妳鎖起來嗎？」她的答覆非常具啟發性。

「沒有，你運氣好，所以我把你鎖起來了，」她說：「我總要工作才有飯吃。」

我只是緩緩搖頭，凝視著彼得。

「我知道，我知道，」他說：「我總說她已經做了她能做的。」然後他補上了一個追加的想法：「我想她恨我父親跟表親們的部分理由，在於他們知道她曾經做過什麼。」

「在你父親死後，她跟男人有過任何牽扯嗎？」

「從來沒有。她穿舊衣，甚至去參加婚禮時也是。她自己剪頭髮。如果有任何人注意到她，她就說他們想要的只有她的錢。她的錢就是她的寶貝。」

「金錢保護她不被燙傷，」我解釋道。「她有個把獨生女提供給別人虐待取樂的母親。你外婆看到那些燒傷的時候，跟她的顧客們一起笑——就像你母親在醫院裡一樣。」

彼得可憐的母親根本不知道怎麼為人父母，因為她自己從來沒有一個慈愛的家長。我沉默了好一陣，然後說：「我也為你母親感到遺憾。她被剝奪了人性中最令人滿足的一種情感，母性本能與享受母職。」少了某些先決條件，母性本能就**不是**自然而然的。母性本能需要這位母親記得她自己的依附經驗，還要在她的家庭或者社會中的某處看到這種角色模範，才能夠被觸發。

彼得沉默了很長一段時間。最後我說：「我一直在想你母親嘲笑燒傷患者。她**自己**就是個燒傷患者。顧客們一定曾經取笑她，而她就只能把他們當成角色模範。畢竟是這些顧客付錢，得到這種所謂燙傷別人的特權。她根本不知道如何跟你產生依附關係，因為她跟她母親並沒有建立依附。她母親在她的嬰兒時期就不照顧她的情緒了。事實上，她母親把她獻給虐待狂男性以換取金錢。無怪乎你母親覺得她有保護你，因為她總是供你吃穿，還把你鎖起來以避免傷害。」

「她也同樣在供養她母親，」他說。

「她整個人生都在供養別人。」

「她真的對男人很有意見。她對我姊姊就還好。」

「是嗎？她要求她安靜而且不准動。」

「她唯一知道要怎麼做的事情，就是供養。難怪我爸爸損失那筆錢以後，她就很恨他。沒有比這更糟的事情了。」彼得嘆息然後補充說：「她為什麼時時刻刻對著我吼，還跟我說我是個失敗的人？」

「你認為是為什麼？」

「我想她在表達她的恐懼。音樂之類的東西嚇壞了她。她認為鴉片、或許還有燒傷就是下一件事。」

我點頭同意。很反諷的是，這些詮釋全來自一位幼稚園就留級的男孩。

多年來，彼得一直以為他母親肯定說對了他的缺陷，否則她為何會用這種方式對待他？現在他看出來了，也許她的行為跟他毫無關係，一切都跟她悲劇性的童年有關。

他設法要在另一次對話裡，跟他母親談她的早年生活，但她從來不願意再度討論這件事。她稱之為「死掉的過去」。彼得問起他外婆對於女兒跟丈夫一起去了加拿大有什麼感受，她說：「我母親不在乎。她只在乎她的下一管鴉片。」彼得這時才恍然大悟，他外婆一直有鴉片癮。

既然彼得現在對他母親的問題有了更深的洞見，還重新框架了他對自己的看法，引進一種跟她互動的新方法正是時候。我給他一本書，書名叫做《毒親》（*Toxic Parents*），作者是蘇珊・佛沃（Susan Forward）。這本書肯定觸動了彼得，他告訴我當他母親指著一個郵差，然後說：「那裡有個蠢蛋，你就需要這種工作。」他覺得他就要尖叫出來了。然後，他有史以來第一次說：「我再也無法忍受她老是一再重複那些失敗的陳年老調。」

這對我來說完全是好消息，因為一個正常兒子面對母親一直說他是輸家時，就會像他這麼做。

我說出我的疑惑：「怎麼樣能讓她住嘴？她不介意吵架。這是她跟人有情緒連結的唯一辦法。她不知道如何表達擔憂、關心或溫情。她從來沒見識過。」

「看到我姊姊這麼常抱著她的新生女兒，真的讓她很緊張。她會對我姊說些古怪的話，像是『如果妳抱著她，她就不會學走路了』或者『如果妳把她抱起來，她就會一直哭』。我姊姊從來不跟她吵——除非我媽對她的女兒們做出惡毒的事，那時候她就會大發脾氣。我媽已經學會不插手。現在我姊抱著她的寶寶時，她只會搖搖頭。」我指出他母親可以學會改變對他的行為。畢竟他姊姊用這招是有效的。

然而彼得抱持著永遠無法改變他母親這種宿命論的觀點。但他唯一能做的，是改變如何與她互動。我建議他告訴母親，他愛她也感激她為他做的一切，但他不會再容忍她對他說話毫無尊重。他必須向她解釋，**對他來說**怎麼樣叫做粗魯。如果她存心貶抑，像是說他跟他父親一樣是個墮落的音樂家，他會立刻走人，兩個星期不見她。這點很難辦到，因為他們彼此住得非常近。彼得天性仁慈，不喜歡傷害她。但我向他保證，隨著時間過去，她會理解到她可以說什麼、不能說什麼。我提醒他，事實證明她已經學會不去干涉他姊姊的教養方式。雖然她抵達加拿大的時候根本不會說當地語言，也沒受過教育，他母親此時擁有的房地產卻比大多數加拿大人都來得多。她很會觀察形勢。

彼得很不情願地嘗試了這個計畫，他不相信會奏效。他說，如果他必須用桶子沿著大西洋清空所有的沙子，他可以堅持不懈。但談到他跟他母親的關係，感覺就像是他看到了海洋跟沙子，卻沒有桶子。我可以看出他覺得疲倦而氣餒。我告訴他，我在這裡支持他。我會提供他桶子，而我們會一起挖掘。他同意試試看。

彼得其中一個積極的手段，是把他在專業上的成功跟他姊姊分享。我在音樂雜誌上看到一篇新文章報導了他還有他的樂團，我建議把照片裱框送給她當聖誕禮物。他的反應很典型：他永遠不會做這種事，她不會想要啦。但我還是建議他冒險一試，他也同意了。在他把那個裱框的雜誌文章副本送給他姊姊跟姊夫的時候，他們很愛這份禮物，甚至把它掛在他們的客廳。在那之後不久，他們就開始去看彼得的某些表演。

事實證明，那張照片是個觸媒，改變了彼得跟他母親間的動力。在他姊夫的生日晚宴上，他母親說，她不知道彼得的姊姊為何要把這種敗德之人的照片掛起來。彼得告訴他母親，她讓他不高興了，然後他起身走了出去。彼得很少實際表達自身需求，這是其中一次。他告訴我這很嚇人，他本來假定沒有人會理解他為何離開。讓他很驚訝的是，第二天他姊姊跟姊夫各自打電話來，說他們跟彼得的母親說了什麼：「如果她要這樣輕視她兒子的成就，他們家不歡迎她來。」

這還不是全部。他姊姊告訴他，她知道他是兒童虐待的受害者。「聽到這句話我驚呆了，然後為我母親辯護，」彼得說：「可是我通常很溫馴的姊姊說，我需要面對發生在我身上的事情。她告訴我在我大約三歲的時候，母親有一次帶我去看小兒科醫生，我姊姊跟去當翻譯。醫生不喜歡我頭顱扁平的形狀，問我是否夠常離開我的搖籃。我母親就只是微笑著忽視他。」姊姊想告訴這位醫師真實的情況，因為她知道這樣不對。「可是，」彼得說：「她知道這樣就會背叛我母親，而且我母親還會毒打她一頓。她保持沉默。她說她多年來一直覺得很有罪惡感，因為她沒挺身而出。」

在這起事件之後，彼得有了新政策，每次他母親說了什麼傷害他男性尊嚴的話，他就會起身離開。他不解釋。我贊同這種策略。「相信我，她會搞懂的，」我說：「小鼠跟大鼠到最後都會對正面強化與負面強化有不同反應。」

慢慢地，彼得的母親停止侮辱他，或叫他換工作、娶個華人女孩。她從來沒變成一個溫情款款的母親，但透過行為改變（behaviour modification）這個療法，她確實學到如果她想跟兒子保持接觸，她不許做哪些事情。她不想孤孤單單，也想給彼得食物跟遮蔽處，而如果他拒絕接受，她會傷心欲絕。那就是她心目中的母職。

在這次治療中，我們已經有了重大且成果豐碩的一年，得知彼得母親的童年，還有她受到多大的傷害。他有時對她感到憤怒，有時又為她感到難過。他也開始理解到，她對他的反應鮮少跟他本人有關。彼得也得到他姊姊的支持。在她說他是兒童虐待受害者的時候，他本來很震驚，但這幫助他理解人生中為何有這麼多問題。他固執地堅守對他母親的交涉原則，並且看到了結果：她的行為改善了。他還能夠達成什麼別的成就呢？

4 遇襲

不意外的是，一旦彼得領悟到虐待行為是什麼，並且開始設定跟他母親之間的界線，他也就開始檢視家族以外的人如何對待他。彼得也忍受了很多樂團主唱唐尼自以為是的行為。他很苛求，而且有個錯覺，認為觀眾來都只是為了看他。彼得在其他樂團客座演出的時候，得到的尊重還比他從唐尼那裡得到的多。最後彼得跟他攤牌，說他不可以再提出獨斷的要求或者阻止安可演出。從現在起，他們會一起做決定。

三十七歲的唐尼，對於自己是個派對玩咖感到很自豪，可能還酒精成癮。他想當個典型搖滾樂手，在他們表演的每個城市裡找人上床。在他精心塑造的人格面具裡，唯一的問題是他已經跟阿曼達結婚了十九年，有個四歲大的兒子跟六歲大的女兒。彼得從高中時代就認識唐尼跟阿曼達，對於唐尼有多常對妻子撒謊深感震驚。他想要彼得也對她撒謊，以便掩護他。

彼得做出新的嘗試，要做自己的主人、並且表達自己的需求。他告訴唐尼，如果阿曼達問他，他不會再針對巡演路上出現的那些女孩子謊騙她了。愛滋危機正熾，彼得覺得唐尼不夠小心。

唐尼說他以為他們是好友，彼得也同意，但說他的友誼不包括對阿曼達撒謊。像彼得或蘿拉這樣在會虐待人或功能失調家庭長大的孩子，在設定界線方面會有困難。他們的父母不聆聽他們的需求，所以他們根本不知道世界上的其他人會容許他們設定某些社交規則。他們必須學會不必為每個人執行每一項任務。我很高興彼得對唐尼劃清了界線。

阿曼達向彼得吐露她丈夫如何忽略她跟小孩。有一次在他們練習時，她出現在他們家的錄音室，要求唐尼上樓參加兒子的生日派對。唐尼拒絕了，她繼續堅持，他就舉起手來要打她。彼得從椅子上跳起來，結果跟唐尼打了起來。他說他受夠了唐尼這麼「混蛋」。

這股憤怒連結到困擾他多年的其他事情。彼得很納悶，唐尼如何能夠負擔得起一棟房子跟一間業界頂尖水準的錄音室，他卻只能勉強餬口，畢竟他們做的是同一批攻上排行榜的CD。彼得終於要求看帳簿。

在我聽起來，唐尼好像一直在欺騙他，彼得則擋掉了他對這件事的感覺，就好像他先前也把其他所有的感受都隔絕在外。我恭賀他回應了自己的情緒。彼得告訴我，他母親說對的一件事，就是唐尼是個小偷：他從彼得身上偷收入，還偷了十六年。我持續追蹤樂團的媒體報導，並且指出報章雜誌鮮少提到唐尼，他們大半時候都將焦點放在彼得身上。

彼得在情緒方面有所成長。現在他做了個重大決定：離開樂團，自己組團，還把其他很有能力的樂團成員一起帶走。到最後他在經濟上變得極其成功，不必再做鋼琴調音師了。他可以當全職音樂家。

彼得不是唯一一個鼓起勇氣離開唐尼的人。阿曼達訴請離婚，並且要求取得孩子們的監護權。她預料她丈夫不會抗辯，也確實如此。在唐尼將房子屬於她的部分買下以後，她搬進彼得母親的四戶公寓大樓。事實上，她就住在彼得樓上。她擴張了她剛開始的簿記員生意，偶爾會要求彼得在她去見客戶的時候，幫忙照看孩子們。彼得開始跟孩子們建立融洽的關係，教導那個六歲女孩彈琴。阿曼達付不起學費，所以他們同意以一頓家常菜做為一週一次免費課程的酬勞。

彼得開始帶這家人去參與音樂活動，像是《迪士尼冰上世界》還有《胡桃鉗》。他跟阿曼達的兒子玩曲棍球。這些孩子一直渴望得到一些男性的關注，對於彼得的善意始終熱情回應。

有一週，彼得向我承認早在阿曼達嫁給充滿個人魅力卻很膚淺的唐尼以前，他從高中時期就被阿曼達所吸引了。

彼得的母親對於這段友誼怒不可遏，說阿曼達就只想要繼承她的財產。彼得應該找個華裔女孩。他指出他根本不會說中文，也不認識他姊姊以外的任何華裔女性。

在滾石樂團來城裡表演的時候，彼得邀請阿曼達跟他一起去。他向我保證這不是約會，但他還是很怕這可能會改變他們的關係，也怕阿曼達可能認為這牽涉到性。他承認對她有性幻想，但太害怕失敗了，無法付諸實行。「她是我的鄰居跟長年的朋友，我也喜歡那些孩子，」他說。「這些可能會全都在尷尬中化為烏有。」

我可以理解彼得的小心翼翼。失敗的性接觸可能真的會重挫他。然而四年前他來找我的時候，想解決的就是這個問題！

我建議彼得詳加觀察他身為好母親的姊姊，怎麼樣對待還是嬰兒的女兒。他回報了以下幾種依附行為：抱著，近距離柔聲的說話，牽手，一起躺著，微笑，閒聊，在她哭泣時安撫她。我硬著頭皮冒險建議他，如果他開始跟阿曼達發展浪漫關係，他可以對阿曼達做他姊姊會對女兒做的某些事情。我說，他需要一次一小步，性的感受不是一天可以建立的。他必須學著如何去喜歡別人，如何有身體上的親密，性愛則是前述所有情感連結行為的頂點。

但某些行為對他來說還是負擔太大了，彼得說。舉例來說，他無法直視她的雙眼。光想到這件事都讓他緊張。

所以我們製作了一張清單——一個親密感的階序表，從最強到最弱，頂端是性愛，往下經過牽手，然後到最容易的一個，口頭表白感情。我建議彼得對新生兒外甥女嘗試某些在階序表底層的依附行為，直到這些作法感覺很自然為止。至於跟阿曼達的約會，我向他保證，他沒有表現壓力。壓力多半出現在他腦袋裡，而不是在她這邊。

後來彼得回報說，他跟阿曼達去了演唱會而且很享受。回家時，他們坐在沙發上，但阿曼達的兒子從他房間冒出來，想知道所有關於演唱會的事。彼得鬆了口氣。他無意間說出他的感覺：他已經有過一次約會了，不想再冒更多的險。

在下一次治療裡，彼得說出某件讓他不高興的事。他剛替阿曼達的女兒上完一堂鋼琴課，而他們兩人在等待阿曼達做晚餐。這時有位男性顧客來到門口，送來某些需要簿記的收據。阿曼達介紹彼得時說，「這是我房東太太的兒子」，然後繼續跟客人閒聊。既然在彼得人生裡還有更多更糟糕的事情，我很驚訝他會那麼生氣。然而我以前在診療中也看過這種事。某個人初次打開情緒閘門的時候，好多的感受會呼嘯而出，以至於可能很難停止這滾滾洪流。

彼得晚餐時很安靜。阿曼達的女兒感受到他的緊繃，問他什麼事情不對勁，彼得說他不喜歡被介紹成「房東太太的兒子」。女兒回答：「媽咪應該說你是『我的鋼琴老師』。」

「或者這一家的朋友。」彼得說。

阿曼達在這整個過程裡不發一語。然後她女兒補上一句：「或者『我的朋友』。」

這個小女孩與彼得的情感連結讓他感動到幾乎落淚。「我會喜歡這個說法。」他回答。

阿曼達還是一句話也沒說。晚餐後彼得告辭了，說他必須練習。阿曼達冷淡地說了再見。

幾個晚上之後，阿曼達在大約十一點的時候來敲他的門。她什麼都沒說，只說她來得很晚，因為她必須讓孩子們上床睡覺。她坐在沙發上眼中含著眼淚，還是沒說話。彼得說，他很容易就做到握著她的手，用他的手臂環抱著她。她把頭靠在他肩膀上。在她離開以前，他們就這樣坐著很長一段時間，直到她說她必須回家去，免得孩子們醒過來。

「有任何人開口說話嗎？」我問道。

「沒。」

我問彼得他有什麼感覺，而他就像平常那樣，沒什麼表情地說：「這是我人生中最快樂的時刻。」

彼得在一週之後回去上另一堂鋼琴課，這時阿曼達告訴他，孩子們去跟唐尼的母親住一週，而這是她離婚之後，第一次不用照顧小孩的休假。彼得幫她收拾玩具跟打掃家裡。他們出去吃晚餐，回家的路上牽著彼此的手。

他清楚記得這整個夜晚，就好像一部他反覆看過的電影。為了他們喜歡的一個樂團，他們看了《週末夜現場》（*Saturday Night Live*）。然後阿曼達去了浴室就沒回來了。彼得走到走廊上，而她說：「嘿，進來吧。」她躺在她床上，衣著整齊，在抽一支大麻。她說：「我得趁孩子不在的時候做這件事。」她放了一張CD，而就在他們聆聽的時候，她把頭靠到他的胸口上。她告訴他，唐尼說過她性冷感，但現在他離開了，她不再覺得自己冷感。在她讀書或者看過電影以後，她會有浪漫的感覺，但她年輕的時候曾發生過兩件事情。她曾經被一個家庭成員性虐待，然後在高中的最後一年，又被她的初戀男友唐尼搞大了肚子。她嫁給他，然後在懷胎第七個月的時候失去了那個孩子。

「我讓她知道，我覺得這一定感覺很糟。她說性愛對她來說有點可怕。然後我領悟到，她是在向我道歉先前沒有做愛。」彼得決定告訴她一點自己的問題，雖然沒講到足以嚇著她。他說，他還是小孩的時候常常被孤立，而他很樂意慢慢來。他注意到阿曼達看起來鬆了一口氣。在長久的沉默以後，她告訴他，她有多欣賞他的音樂。「然後她告訴我，她女兒曾經問過她，我是不是有個華裔女友，」他說。阿曼達回答說她不知道，她女兒說她要在停車場裡物色一個。彼得看著我，臉上有一抹我前所未見的隱約笑意，然後說道：「我告訴她，她在那裡要看上很久，因為我已經有個女友，人就在這裡。」

我為彼得感到十分高興。我告訴他，某些人會做愛，卻一輩子都沒有情緒上的親密。彼得與阿曼達對彼此很誠實，而且在情感上變得很親近。

幾週以後，彼得回報說他跟阿曼達嘗試過一次性接觸。他們躺在床上一起抽一支大麻，這時阿曼達問他會不會介意她把上衣脫掉。他說她穿著一件漂亮的蕾絲胸罩。在她解開彼得的襯衫鈕扣時，他開始勃起了。然後她評論說，他胸口沒有多少胸毛。「我覺得窘迫，完全放不開了，」他回憶道。「在她說了那句話以後，我有幾分暈頭轉向，不過設法回答說華人沒有多少胸毛。」阿曼達就只是點點頭說「嗯」。然後他感覺到自己在萎縮——不只是他的勃起，而是整個身體都在縮小。他說：「我悄悄離開了我的身體，感覺就像當年在閣樓房間裡，看我母親拿著竹鞭走向我。我不再屬於我的身體了，」反而變成了那位在角落裡的孤獨男孩，注視著成人版本的自己跟阿曼達一起坐在床上。「在我呼吸平靜下來以後，我找了個藉口起身回家。」

一旦你有個很苛刻或者佛洛伊德口中會「閹割人的」母親，你會一直對批評過度警覺。就連有點含糊的發語詞，像是「嗯」，都讓你像是被灑了鹽巴的蛞蝓一樣，整個皺縮起來。我告訴彼得，他必須學著對阿曼達說出他真實的感受。

對彼得來說，表達他的情緒有很高的風險。但幾天後，他確實跟阿曼達討論了這個事件。對此他實在太焦慮了，甚至還頭暈，但他勇往直前。結果阿曼達以為他離開是因為他不喜歡她的身體，同時他卻覺得她在說他不夠有男子氣概，因為他胸毛不多。這個事件有點像歐亨利的短篇小說，充滿了種種誤會。他們兩個人都對自己的過度敏感發笑。

四月一日，阿曼達穿著她的冬季長大衣來到彼得家門口，說她的汽車電池沒電了。他去拿了某些跨接線，這時她從他手中接過這些線，把其中一條夾在他的襯衫上，然後脫掉了她的長大衣。她赤身裸體，把另一條纜線夾到她乳頭上，然後喊：「愚人節快樂！」他們兩個人一起倒在沙發上大笑、擁抱與親吻。彼得或阿曼達小時候都沒享受過多少歡樂，但現在他們心情變得輕鬆了，很自得其樂。彼得脫掉了他的衣服，順水推舟，終於在三十八歲這個年紀，跟一個女人共享魚水之歡。

在他跟阿曼達發展的關係中，彼得並沒有一直擁有很棒的性經驗。他學到他必須有理想的環境。如果他們之間有未解決的問題，他就無法維持勃起。甚至連小衝突他們都需要解決，也必須有情緒上的親密，才能夠享受性的親密。他就像少見的蘭花，只有在最理想的條件下才會綻放。

彼得的母親繼續拿阿曼達的事來訓他。彼得告訴她，如果她不停止這樣，他就要搬出這棟房子。她嗤之以鼻。「我警告過她。但她從沒想過我會瘋狂到有免錢住處還願意去付房租。她以為她能輕易掌控我。」之後他母親拿食物來給他，對阿曼達甚至連聲招呼也不打，這成了最後一根稻草。彼得、阿曼達還有她的孩子們都搬出她母親的房產，好讓他們可以一起住在一間租來的房子裡。「我知道我必須說到做到，要不然她就會騎到我頭上。」他說。但他還是每星期去拜訪他母親一次，一起吃頓飯。彼得跟阿曼達在一起很快樂，也很享受當孩子們的父親，曲棍球隊、音樂課跟家長會，他全都參與。

彼得走過最糟的地獄，但現在他會夢到他真的在駕駛巴士。雖然有時候道路太狹窄，他幾乎沒辦法讓他的巴士擠進有路的區域，他必須停車。在一個夢裡，我也參與其中，在一條狹窄車道的房子之間指引他，但他開過去了，沒有撞壞巴士，也沒有卡住。我告訴他，這對我們兩個來說都是一個徵兆，治療結束了。他現在可以自己開巴士，卻不會受傷。

彼得來做治療的時候，相信他母親把他鎖在閣樓裡沒有錯。我們必須把這個經驗重新框架成一種虐待，並且讓他理解到是虐待的後續效應，導致他幼稚園留級、苦於孤寂與性無能。而一旦他看到哈洛影片戲劇化地呈現了母性依附的核心位置，他就過了停止責怪自己的關卡，人格解體發作的機率降低了。然後，得知他母親在越南受虐的往事，讓她在他眼中沒那麼嚇人了。在胸毛這個事件的插曲中，他展現了他的最後一步是指認出感受、評價這些感受，並且加以表達。一旦他不再人格解體，能夠有感覺，他就可以享受性愛了。他搬進了自己的身體裡，有了人格。

彼得在治療中的移情是成功的，讓我變成了他從未有過的母親。他能夠重新經歷很多童年的夢魘，同時我在那裡給予撫慰跟同理。然而基於他對我的依附，他不想離開治療。我告訴他，他可以想留多久就留多久，但到頭來我就只是個布母親。除此之外，成年人必須離開他們的母親，靠自己在廣大的世界裡成功。彼得從來不是個會提出異議的人，他靠他自己勇敢面對世界。

每個人成為英雄的方式都驚人的不同。彼得不像蘿拉，不是個顯而易見的戰士。他的高貴在於他的寬恕力量。他讓我想起我在天主教學校求學時的第一位英雄耶穌基督，祂在十字架上說：「寬恕他們，他們不知道他們在做什麼。」扮演受害者的角色很容易，但彼得原諒他人的過錯。一根接著一根，他把他頭冠上的每一根棘刺拿掉。他在治療後復活，在音樂領域中變得更成功，成為一位熱愛新女友、享受做為孩子們的父親、維持親密的性生活，而且盡可能跟他母親和平共處的男人。

我相信彼得樂於寬恕的本性，成為治癒他的最大助力。跟其他在同樣年齡、同樣長期被監禁的人相比，彼得奇蹟般地康復了。他把他墳前的大石頭滾到一旁去，做為一個有感受的人重新復活。

彼得一度說過，如果他必須用桶子沿著大西洋清光所有的沙子，他可以光靠堅忍克盡全功。他就是以同樣的方式為他的心理平衡戰鬥，不是一舉成功，而是緩慢而有方法，靠著許多小小的努力。他永遠不可能說服他母親相信她在傷害他，她受創太嚴重，看不出這一點，但他確實設法訓練她，不要對他說有虐待性質的話。

我同情她。她不知道自己錯在哪裡，不知怎麼會成為一名「壞」母親，發現這件事一定很痛苦。她從來沒像她自己的母親那樣，把彼得送去給虐待狂蹂躪。她反而一輩子辛勤工作，給她兒子遮風避雨之處，把這個看成是替他抵擋傷害。她一度是個破綻百出又身無分文，且生母還有毒癮的孩子，她卻在她的遺囑裡留下很多錢給彼得。以她極端有限的情緒功能來說，她一直很強悍，也保護了她的子女。

幾乎所有具備虐待性質的親職教養，基礎都是世代相傳的共同模式。那些虐待成性的人，自己很可能也受虐過。這就是為什麼在這些案例裡沒有敵人，有的反而是要一層層拆解開來的功能失調。

在彼得結束治療後將近一年後的聖誕節，我走進我的等候室，發現一個用閃亮的中國式紅紙與紫色緞帶包裝得很漂亮的禮物。裡面是一張以彼得為主角的嶄新CD，他換到一家大唱片公司了。這張CD放在一個紅色塑膠桶裡，還有個藍色的塑膠鏟子，是孩子在岸邊用來剷沙的那種海灘沙桶。

二十五年後，彼得跟我在一家越南餐館碰面吃午餐。他看起來比我記憶中高得多，而且因為健身而變壯了。他臉上帶著大大的微笑大步走來，直接跟我四目相望，然後擁抱了我。我很高興他表情變豐富了。

我們輕鬆地聊了兩個小時，飯後留下來喝茶。在阿曼達回到她已經戒酒的丈夫唐尼身邊以前，他們同居了八年。這個結果對所有人來說都很震驚。

分手後不久，彼得有了宗教皈依。他說，有一天他感覺到「整個人充滿了宗教性的能量」。我告訴他這有多奇特，因為我曾經在這本書裡，把他的仁慈跟寬恕比擬成像耶穌基督一樣。他覺得我這樣看待他是很大的恭維。他在好幾個基督教運動中變得很活躍，而且在教會裡認識了一個女人，他超乎想像地愛著她。他們已經同居了四年，正在計畫在教堂舉行婚禮。

彼得已經從樂團、酒吧跟巡迴演出中退休了，但他還是很愛鋼琴，常會飛到國外去替全世界的人上大師班。他也替世界各地的鋼琴公司做顧問工作，有個綽號叫做「三P」：完美音準的彼得（Perfect Pitch Peter）。

他母親在七十八歲死於中風，不過在那之前十年，她已經開始有失智症了。驚人的是，她的人格徹底改變了。彼得描述她就像個初次約會的年輕女孩「醉暈暈的」。她對每個人都很仁慈，不再滿心想著她的錢或者孩子們的未來。每次彼得去養老院探望她，她似乎都很感激。

最令人驚訝的事情之一，是彼得說如果他的人生必須重來，他不會改變任何一件事情。他受過這麼大的苦，他這樣說讓我大為震驚。他說：「要是我像所有其他小男生那樣被養大會怎樣？要是我沒有被關在無人聞問的地方會怎樣？我就不需要仰賴鋼琴來提供安慰與對話，或者將鋼琴當成我抒發感受的工具。用妳的話說，我可能永遠不會『依附』它。」他繼續說鋼琴演奏給了他人生最大的喜悅。如果他有朋友、有正常的教養，他可能就不會需要鋼琴了。「如今我喜歡現在的自己，而且認為我經歷過的一切都有目的。我想這是神的計畫，要讓我成為這樣的我。」

丹尼

在人類存在的社會叢林裡，
少了身分意識，就沒有活著的感覺。

——艾瑞克·艾瑞克森（Erik Erikson），《身分危機》（*Crisis of Identity*）

1 坦尼西

丹尼是一位克里族（Cree）男性，出自一個以打獵設陷阱維生的傳統文化，這個文化中的原住民族在荒野中過著游牧生活，每年都跟哈德遜灣公司（Hudson's Bay Company）做毛皮交易。他的家庭是來自曼尼托巴（Manitoba）極深入北部的地區，跟加拿大的其他部分隔絕開來。對我來說，某個走進我辦公室的人真的曾經**過著**在北美史上占有重要地位的生活，是很令人驚異的。丹尼跟我同年，也就是說當他跟家人在荒野中設陷阱的時候，我正在電視上看好萊塢版「牛仔與印地安人」的節目。

這個病例在許多方面對我都有開創性的意義。我被迫領悟到對丹尼來說，心理治療在文化上有多少包袱又是如何不充分。我現在明白了一九二五年知名瑞士精神病學家卡爾・榮格（Carl Jung）與一位原住民男性共處以後的感受，對方讓榮格察覺自己「囚禁在白人的文化意識之中」。

佛洛伊德以及心理治療的所有其他歐洲創始人，對原住民文化幾乎一無所知，我也一樣。但就像我父親過去常說的：「智慧是知道你有哪些事不知道。」所以我主動接觸原住民治療師，他們花了大量時間為我轉譯各種原住民習俗。少了這種幫助，我肯定會十分狼狽。

跟書中的其他案例相比，這個案子有更強烈的時代性。當時還是一九八〇年代，許多北美白人還不知道後來由真相與和解委員會（Truth and Reconciliation Commission）所證實，全盤印地安人住宿學校（residential schools）的恐怖真相。當時的術語如今也已過時：丹尼自稱是「印地安人」（Indian）與「土著」（Native），那是八〇年代的常用語彙。

一九八八年，我過去的一位患者介紹丹尼來我辦公室，那名前患者擁有一間很大的貨車運輸公司，常常會透過他的人資部門轉介病人給我。丹尼是為他工作的長途貨運司機之一。我知道這位雇員對老闆來說肯定很特別，他才會親自打電話給我。

他一開始說，丹尼．摩里森是他手下最好的司機。我問這話到底是什麼意思，雇主就用他習慣的那種短促又強勁的說話節奏，像是在馬戲團招攬顧客般的口吻說給我聽。「運送昂貴的貨物來回大西洋跟太平洋是危險的工作，」他說：「你需要一個忠誠、勇敢又強壯的人。咱們就說有一貨櫃的勞力士錶從瑞士搭船來了。這箱貨由碼頭工人卸下，而碼頭工人有可能跟一幫賊人掛鉤。他們會向那些人通風報信，說有一卡車的貨要從哈利法克斯（Halifax）送到溫哥華（Vancouver）。然後搶匪的卡車會跟著我的卡車橫越加拿大，等到卡車無人監督的時候再下手打劫，有時候那空檔甚至只有幾分鐘。」他補充，如果他的公司用一批司機接力，一個接一個處理貨物，就沒有人可以為竊案負責。「每個司機都會怪別人，」這位老闆說：「所以我的作法就是花上一筆大錢，確保那些勞力士由一個人運送，準時載走整箱貨物。那個司機就是丹尼．摩里森。他必須睡在駕駛座上。不能把卡車留在任何地方。」

「對於丹尼的工作，讓我給妳一個例子，」他補充說明：「他載著雙倍份的工業用白金穿越全國，而他去梅迪辛哈特（Medicine Hat）的一間餐館時，有三個小偷闖進了他的駕駛室。」丹尼在等上菜的時候一直監視著窗外。「他衝出去，把那三個人扔出卡車。他們全都住院了，有一個住院超過一個月。他們在救護車裡排排躺著，看起來像罐頭沙丁魚。」丹尼只扭傷了手腕。他完全沒有抱怨也沒有求助，就只是繼續開到溫哥華。「這全都表示，」雇主做出結論：「我欠他一大筆人情債。」

在我問到問題的性質時，他開始說明丹尼現在四十來歲了，是個寬肩的大巨人，遠超過六呎四吋高。「他有一雙我生平見過最大的手。碼頭上的人叫他堆哥，堆高機的堆。」丹尼不愛講話——事實上，他通常只用單音節字眼——而且避免眼神接觸。但他很聰明，「他靠腦袋記得所有地圖跟里程油錢，而且從來沒算錯過一毛錢。」

接著電話裡一陣沉默。最後老闆深吸一口氣，繼續說道：「大約兩個月前，我們接到一通電話說丹尼的老婆跟唯一的孩子，一個四歲大的女兒，在四〇一號高速公路上出車禍去世了。」

「他怎麼處理？」我問道。

「最奇怪的地方是，他看起來根本沒有在哀悼。然而他是個真正顧家的男人。在**某個層面**上，他一定很受傷。我問他是否想要放個有薪假，他就只是搖搖頭。葬禮第二天他就回來上班了。」

雇主提出要付錢讓丹尼來做治療，不過丹尼看起來滿心疑慮。「所以我告訴他，我自己都有來看過你，對我有極大的幫助，」雇主說道。

「這讓丹尼很驚訝嗎？」

「如果丹尼有對任何事感到驚訝過，你絕不會知道的。」

幾週以後，丹尼同意嘗試治療。

在我等候室裡的男人有黝黑的皮膚，長長的黑髮綁成兩股辮子。他穿著法蘭絨襯衫、皮夾克跟藍色牛仔褲，還有灰色的尖頭鯊魚皮靴。

我做了自我介紹。他點點頭沒有看我，直到我請他坐下來為止都一直站在門裡面。他接近四十歲的臉是一張完美的面具。為了破冰，我告訴他雇主對他有多高的評價。他只是低頭看著地板。在我仔細端詳他的臉時，我看出他長得有多俊俏。以他的身高、肩寬、完美的側臉、銳利的黑眼與無瑕的皮膚，無可否認，他的外表很出眾。

在我對他的喪事表達弔唁的時候，我有種他想在我們之間拉開更多距離的感覺。所以我告訴他，最好的進行方式是從歷史跟家族樹開始。我向他問起父母的事，還有他們在這個艱困時刻是否對他有幫助。他說他母親去世了，而他父親與兄弟們都住在曼尼托巴西北部的一個保留區裡，對發生的事情一無所知。我問他是否想要分享對於這件喪事的感受，他搖搖頭。在我們第一次約診剩下的時間裡，他都靜靜坐著，而在接下來三個月裡，我們的會面全都是這樣。

在我們之間的安靜並不是憂鬱症那種黏稠的靜默，感覺像是他只希望別人別管他。然而他每週繼續出現。丹尼身上有某種引人注目的東西，我發現我可以在一種對彼此友善的靜默中，就這樣坐在他身旁。這對我來說是新鮮事。

但我還是知道，我需要幫助這個病例，畢竟我不是收錢來靜靜坐著的。所以我搜遍圖書館目錄想找出一位原住民精神病學家，卻遍尋不著——在一九八八年，我還不知道有療癒圈（healing circles）跟其他原住民儀式與典禮。然後我試過了不同的第一民族辦公室（First Nations offices）與聯邦印地安事務部（Department of Indian Affairs，這是當時的稱呼），但沒有人回電給我。在多倫多治療最多原住民族的醫院精神科部門裡，接待工作人員告訴我：「印地安人接受治療的狀況不好。大多數轉診過來的人有酒精相關問題，所以我可以介紹妳一些匿名戒酒會團體。他們有時會參與聚會，有時不會。」

我擴大搜尋。最後我碰巧看到一份關於克雷爾．布蘭特（Clare Brant）醫生的資料，他是一位哈佛畢業的原住民精神科醫師。他剛好也是約瑟夫．布蘭特（Joseph Brant）的直系子孫，這位知名的首領曾在美國獨立革命中作戰。我寫給他一封很長的信解釋這個病例，並且描述我跟丹尼溝通上的困難。他的反應很令人高興：布蘭特醫師告訴我，他理解我那種像是離水之魚的感覺，所以他在信裡附上他寫過的學術論文，內容是探索原住民的世界觀。這些論文很引人入勝，應該列為所有加拿大人的指定必讀。我永遠都對這位男士感激在心。我們後來繼續長期通信，我至今仍然視為珍寶。

如同布蘭特醫師解釋過的，在緊密的小社群裡，尤其是在生活條件嚴苛的北方環境下，必須不計代價迴避個體間的衝突。為了近距離共同生活，同時又維持個人隱私，不干涉彼此是很關鍵的。這表示他們會建立某些社交行為的習俗。舉例來說，「干涉」意味著問問題、給予建議還有裝熟。

我理解到丹尼可能覺得治療很粗魯無禮。我是在「干涉」他的精神狀態，窮追不捨地刺探他。我愈想要打開他的話匣子，他愈是不開口。然而在我試著保持安靜的時候，我看得出寂靜可能無限延續下去，他遠比我更擅長玩這一套。

所以我決定最好就只是解釋我的挫折。我告訴丹尼，我知道他對我扮演的角色肯定已有定見，但我無法做出顯著的改變——這是我所屬的文化，白人的治療就是這樣運作的。我請他幫忙，我想知道我能做什麼。我說讓這個治療有效力對我來說真的很重要，而我知道還有很多事情是我要學習的。

丹尼提出他的第一個問題，雖然還是沒有眼神接觸。「為什麼這對妳而言很重要？」

「這是我的工作，而我想把工作做好。」

「我以為妳會講些虛偽的話，像是妳很關心我。」

「我對你的認識沒有充分到會很關心你。」我繼續說道：「然而不知為什麼，我確實感覺到跟你有某種連結，而且想要幫助你處理傷痛。」

「我沒有傷痛。」他用一貫的單調語氣說話。

「好，這是你第一次告訴我關於你自己的事，」我說。「所以對你來說，讓我意識到你沒有傷痛肯定很重要。」

「妳說是就是。」

「我確實是這樣說的。」我決定堅持我的立場問下去。「為什麼這對你來說很重要？你是在說我無法傷害你，因為你沒有在受苦嗎？」

他坐在那裡大約十分鐘，也許還更久。接著是：「對。」在那節治療的最後二十分鐘，丹尼沒說任何別的話。終於在四個月後，我有了某些進展。丹尼已經承認，或者說我詮釋出他在保護他自己免於痛苦。我決定慢慢來。如果這表示一星期只有一次互動，就這樣吧。我已經注意到，如果我想逼出更多，他會把自己封閉起來。

一週又一週過去，有幾件事情浮現了。我設法單純做個見證人，決定不問起他太太、小孩或者他為何沒有哀悼——如果他從不去意識到痛苦，那麼難怪他不會哀悼。

然而有一次我說了一句：「不去感覺痛苦的人也無法感覺喜悅。」

他第一次跟我有了眼神接觸。「沒有喜悅我也可以活下去。」

「你是認為你心中沒有痛苦，還是說你把痛苦上鎖關起來了？」我大膽問道。

他沒再多說。但一週後他走進來坐下，接著說道：「痛苦被鎖上了。」就好像我們還在繼續同一場對話。

我問道：「要是在治療中痛苦一點一點地滲漏出來，而且你可以擺脫它呢？那麼喜悅就可以進入過去痛苦占據的地方了。」

「喜悅？」他語帶嘲弄，就好像我在建議的是某種濫情的五旬節宗教體驗。

我改變措辭，說道：「唔，如果不是喜悅，就是滿足。」

「我沒問題。」他向我保證。

我請他告訴我他的童年，同時解釋他可以省略痛苦與喜悅的部分。接下來的故事，是在我們一起工作的第一年裡慢慢成形的。我非常小心，不提供任何形式的同理或安慰，否則他就會整個人冰封起來。我只是一個證人。

丹尼來自一個設陷阱打獵的家庭，住在曼尼托巴西北部頂端遠高過林木線之上的地區。他們一年大多數時間獨自在荒野中求生存，但在每一季的尾聲，毛皮要被賣到哈德遜灣公司的時候，他們就會搬進一個小貿易站聚落。

丹尼有個大三歲的姊姊蘿絲。他們還小的時候，會幫他們的爸爸解開成排的陷阱。蘿絲也幫忙他們的母親鞣皮，丹尼則去餵狗。

在他最早的記憶中占據核心位置的就是陷阱線（trapline）[1]。有一天，他們的父親警告丹尼跟蘿絲，不要跟著他走到陷阱線上去。風暴造成的雪堆改變了地貌，讓那裡變得危險，但他們無論如何還是跟著他進到了荒野。父親相信既然他已經極力警告過，孩子們跟著來就要自負風險。由於平常的標記埋在雪中，丹尼的姊姊無法確定陷阱的位置，她跑在前面結果腳被卡在一個大陷阱裡，陷阱割傷她腳踝，傷口深到見骨。他們必須花好幾天的時間，靠狗拉著雪橇把她帶回距離那邊最近的聚落。丹尼的姊姊傷勢好得不完全，從此之後她就拖著一條腿走路。丹尼在那天學到了設陷阱時要小心。

有意思的是，孩子們沒有注意父親的警告，在這之後父親也沒有堅持或者干涉——這個例子顯示白人與原住民的育兒技巧是如此不同。根據布蘭特醫師的說法，原住民父母的教養風格是以

1 譯注：陷阱線指的是陷阱形成的路徑。

身作則卻不干涉，然而白人卻相信積極的教導與塑造。在這之後，教養風格的差異將會回頭困擾丹尼。

我可以從丹尼幾乎微不可察的微笑裡看出來，他有多享受去回想那些他在陷阱線上的日子。他開始告訴我更多荒野生活的細節。有一次，他甚至搖搖頭說：「天啊，我已經好多年沒想到這些。」他的記憶對我來說很迷人，而丹尼很驚訝我那麼愛聽這些設陷阱的具體細節。我有時候會要他停下來，然後詢問為何要用特定方式去做某些事。比方說，為什麼他父親用狗拉雪橇而不是雪地摩托車？丹尼解釋說，如果雪地摩托車在荒野深處故障，你就死定了。但有一隊狗，你能發生的最糟狀況就是失去一條狗，或者扯壞一條可以修補的韁繩。而且雪地摩托車的油錢，會吃掉已經很微薄的利潤。

丹尼告訴我，他的工作是餵狗吃凍魚大餐。他很驕傲自己在四、五歲的年紀，就能在父親從陷阱裡抓出河狸時拿著破冰的斧頭。他父親話不多，不過丹尼說就算他還這麼小，他們倆就像一台充分上油潤滑的機器運作順暢。他很清楚最好不要抱怨寒冷，每個人都知道能設陷阱的季節很短，他們的生計就仰賴這個。

丹尼很高興能夠跟爸爸出門，一去就是好幾個月。順帶一提，那時他父親只有二十來歲。在獵捕季節的尾聲，他們會旅行好幾百公里到一個居民不到三百人的貿易站，交出他們手上的毛皮。在那裡，丹尼會看到男孩子們一起玩耍，他想知道要是有姊姊以外的玩伴會是什麼感覺。

他們家沒有電視、音樂、電力或抽水馬桶。但有一次，在丹尼四歲的時候，哈德遜灣的交易員——他有間辦公室，還有一張丹尼很欣賞的辦公桌——給了他一本書。他還不會閱讀，所以他就一邊翻頁一邊捏造故事，主要角色永遠都是淘氣的河狸。丹尼很愛那本書，他每天晚上「讀」它，而且會朝著蘿絲「朗讀」，她則著迷地聆聽。他告訴我，他把對閱讀長年的愛好歸功於那本書——他的第一件所有物。他還記得他母親用克里語的所有格講那本書：**丹尼的**書。

2 皮鞋

有一天全家人都待在他們溫暖的小木屋裡，等待設好陷阱到收集毛皮之間的那幾週時間過去。丹尼跟他父親坐在餐桌前刨木頭，突然間他聽到母親「像是動物被土狼包圍」那樣喊出聲來。母親講話向來輕聲細語，他從沒聽過她講話那麼大聲過。

她在門口跟兩個顯然不是獵人，「不知怎麼的卻顯得危險」的白人爭執。丹尼記得他們奇怪的皮鞋——在深雪中穿這種鞋子很怪異。沒有穿著厚底雪靴（mukluks），一種傳統作法是使用海豹皮，邊緣有毛皮鑲邊的高筒軟靴，腳可能會凍僵。這些男人進到屋裡，宣布他們要帶丹尼跟蘿絲去一間距離這裡超過一千公里的住宿學校。這是法律規定，要是父母不立刻交出孩子，他們可能要坐牢。

這些男人講英語，家裡沒有人聽得懂他們在說什麼。最後他們抓到了重點：這兩個政府派來的白人，要偷走他們的孩子。「我不確定我父母是否知道這會是永久的，」丹尼說道。

「我母親到臥房裡去，打包我們的東西，那兩個男人則在後面喊說我們不需要任何東西。我們的父母站著，看起來像是被一箭穿心。」

在一九八八年，我根本不知道住宿學校是什麼。我假定那是給在太偏遠的荒野中無法上學的原住民所設置的寄宿學校。但並不是這樣的。這是刻意根絕第一民族[2]文化的部分政策。加拿大的第一任首相約翰・A・麥唐諾（John A. Macdonald），稱呼第一民族的人民是「野蠻人」。然後在一九二〇年，聯邦官員擺明了他們的目標就是文化滅絕。那一年在眾議院裡，印地安事務副督察長宣布，他的目標是讓住宿學校繼續運作，直到「加拿大每個印地安人都被吸納到國體中，再也沒有印地安人問題與印地安部門。」

丹尼跟他姊姊被硬塞進一輛車裡，他們坐在車上看著數百英里的苔原消失在他們背後。好幾個小時以後，他們被送上一輛火車，車上滿是其他驚恐的原住民兒童。沒有人帶著任何行李。他們搭火車搭了好幾天，一股怪異的寂靜瀰漫開來。大片充滿牲畜的田野讓丹尼很困惑，他從沒看過動物不用狩獵直接被放牧的樣子，也不知道牧場或農場是什麼。三角葉楊與鋸齒狀的山脈讓他跟蘿絲很驚訝。他感覺到他正在前往一個讓人驚慌的世界，那裡閃耀著過度鮮豔的色彩。終於有人在一個小鎮把他們接走開車到鄉間。然後，「在一片荒蕪的平地中央」，他們停在一棟窗戶上裝了欄杆的紅磚大建築物前面。

在那裡發生的第一件事，是丹尼跟他姊姊被拆散了。他看到她被兩個穿著黑袍、「看起來像黑熊」的神父拉走。她被帶進另一棟建築物時，一路尖叫著他的名字。

---

2 譯注：這是加拿大對於印地安原住民的稱呼，印地安人這種舊說法已經漸漸少用。要注意的是，同樣屬於原住民，伊努特族（Inuit）跟梅蒂族（Métis，原住民與法裔加拿大人的混血後代）不算在「第一民族」範圍內，但也受到法律保護。

第二件事情是他的長髮被剪掉了，這很令人震驚。不管是當時還是現在，許多原住民族都把頭髮視為自身神靈存在的肉體延伸。在許多部族裡，族人會在家中有喪事的時候剪掉他們的頭髮。其他部族則相信頭髮連結到神經系統，而且是處理社會資訊時所需要的，就跟貓的鬍鬚一樣。丹尼的部族相信，剪掉頭髮是一種犯錯之後自我羞辱的方法，或是別人推斷你犯錯以後公開羞辱你的方式。丹尼根本不知道自己犯了什麼錯。

所有小孩都分配到制服跟編號。丹尼直到十八歲為止，他都被稱為「七十八號」。以丹尼的年紀來說，他長得很高，沒有人相信他是五歲或六歲，所以他跟八、九歲的小孩被安置在一起。他以為父母再過幾天就會來接他，一直徒勞地望著窗外。「我真心相信我看到我爸帶著他的菸斗來了好幾次，」他說：「我猜這是我想像出來的。」

在上學的第一天，他們被告知身為「印地安人」或者「野蠻人」（這些詞彙可以互相替換）是不好的，一旦他們離開學校，他們就不再是印地安人了。他們會是講英語的加拿大人。丹尼不會講英語，但他抓到了「原住民是不好的」這個重點，並且漏掉了永遠不再講克里語的部分。

在學校的第二週，丹尼趁下課時間在外面玩神父主持的踢球遊戲時，凝望著長長的田野對面，看到他姊姊在一道圍籬後面。丹尼在治療中第一次表現出他的情緒，他說：「我高興到發抖，我一邊奔向她，一邊尖叫著『坦尼西』（*Tanisi*）——那是克里語的『哈囉』。神父抓住我的手臂制止我，但我使勁掙扎。他在其他男孩子面前，拿一根用舊馬轡頭做成，還有金屬連結著的鞭子打我。他說從今以後，絕對不准再說印地安話了。」

在此同時，丹尼的姊姊無助地站在門邊大哭。「我還是繼續尖叫著『尼米斯』（*Nimis*），意思是『姊姊』。」在克里語裡，親戚的名稱是由他們跟你的關係來界定的。[3]那個神父認為丹尼公開忤逆便毒打他一頓，讓他接下來在醫務室裡躺了好幾天。「我覺得很糟，因為我姊姊蘿絲必須從圍籬另一邊看著我被鞭子打得鮮血淋漓，這讓她好難過。」他頓了一下。「我在那的十二年間，從沒再說過一句克里語。到最後我忘了這個語言，再也無法跟我父母說話了。」

我想起當時我七歲大的雙胞胎兒子，設法想像他們被帶離我身邊，然後被告知英語是一種野蠻的語言。他們是不好的人，將會拋棄他們的文化而且被重造成另一個族裔。要是他們設法用英語跟他們九歲的哥哥說哈囉，卻因此被打得遍體鱗傷？思索這種事既可怕又讓人心碎。

我們花了一整年的時間治療，丹尼跟我之間才建立起少少的信賴關係。從現在這個時間點回顧，以丹尼跟白人打交道的歷史來說，我很訝異這竟然會發生。

幫助他在情緒上得以繼續撐下去的事情之一，就是他五歲以前接受的良好親職教養。在那之後，無論他出了什麼事，至少他還有個扎實的基礎。不過他被拐走與接下來發生的暴行——失去他的父母、語言與文化——讓他深深受創，他的情感冰封起來了。這是一種自我保護的手段，卻讓他無法適當地哀悼他去世的妻女。

在治療第一年裡，丹尼對我說過最重要的事情，是他「沒有喜悅也可以活下去」。我的工作

---

3 譯注：作者特別解釋這一點，是因為對英語使用者來說，姊姊跟妹妹都是使用同一個字sister，不會各有一個字來指明相對於發言者的長幼順序；但克里語的Nimis就是專指「姊姊」（比「我」年長的女性手足），不會同時指妹妹，這跟中文的邏輯一樣。

是要恢復他感受喜悅的能力，即使知道喜悅也會帶來哀傷。而他已經體驗過那麼多哀傷，所以這修復的過程必須以他能應付的速度進行。對丹尼來說，治療會是從急凍中緩緩解凍的過程。

3 觸發點

在我們治療的第二年，我已經學到怎麼樣跟丹尼互動比較好。如同一位讓人難忘的馬尼圖林島（Manitoulin Island）原住民治療師對我說過的話：「別把他釘到十字架上，跟他說話就好。」我發現引導丹尼進行治療最好的辦法，就是問些無害的問題。如果他有意願，接下來就可以進入比較深入的心理學範疇。如果我直接問他心理學的問題，他就會冰封起來，有時候在整節療程裡都是這樣。如同丹尼後來的評論：「印地安人有自己的作法與時間表。」

在某一節療程裡，我向丹尼問起他的學校生活。他說他「像白人一樣」念完書，盡可能努力嘗試做個白人。他接受了教給他的意識形態：印地安人不好。如他所說：「要不然為什麼修女、神父跟所有其他白人會這樣對我們？我們是個天主教大家庭。我相信這些修女跟神父。」他補充說明：「學校裡任何一位有重要性可言的人，都相信印地安人是不好的這個觀念。」

五歲大的他是那裡最小的孩子之一，不過沒有人幫他或安撫他。「每個人非得自掃門前雪，他們就是這麼做的。有一天早上我醒來，我旁邊的孩子死掉了。我不敢報告這件事，怕他們認為是我殺了他。我還記得他的號碼是一二二，他沒出去吃早餐，他們才發現他死了。他在一個小時內就不見了，而且沒有人對此說些什麼。」

當我進行住宿學校的研究時，我發現一份《蒙特婁星報》（*Montreal Star*）一九〇七年的報導，裡面引述原住民兒童在學校裡的全國死亡率是百分之二十四。如果把因為重病而被送回家中，很快去世的兒童也算進去，就是百分之四十二。這些小孩死於肺結核、飢餓，或者純粹死於疏於照料。許多人就這樣失蹤，他們的父母從沒收到通知。二〇一五年，真相與和解委員會報告說死去的兒童介於四千到六千名之間。實際數字有可能還要更高，因為許多人就這樣下落不明。在超過一百五十年的時間裡，有超過十五萬名兒童失蹤。因為比率太高了，住宿學校停止統計。

丹尼在學校裡表現得很好，從來不製造問題。「我替那些沒辦法照白人方法行事的男生感到遺憾，他們活在地獄裡。」他告訴我如果他們記不住乘法表，就會被丟到冰天雪地裡，不准穿外套，只能穿開了洞讓手臂穿過的垃圾袋。丹尼在許多領域裡因為成就斐然受到表揚，但他覺得這樣很令人尷尬，甚至很羞辱人。

原住民精神的一部分就是不要競爭或炫耀你的成功，這可能讓某個能力沒那麼強的人感覺不舒服。參與曲棍球隊是很好，但為你自己的隊伍加油歡呼就很白目，因為這樣可能冒犯另一支隊伍。布蘭特醫師在他的文章〈原住民倫理與行為規範〉（"Native Ethics and Rules of Behaviour"）裡寫道：「這種非競爭性甚至延伸到職涯裡，儘管這個事實常被非原住民雇主看成是不夠進取、缺乏野心。」丹尼沒有陶醉在自己的學業成就中，他對此幾乎無法認同。畢竟那些稱讚他「成就」的人，跟害他挨餓（到了學年尾聲他長得更高了，卻掉了一半的體重）、折磨他、把他從父母身邊帶走關進這座監獄的人，是同一票人。

一次在他的敘述中，丹尼說：「妳明白這不是一種榮耀嗎？」我很高興在我們一起工作超過一年以後，他是在對著我說話，而且投入到會在乎我是否理解。這時我已經知道丹尼有很厲害的屁話偵測器，我必須徹底誠實。所以我說：「我確實理解，但我想知道，他們的稱讚中有**任何**讓你感到驕傲的部分嗎？」

他看起來很失望，所以我補上一句：「我的意思是經過多年薰陶，你不會有一點點相信白人的獎勵系統，既然你就只有這個系統？」

丹尼說他從來不想待在那間學校裡。「我知道我是個囚犯，我想要保持這樣。我不想要加入他們。」他在那裡默默坐了十五分鐘，然後說：「不盡然都是這樣。我喜歡養育動物，餵食牠們，讓牠們交配。我跟我的豬被送去參加四健會錦標賽，我很高興贏得了一條綬帶，尤其是這條綬帶跟學校完全無關。」丹尼對動物很有一套，在他還是青少年時候，就變成學校的畜牧部門主管。「我也喜歡農業跟培育作物。我有些農耕祕訣。」

「像是什麼？」

「我在春天會用垃圾桶裝水在陽光下加熱，然後把溫水澆在我種在溫室裡的番茄上面，它們總是會先長好。」

在我問他如何學會這些訣竅的時候，他猶豫了。「有個神父教會我這一切。」接下來三十分鐘，丹尼默不作聲。他坐著完全不動，直盯著窗外看。就連他的眨眼速度似乎都變慢了。

一週後他再回來的時候，他坐下來說：「教會我那麼多事的那位神父他干擾我[4]。」

「怎麼樣的干擾？」

「性方面的事情。在穀倉裡，一次又一次。他會說他有多喜歡我。這讓我作嘔，我指的不只是心理上的作嘔。」有一次他們被一個清穀倉的男人抓到，那個人只是搖搖頭。「我還可以感覺到那股灼熱的羞恥感，」丹尼說：「那時我就知道了，我根本不擅長那些農事，他只是想要跟我做那檔事。這延續了好幾年。」

我想他在我臉上讀到了震驚。此時神父們的性虐待行為尚未向一般大眾揭露，住宿學校裡發生的虐待也還未廣為人知。丹尼將這個恐怖故事告訴我的時間點，是政府公開對原住民族道歉並設立真相與和解委員會之前的三十年。

到了丹尼快十三歲時，是另一個有性虐待傾向、變態行為廣為人知的基督教兄弟會（Christian Brother）神父在經營整間學校。丹尼說男孩們在春天會在外面打籃球，這位修士會打開窗戶喊其中一個人的號碼，然後粗魯地性侵那個男孩。「這很羞辱人，因為隊上每個人都知道會發生什麼事。半個小時後，他會叫別人的號碼。然後我們全都必須回去比賽，就好像什麼事都沒發生。但我們全都知道，因為這件事發生在我們大多數人的身上，」他說。

在一個短暫停頓之後，丹尼補充：「發生在我身上是從八、九歲開始，一直到我成為青少年會抵抗他們為止。在我十二歲的時候，我發了高燒待在醫務室裡，那個醫生還是誰也來干擾我。我醒來的時候神智不清，他卻趴在我身上。我無法理解為什麼這種事一直發生在我身上。」

他看著我想得到答案。我說：「那些男人有毛病。他們一開始之所以會被派到那邊去，可能就是因為這個。我懷疑天主教教會知道他們不太對勁，但沒有開除他們，反而把他們送到林木線以北的地方去，認為在那裡沒有人會回報他們做了什麼。」

「但為什麼是我？在各個不同的時期，這種事不是發生在每個人的身上。」（在當時，我們根本不知道在住宿學校裡兒童被性虐待的比例極高。）

「我懷疑這是因為你長得又高又帥。我不相信他們關心的是你的聰明才智。他們必須選擇某個人，所以為什麼不找長得最好看的？畢竟他們是性獵食者。」

然後令人震驚的是丹尼在這節療程的中段，站起身離開了。我當時根本不知道為什麼。下次約診他沒有出現，再下次也沒有。我才理解到他離開治療了。我不想打電話「干擾」他，所以我沒這麼做。一位病患突然離開治療是罕見的，通常我會寫張字條或者打電話告知如果做個終止治療的面談，我會很感激，這樣我們就可以討論他們停止治療這個決定。我會解釋說解決衝突是很重要的，然而以前從來沒有人在療程的中途離開。

顯然我在某個重要的面向上搞砸了。我設想我犯下了某個只有白人會犯的錯誤，卻完全不知道那是什麼。我感覺丹尼永遠不會回來了，到這時我才領悟到這個治療之於我變得多重要。我著迷於文化差異，以及政府參與根除原住民文化的悲劇性嘗試。最重要的是，丹尼這個人有某種讓人信服又充滿榮譽感的特質。我理解到我有多麼景仰他，他能忍人所不能忍。

沒有任何事比失敗更能讓人敞開心胸。我受到刺激，去拜訪了更多原住民社群裡的治療師與巫醫。我更認真傾聽、並且周遊整個省，出席煙燻儀式。我確定煙燻儀式對我來說，就跟心理治

4 譯注：丹尼在此的用詞是interfere，跟前面所謂的「干預」「干涉」是同一個詞，但這個詞彙有個英式英語委婉用法，指的就是性騷擾。

療對丹尼來說一樣奇怪。但在那段時間裡，我開始理解到原住民的世界觀與心理優先順序，跟歐洲中心白人社會裡的狀況真的不一樣。

大多數白人進入治療，是為了更能夠掌控他們的生活，或者就像一位治療師所說的：「在人生中持續控球。」原住民的治療重點反而是用有意義的方式連結性靈世界，並且達到和諧。傳統心理治療基礎是「人對抗自然」的範式，然而原住民治療聚焦於人與自然的和諧。

幾週之後，丹尼回來了。他開始講話，就好像什麼事都沒發生似的。這時我打斷他，說我強烈主張我們必須檢視他為何在一節療程的中途離開。他就只說「印地安人不爭論」。

接著是一陣沉默。我終於開口說：「丹尼，你就這樣丟下我離開，我想知道為什麼。這樣可能違反了原住民傳統，但我是個白人治療師，我也必須在我的某些傳統之內工作。」什麼反應都沒有。然後我出於自身的憤怒，說了：「丹尼，你有沒有想過，不是所有原住民傳統都是好的，就像不是所有白人傳統都是壞的？或許我們可以從彼此身上學習。如果你願意，我也願意全力嘗試。」

「妳知道妳在做什麼，」他嘟噥。

我大惑不解。他站起來，像籠子裡的老虎一樣，在房間裡來回逡巡。最後，他咚一聲把他巨大的身體靠在門上，然後說：「妳就像那個神父一樣，恭維我、說我很帥。我知道下一步是什麼。」

現在換我震驚了，我只是看著他說：「我很感激你讓我知道我越界了，而這樣讓你不舒服。我對此感到抱歉。」解釋我說他又高又英俊，在其他學生之中顯得突出時，我企圖說的是狐狸會在雞窩裡選擇最大最好的雞。「我是用這種方式在告訴你，你沒有刻意做什麼事情慫恿那些神父。這只是因為你無法控制你的外表。」我說我現在理解他是如何誤會我所說的話，因為他的受虐經驗都是從奉承討好開始。「實際上，我並沒有要把**帥**這個詞彙當成一種恭維，我是在描述事實。或許在你心裡，這看起來像挑逗，我向你保證不是這樣。」

丹尼率先發難：「我永遠不會說妳漂亮。」我忍不住笑意，告訴他沒說過我漂亮的男性多到可以組成一支軍隊了，他可以加入他們。連他聽到這句話都露出微笑。

說丹尼長得帥，對他來講是一個觸發點（trigger）。我有其他當事人曾經反覆遭到性侵，他們也有反應強烈的觸發點。我告訴他，大多數性侵受害者苦於觸發反應，而我先前觸發了其中一個。

他低聲說：「性侵受害者？」他以前從沒聽過這個詞彙，或者說他從沒想過這個講法適用在他身上。當時對於性侵的討論並不常見。受害者活在不能公開的羞恥感中，讓他們必須對社會隱藏此事。我告訴丹尼，性侵受害者會苦於一些症狀，其中包括情緒麻木。然後我指出，關於他妻女的死亡，他所經驗到的就是情緒麻木。

他點點頭，就好像他剛理解到某件事。我注意到丹尼吸收資料的方式是這樣：他會承認某件事，然後晚一點才會在他自己覺得合適的時機加以質疑或談論。他會間隔數月再繞回某個主題，就好像我們在上次治療時才剛討論過似的。在這個例子裡，他說他準備好了就會談到虐待的事。那對我來說很難，我想打鐵趁熱，以線性的方式處理事情。但丹尼的作法不是那樣，我覺得我必須尊重這一點。

4 母牛獎牌

既然丹尼還沒準備好直接面對他在住宿學校所受到的虐待，我問起那些他留在家鄉的親人。有一次，他描述父親教過他關於追蹤的某件事，這時我指出他從沒提過他父親在後來這些年的情況，這很奇怪。「你對我詳細描述過當局把你帶走之前那個理想家園，然後就是一片空白。我知道你母親過世了，你父親仍然在世，但我就只知道這樣。」

「妳已經掌握精髓了。我父親還在北方。」丹尼沉默的週期變得比較短了。經過了兩年，我開始從他平常很平淡的語調裡發現略微的情緒差異。

我要求他告訴我，他夏天回家時是什麼狀況。丹尼說，第一年返家，父母對於他跟蘿絲講英語很震驚。他忘掉大半的克里語，這個語言被打跑了。我懷疑他是焦慮到記不起來，語言本身已經變成一種情緒觸發點。

他父母認為這意味著他以自己的傳承為恥。「隨著我離他們愈來愈遠，他們也離我愈來愈遠，」他說道：「他們就是這樣撐過突然襲擊他們的一切。蘿絲比我更能夠回歸她的印第安特質。」他說之所以如此，很有可能是她被帶走時年紀較大，自然就比較會說話，也想要參與對話。「我記得她告訴我父母，她在圍籬另一頭眼睜睜看著那神父打我。我母親是天主教徒，叫她別再說那些神父的壞話。我從那時候就知道，我永遠不可能開口講發生在住宿學校裡的任何事。」

我問起隨著時間過去，他們的關係變得怎麼樣。丹尼描述他的父母在他之後又生了兩個兒子，還有他們的生活如何因為政府的新政策而驟變。

「我父母大半的時間都在荒野中度過。設置陷阱要花時間，在去收集動物之前得花更多時間。他們在一個住了幾十人、靠近貿易站的小聚落短暫有個住處，那時他們把毛皮賣給哈德遜灣公司，」他講的是他跟他們在一起的早年。但他跟蘿絲是住宿學校系統最後幾屆的學生。在丹尼離家住校的那些年，政府頒布命令，說原住民族必須搬進有學校的聚落。「這表示我父母必須放棄設陷阱過活，而且政府還用某種假契約拿走了他們大半的狩獵地。政府蓋了又小又脆弱的房子給陷阱獵人，還給他們福利金。他們全都擠在一起，住在孩子們學校附近，被他們稱為保留區的區域。」

「你的父母怎麼辦？」

「沒有什麼可做的。他們再也不能設陷阱了，因為他們距離荒野太遠。那裡太冷，種不出任何東西，也養不了動物，」他回憶道：「每年蘿絲跟我回家的時候，房子看起來都更髒亂。我爸喝很多酒。我問蘿絲母親是因為咀嚼毛皮所以把她的牙齒磨掉了嗎，但蘿絲說是我父親把那些牙齒給打掉了。」看到丹尼跟蘿絲返家，似乎讓他們愈來愈不快樂，而他們的母親也開始喝酒了。

「妳喝醉的時候，被打就比較不痛，」丹尼說。「我第一次看到我父親打我母親，是因為她叫他準備好上教堂，這本來是他喜歡做的事。我當下就決定這輩子絕對滴酒不沾，希望我的兒子永遠不會有當年我對我父親所產生的感受。」

然後丹尼難得帶著情緒開口說，小的時候他父母一直都很忙，營地整潔無瑕，他們做事很嚴謹，永遠沒有髒碗盤。所有聖誕節禮物都是他們在空閒時做出來的藝術品。「除非是上床睡覺的時間，我從來沒看過他們休息，他們跟著太陽一起起床。」他說，現在他們空虛的生活滿是酒精、爭吵與晏起。

當丹尼描述這個墮落的場面，他摩擦雙手好像要把糟糕的記憶磨掉一般，同時瞇著眼睛像是在直視太陽，就好像在阻擋在心裡所看見的景象。

一陣漫長的沉默後，他繼續說：「有一次我犯了錯，把白人文化跟印地安文化搞混了。我在白人社會裡待太久才會這樣。」在他大約十三歲的時候，他向父親展示他從全省四健會比賽裡贏得的獎牌。丹尼將聲音放低，「他嘲笑那些獎牌，」他這麼說，音量近乎耳語：「他醉醺醺地嘲弄我，發出像母牛似的哞哞聲，問我所有的玉米桿是不是都排隊站好了。我母親在大笑，蘿絲看起來就只是很困惑。那是我跟家人分享的最後一件事。」

值得注意的是，原住民壓抑憤怒的習慣，是自己就是第一民族成員的布蘭特醫師唯一公開批評過的一種習俗。他說原住民不透過憤怒來指導他們的孩子，反而透過像是取笑、羞辱與揶揄這種非衝突性的工具，讓憤怒流露出來。他在一篇學術論文裡寫道：「把羞辱與嘲弄當成剝奪孩子特權與父母責罵的替代作法，可能造成侵蝕自尊的作用。日後在生活中再度遭遇這個情況，還會引起排山倒海的羞恥感。」他說，因為要一個被貶低的小孩了解規則，還有如何回應取笑與嘲弄太困難了。孩子可能會退縮，導致社交上的羞怯、羞恥甚或恐懼。

我對丹尼說：「你是一位贏得數學優等獎、科學優等獎、最佳學生獎，還有這個省所舉辦的四健會動物養殖獎項的人，但你卻被輕視了。難怪你無法感受或表現出任何情緒。要是對你來說，攻擊來自四面八方，你怎麼不會整個人關掉？這是唯一可以適應這種狀況的反應。」

他在我前方揮動他的手臂，示意我應該繼續說。我保持沉默。最後他說：「就一吐為快吧。」我們兩人都露出微笑。就在我學習去察覺他何時心裡有事的同時，他也在學著察覺我何時覺得不耐煩。

我請他想像如果他父親沒有喝醉，沒有訴諸於戲弄與羞辱，而是可以直說他真正的感受，他本來會怎麼說。「就扮成你父親，告訴我，」我懇求他：「他為什麼有那種反應，我是真的想知道。」

驚人的是，丹尼照做了。他假裝是他父親，講話聲音變得更低也更慢，「*Ningozis*[5]，你從我們身邊被帶走，又被告知我們是野蠻人以及『死掉的印地安人才是好的印地安人』。然而你卻熱愛他們那些破爛玩意，還有你所謂的『獎賞』。導致我們這麼大痛苦的敵人卻被你奉為神明？他們把你從我身邊偷走了。」丹尼暫時停頓，而我點點頭。他繼續說：「農耕，那是什麼？在穀倉裡的動物、成排的蔬菜，這些不是一種技巧，這是生意。設陷阱才是男人做的事，你必須每天時時刻刻運用你的才智，跟你獵捕的動物心靈相通，而不是把牠們鎖起來餵食然後吃掉牠們。然而

5　譯注：克里語中的「我的兒子」。

你對打獵沒任何興趣，認為這是野蠻人做的，而且地板上滿是塵土又沒自來水，配不上你。」

我再度點頭，終於理解了。然後丹尼開始傳達他真實的情感：「你批判我喝酒、沒有工作，連隻老鼠都不會抓。你的弟弟們看不到一個驕傲的陷阱獵人，帶回來的生皮比聚落裡的任何其他男人都多。他們看到的是一個獨自在餐桌前玩牌的醉鬼。一個墮落到打自己好老婆的男人。白人拿走了我的生計、我的孩子、我的尊嚴——而你對他們的母牛獎牌感到很自豪？」

我眨眨眼睛忍住眼淚。他的獨白完美描摹出他父親與家庭麻木的痛楚。悲哀的是，在他父親用醉話刺傷他的心時，還是孩子的他沒能理解這一點。

那天丹尼離開時，我感覺治療已經走到信任這一步。丹尼沒有封鎖所有的感受，相反的還能夠想像父親的痛苦，同理這種痛苦，並且跟我分享。

5 哀慟悄然而至

在我們治療的第三年，丹尼似乎放輕鬆了些。他還是會在辦公室前來回踱步半小時，菸抽個不停，但我走進等候室去找他的時候，他的腳步聲聽起來沒那麼沉重了。

在他想像他父親會說的話之後又過了一週，他不經意說：「我這星期打了電話給我父親。」

我非常驚訝。一如平常，丹尼照自己的方式與自己的時間表做事。

「你上次跟他講話是什麼時候的事？」我提問時還有點轉不過來。

「十八年前，在我母親的葬禮上。」

「你打電話過去的時候，他說了什麼？」

「我告訴他我失去了太太跟女兒。他說：『很不容易，對吧？』然後他問我是否有蘿絲的消息。」

丹尼跟我說過，他姊姊蘿絲在溫尼伯（Winnipeg）失蹤已經超過十年。

大量原住民婦女失蹤與遇害的報導，還要再過四十年才會登上報紙版面。如今針對這些失蹤案，我們都很清楚警方調查不力。（在二〇一七年，加拿大統計局說原住民婦女比較容易成為暴力犯罪受害者，機率幾乎是其他婦女的三倍。）

「那個做了這麼多事關心你，又總是活潑快樂又親切的女孩，到底發生了什麼事？」

丹尼說：「她一直回家去，想從兩個酒鬼身上得到愛，」兩個酒鬼指的是他的父母。「她嘗試了很久，我早就放棄這鳥事了。他們一直貶損她，直到她也跟他們一樣，跟我兩個弟弟都加入了他們的爛醉派對。我母親死了，然後蘿絲跟我爸待在一起，直到她離開去了溫尼伯。在那之後我就再也沒見到她了。」

「我猜你離開去了多倫多是件好事。」

「我不知道，至少她還是個印地安人。」

「你不是嗎？」我坐著注視著這個男人長長的髮辮。

「我不是白人。我知道這點。」接著，在一陣沉默之後：「我太太是白人。」

在我們治療的第三年，丹尼終於提到他過世的妻子。我想立刻抓住這個機會，卻叫自己先從一數到一百。

「她來自挪威。」

挪威。**真的假的？**我納悶怎麼會發生這種事。

「她是個加護病房的護士。我會在那裡是因為我在溫尼伯的一家酒吧跟人打架。我走遍所有酒吧想要找到我姊姊。有個傢伙在講蘿絲壞話，所以我們打了起來。他用一把刀劃傷了我的肚子，」丹尼說：「我接受包紮，回到安大略，第二天就回去工作。但傷口發炎了，到頭來我在多倫多的加護病房住了一陣。」那個護士名叫貝莉特，跟丹尼一樣約三十五歲上下，也像他一樣熱愛推理小說。「她說她不喜歡愛講話的人，我說她找到她想要的男人了。她懷了孕，而且想要結婚，所以我說好。然後我們就有了莉莉安，我們的女兒。」

「你愛貝莉特嗎？」

「我不知道。」（十五分鐘的沉默。）「她是個好女人，從不撒謊或搞外遇，而且辛勤工作。」

（更多的沉默。）「我們變得疏離。她想要的我無法給。」

「像是親密感？」

他點點頭。「在醫院時是我們最親近的時候。她說我們之間有一道牆，我知道這是真的。我無法有感覺。後來就連跟她共處一室，都開始讓我不自在。」

「為什麼？」

「混合了罪惡感跟憤怒。我知道她想要什麼，而且那是她應得的。我就是給不出我沒有的東西，所以我開始迴避她。」

「那莉莉安呢？」

「她比較像我。她看起來就像我，既安靜又害羞，留意著周遭環境。在托兒所裡大家都擔心她，說她不跟其他人玩，但我想她沒問題。她跟她的洋娃娃與玩具待在房間裡就很開心。有時候我會跟她一起坐在地板上，我想我們是……」丹尼猶豫了。「彼此分享自在的空間，我只能這麼說。」他臉上再度出現那種像在避開明亮陽光的表情。最後他說：「貝莉特希望我把莉莉安抱在腿上，但我覺得不自在，特別是我在跟她差不多年紀的時候出過事。」

「你受過性虐待，而且父母養育你的時間不多，別人卻期待你知道怎麼做父母。」

「我在一座沒有路的森林裡，可是別人卻希望我知道路。」

「貝莉特是個好母親嗎？」

丹尼點頭。「就白人來說是。她總是會教莉莉安什麼，沒有放鬆的時候。我想要叫她放過那孩子，不要再嘗試教她該如何握叉子。莉莉安跟我可以開好幾個小時的車都不講話，而那是我最快樂的時候。貝莉特在的時候，她總是說著**母牛**、**馬**、**車子**或什麼詞彙好讓莉莉安認識。以印地安人的看法來說，那是過度干預。」

「你只想模仿你爸媽在小時候的作法，或者把這當成角色模範，讓她照自己的速度學會。」

「在她跌倒弄傷自己的時候，我會直接忽略，心想她會自己站起來。但貝莉特表現得像是世界末日一般，在這之後大家就會開始哭哭啼啼。」

我問貝莉特對原住民不同的世界觀有何認知。原住民對於憤怒管理、解除衝突與情緒克制的方式有不同的觀念，就算是對自己的孩子，這些觀念也會轉換成不要多管閒事。

「沒有。」

「你為什麼不告訴她？」

「我自己都不知道。我不讓自己被惹毛，感覺像一塊木頭。我要到現在講出來了才能感覺到。」

「貝莉特有見過你父母嗎？」

他搖搖頭。在我問他有沒有朋友時，他說：「我獨來獨往。」

然後我問起貝莉特的父母。丹尼告訴我，他們住在挪威的一座農場上，在他們家兒子的家庭農場旁邊。雖然他只見過他們一次，他說：「他們全都很像她，善良、仁慈、樸實且拚命工作。她的父母幾乎都不會講英語。就算他們講了，我可能也聽不懂。」

我問到他們是否很訝異自己的女兒帶著髮長及腰的原住民男子回家，丹尼說：「我想他們以為每個加拿大人看起來都這樣。」這句話擊中了我的笑點，我們兩個人都大笑出來。（這是治療超過兩年後的第二個笑話。）

在那之後，我們坐了一會。然後他說：「我想如果我先前就有這個治療，又沒有貝莉特，莉莉安跟我本來可能有機會。她就像我，安靜又嚴肅。我想貝莉特認為我是糟糕的家長。她甚至不願意留下莉莉安跟我獨處，她認為我疏於照顧。」

「我知道你不會有意識地去感覺。但被認為是一位疏忽的家長，一定讓你下意識感到受傷又憤怒。這是某種侮辱，因為其實只是作風不同。」丹尼一語不發，所以我補充：「難怪你們變得疏離。」

「能夠一連好幾週開著我的卡車上路，沒人要求我給予我給不了的東西，我覺得如釋重負。」

「你有跟你太太吵過架嗎？」

「沒有。我在她生氣或可能只是覺得挫折的時候離開，等事情過去再回去。」

「她知道住宿學校的事情嗎？」

「知道，但我只說那是政府設立的寄宿學校。」

「所以她完全不知道你經歷過什麼？」

「一無所知。但當時我自己也不知道。」

「你現在知道了嗎？」

「我開始一點一點解凍了。有時候我會因為莉莉安而感到哀傷，連她的照片都不想看。她有一雙像我一樣哀傷的眼睛。」

「你有沒有在那雙眼睛背後看到以前的你，那個悲傷的男孩？」

「那個孤獨的男孩。」

「那個被拋棄的男孩，」我補充。

「我父母並不想拋棄我。」

我告訴他，對他的無意識來說這並不重要——被拋棄的感覺仍然存在。「無意識不會指派理由。它只知道在莉莉安的年紀，你是個孤零零的五歲小孩。」

「我從來沒把當時的自己想得那麼年幼，」丹尼說：「我失心瘋地想回到學校，從我十六歲到十八歲自願在那完成高中學業。那時我心想：『寧可對付你熟悉的魔鬼。』」

他說，他沒有考慮過上大學，因為他沒錢。「再加上大學是給白人上的。我已經受夠白人的世界了。」

丹尼也沒有回保留區，因為他跟他家的關係很緊繃。他也拒絕飲酒，那邊的某些人覺得這點很奇怪。

「你堅持這點很有意思，」我大膽說道。

「我很固執，」他這麼回應。「我記得母親在我小時候曾這樣形容過。」

我指出**固執**這個詞彙有輕微的負面意涵。「你為什麼不說，『對，我強壯又有韌性，而且經歷過這麼多事仍屹立不搖？』你有感覺到這一點嗎？」

「沒有。」

「你沒有去感覺任何事。與其讓熱呼呼的熔岩搏動著流遍你的大腦，你就只是把火山堵起來。要不這樣做或許會發瘋，或是變成一個像你爸爸一樣的酒鬼，透過喝個爛醉才可以洩憤。在發生過那麼多事情，以及在住宿學校你跟大多數原住民所共同經歷的種族滅絕行動後，你必須找到一種應付的辦法。你選擇了一條最不具毀滅性的路，因為你個人擁有非常強大的力量。你關掉了感覺的水龍頭。」

「是啊，不過現在水龍頭開始滴水了。我猜是墊圈在漏水。」

我要求他進一步說明，他描述他在晚上看著莉莉安的照片，「我感覺到了什麼，但我自己也說不清楚，但這讓我心一沉。我只想要跟她一起坐在沙發上。」

我們花了很多時間討論失去女兒的哀痛是正常的，失去孩子的那種哀慟是最嚴重的。然後有一天，他說：「哀傷不是唯一偷偷侵犯我大腦的感覺，其他感受也埋伏在荒野中。」他在椅子上坐直，身體往前傾，雙手放在膝蓋上。我可以從他的肢體語言看出憤怒開始滲進他的大腦。他的眼睛再度瞇起，「我要一吐為快。工作的卸貨碼頭有個經理老是叫我湯頭（Tonto）[6]。我不喜歡這樣。」

6　譯注：影集《獨行俠》（*The Lone Ranger*）裡主角的印地安人搭檔。

他說自己不介意被叫做堆哥，因為有很多人都有工作上的綽號，但湯頭是「在貶低印地安人」。

「我同意，這很羞辱人，」我說：「你想過要告訴他，你不喜歡這樣嗎？」

「沒有。他只是某個自以為幽默的白人而已。」

「你知道，憤怒有個不好的名聲，」我大膽說：「它是一種燃料，你用它來讓無意識的傷痛升溫。我們就是這樣跟別人說，他們的行為讓我們不高興了。叫你湯頭的那個男人對你不敬，甚至還可能全然不知。如果下次他叫你湯頭，你就說『請別這樣叫我』，你不欠他更多解釋。」

「要是他問為什麼呢？」

「就說『我不喜歡。』」丹尼看著我，就好像他從沒聽過這麼荒謬的話。所以我澄清：「如果你不喜歡某樣東西，這世界上大多數的人會關照到這一點。」

「妳說真的？」他看起來很懷疑。

「在你長大的地方，你的感受必須被忽略，甚至被消滅。那是文化上的種族滅絕。政府、神父跟修女們設法要把原住民變成白人，他們無法同時達成這個目標又聆聽你的感受，他們的工作就是踐踏你。」

他點點頭。

「丹尼，現在我們已經在一起超過三年了。我希望不只處理你的過去，也讓現在的你比較好過。」

「喔天啊。我感覺有件不好的事要來了，」他說著，露出淡淡的微笑。「真希望我從沒開過口。」

他很擅長解讀我的心思。「是件很小的事。我要你告訴卸貨碼頭的經理不要叫你湯頭。好聲好氣地說，如果你覺得必要，只需要再加上一絲惱怒。」

他一臉懷疑地看著我。我建議來試試看，並搶在他有機會抗議以前，就以帶有一點傲慢的口氣說：「嗨，湯頭。」

他猛地回嘴：「老兄，別那樣叫我。」

「完美。」

「要是他問為什麼呢？」丹尼執著於互動這個部分，他假定他沒有任何情緒上的權利。

「就說『我不喜歡這樣。』你沒欠他一篇談原住民與白人關係的論文。」

「要是他再犯呢？」他反駁說。

「我認為不會的。你身高六呎半，還有很寬的肩膀，壯到被人叫做堆哥。你不再是毫無力量的五歲小孩。如果我錯了，我們可以到時候再說。」

下個星期，丹尼向我報告說，「我走進倉庫，不出所料，經理透過他的麥克風說：『嗨，湯頭。』然後回去看他在卸貨碼頭玻璃小屋裡的寫字夾板。我走向窗口說：『別再叫我那個名字。』他有幾分驚訝地抬起頭，抽了一口他的菸，然後說：『好，抱歉了老兄。你在三十一號卡車。』事情就結束了。他整個星期沒再做這件事。好多年來，我每天都痛恨那聲招呼。」

我真為丹尼高興。他五歲的時候用克里語講了哈囉（坦尼西），因此招來了一頓痛打。從那以後，這是他首次嘗試直接去影響他的環境。我好想大喊：「世界注意了，丹尼．摩里森熬過來了！」

6 解凍

有時候，當病人開始理解無意識如何運作，並且領悟到自己有權堅持個人界線的時候，治療速度就會變快。懷抱著這個想法，我請丹尼重演我們第一年做治療時的一個事件。他看起來很是懷疑。我說，我需要他的允許。他很不情願地同意了，嘟噥說：「老天爺，我討厭來這裡。」我說我想要重演某個片刻，我希望這個新的丹尼、有權控制他的宇宙的丹尼來做回應。他帶著極其微小的微笑說道：「嗯——噢。我知道現在要幹嘛了。」

有風險，但我繼續挺進。「丹尼，我想你這麼常被選中為性侵的對象，理由在於你長得又高又帥。」我屏息以待。

他坐在椅子邊緣，小滴的汗珠在他的髮際線上成形。「吉爾迪娜醫生，請別說我帥。我不認為那是妳的工作，這讓我不自在。」

「丹尼，很抱歉我這麼說。我不希望你在治療裡有那種感覺。我永遠不會再這樣說了。」

他露出微笑，然後說：「哇，這可以當成本日金句。我真不敢相信，我本來寧願為此離治開療。現在我看出是過去遭受的虐待讓我害怕得發抖。」（那是丹尼第一次使用**虐待**一詞，而且承認這件事。）

「無論以前或者現在是什麼狀況，」我說：「你都有權提出要求，犯不著忍受你所說的『發抖』。」在我指稱這個重演是「長得帥低盪政策[7]」，他搖搖頭，一副不可置信的樣子說：「不管發生什麼小事，妳都有詞彙可以形容啊。」

丹尼先前只間接提到他所遭受的性虐待，但在我們解決了湯頭跟長得帥問題以後，他似乎變得強韌些了。他開始界定他的感受，並且理解什麼事情是他的錯，什麼不是。他現在準備好要討論性虐待相關經歷的具體細節了。

之後有一次，丹尼曾傾吐他長期受虐的可怕細節，這似乎沒有對他造成很大的折磨。其中最痛苦的面向是，一個真的幫助過他也喜歡他的神父也這麼做。這位神父本來的形象如同父親，曾帶丹尼去四健會，對他充滿關愛。這位神父告訴他，他長得很帥，而且還把他抱在腿上。對於一個孤獨的七歲孩子來說，這種感覺棒極了。但緊接著這位神父就在沒有傷害丹尼身體的情況下，性虐待他。（這就是為什麼把莉莉安抱在腿上會是個觸發點，而我用到**帥**這個字也是個觸發點。）

對丹尼來說，那個基督教兄弟會神父殘暴的性侵所造成的創傷，還遠不及那位和善神父的虐待。在你受到殘暴的性虐待時，你知道有個性獵食者是你的敵人。這裡不存在任何模糊不清的情

7 譯注：低盪政策（détente）或稱緩和政策是上世紀美國與蘇聯冷戰時期的詞彙，指的是一九六〇年代末至七〇年代末，兩國之間企圖緩和緊張關係的一連串改變，作者半開玩笑地挪用到治療的脈絡裡。

況。然而有人對他充滿關愛又仁慈，但同時性虐待他，讓他的情緒很混亂。身為一個孤獨的小男孩，他很享受那位神父的親近與厚愛，但後來他領悟到發生什麼事的時候，他對自己也參與其中產生了罪惡感。他不只失去了他的純真，也被一個親近的朋友背叛了。從情感方面來說，如果知道敵人是誰，事情會比較簡單。

在談到受虐經驗以後，丹尼現在認為他可以把女兒抱在腿上了，因為他已經梳理清楚他的某些感受。對他來說，依偎摟抱本來是跟不請自來的性騷擾聯想在一起的。他被這一切混淆得很厲害，以至於乾脆避免碰觸他的女兒。

他的性創傷不再像過去那樣深刻了。在他妻子死後，他會有偶然的一夜情，但他害怕真正的親密。

我們討論過，如果他當初能夠跟妻子分享他的感受，他的婚姻可能是什麼樣。他甚至連隨興用手臂環抱住她都感到尷尬。有時候那種感受會升級，讓他覺得透不過氣呼吸困難。跟家人在一起的時候，他最喜歡的部分是開車。有太太與女兒在身旁時，他必須把自己的雙手擺在方向盤上，他覺得那是正確的距離。他也說無論他開到哪裡，他每天晚上都打電話回家。他珍惜那些電話，這也是他覺得自在無誤的距離。

下個星期來到丹尼的診療時間時，他回報說他去到妻子跟女兒墳前，設法說出他過去希望自己說出口的話，「我太軟弱，在她們生前無法說出口。」

我嘗試驅散迷思，告訴他，他非常強大。他對自己發誓絕對不喝酒，而他堅守誓言。他在住宿學校犯下用克里語跟他姊姊打招呼的「錯誤」，在五歲大挨了一頓痛打，接著在學校就從沒再犯另一個「錯誤」了。丹尼在我眼中是個英雄。就算在住宿學校裡，他都嘗試改變他的環境，照顧他的動物與番茄。他是個努力工作、奮發向上的人，貨運公司老闆就是看中了這一點。不管在他身上發生過什麼事，他仍然希望不只是活下去，還要盡可能做到最好。沒有人可以把這一點從他身上打跑。

一個月一個月過去，丹尼開始比較客觀地看待自己。在他拿到一大筆驚人的聖誕節獎金時，他不再感到困惑。如他所說的：「唔，我對公司有很多貢獻，但我還是很感激。」

在我問丹尼是否有其他人拿到相同的獎金時，他說他從沒有問過，他也從沒有告訴任何人他拿到的錢。他說：「這不是我的風格。」

我開玩笑說：「所以你現在有風格啦？」（三年來的第三個笑話。）

丹尼對他的工作感到滿意。他把工作比擬成在平原上馳騁，完完全全一個人，他喜歡這樣。他讀地圖，將大半的北美風光盡收眼底。就像個現代的游牧民族，完全由自己做主，自由的思考並在吃每一餐的時候閱讀。（他的皮夾克口袋裡總是有本破破爛爛的平裝書。）他也極其擅長追蹤他的環境：沒有搶匪能搶在他之前侵占價值高達數百萬美元的貨物。不只是天生的能力與早年的經驗讓他成為一名優秀的追蹤者，他的創傷後壓力症候群也有貢獻。有創傷後壓力症候群的人極端警覺，他們的免疫系統從不休息——看到這麼多危險，以至於總是在掃描整個環境。創傷後壓力症候群之所以如此難以共存，有部分原因在此。

我們的療程已經接近第三年的尾聲，而丹尼在情緒方面有很大的進步。他容許自己去感覺糾纏他的寂寞與悔恨，接觸自己對妻子、尤其是女兒的感受。他學到如何影響環境，而且正在建立自我價值。

現在既然丹尼已經如他自己所說的「解凍」了，治療就必須開始新的階段。我們已經花了三年的時間，還在進行所謂白人方式的治療。我們努力讓丹尼承認自己的感受，學習如何對他人表達那些感受，最終建立界線。丹尼把最後這點描述成「在你想要保持神聖、不可侵犯的事物周圍，繞上一圈通電的圍籬。」我們已經達成目標。

然而我不想用白人的心理學詞彙來衡量他的成功，認定他已經治癒。我知道他有更多工作要做，而且為了幫助他，我需要更多的建議。

在這個案例的第一年，我諮商過的一位原住民治療師曾經對我說：「一個印地安人必須做個印地安人，否則他就是空心的。」三十年後的二〇一八年，原住民美國作家湯米・奧蘭治（Tommy Orange）在他的小說《一切都會好的》（*There There*）裡寫下：「他穿得像個印地安人、跳舞跳得像個印地安人是很重要的，就算這只是裝裝樣子，就算他從頭到尾都覺得自己像個冒牌貨。因為在這個世界上，做個印地安人的唯一方式，就是外表跟行動都像個印地安人。」

我感覺丹尼需要跟他的文化重新連結，並且去體驗一種性靈上的療癒，這種療癒從來不在以佛洛伊德為本的心理治療之中。（我常常納悶，如果佛洛伊德不是個維也納猶太知識分子，大多數患者也都是猶太人的話，他的理論被採納的範圍會有多廣。如果佛洛伊德在他的諮商室裡曾經遇過原住民，心理分析的過程會變得多不一樣？）

在治療丹尼超過四年的時間裡，我多次北上去會見原住民治療師跟精神病學家，好幫助我讓丹尼重回根源。這些治療師很慷慨地貢獻出他們的時間，我從他們身上學到非常多。在白人社會曾經用盡一切方法摧毀原住民文化這個前提下，他們竟然還願意幫助我是很驚人的事。我知道少了兼容的取徑，我不可能成功治療丹尼。

有一個理由讓我抱持審慎樂觀的態度，認為我們能夠一起成功走完這趟旅程的最後一段路。儘管數百年來一直有人設法要撲滅原住民文化，這些嘗試卻沒有成功。丹尼就體現了這一點，做為一個象徵原住民身分的公開宣言，他一直留著長髮辮。在白人的學校與職場待了這麼多年，他仍然有原住民的夢境，在夢中動物會對他說話。在那個性靈宇宙之中，丹尼得到狼群的幫助。還有一次，一隻白子潛鳥在森林裡獻給他一顆巨大的蛋。在接下來的二十年，我的其他原住民病例也同樣有動物精靈的夢境，明顯不同於白人。

很顯然，丹尼應該考慮重新連結他所謂的「印地安性」。不過對他來說困難的地方在於他所說的獨來獨往，以及對於重揭舊傷口可以理解的審慎態度。這不是一條筆直的路。

7 在凍線之上

有一種方式可能讓丹尼連結到他的傳承，就是透過他的家人，而他們可以幫助他跟更廣大的文化有其他連結。在丹尼談到他打算加多少班的時候，討論的機會出現了。他已經靠加班費與獎金累積了這麼多錢，我問他為什麼還要做額外的工作。「沒多少別的事情好做，」他說：「而且我不介意加班。」

「你從不跟朋友們出去嗎？」

「我難得跟其他司機一起出去時，他們就只是坐在酒吧裡喝酒。」

「他們有任何人是原住民嗎？」

「沒有。」

「你跟原住民有任何關係嗎？」

「如果我在溫尼伯，我經常去某些酒吧找我姊姊，但老實說，那不適合我。」

「不適合什麼？身為原住民嗎？」

他讀出我的想法，低聲說：「我猜住宿學校影響到我了。妳知道嗎，我們以前在學校會做告解，而我沒有什麼罪惡好講，我就告解說我是個印地安人。」

聖誕節前的某一天，丹尼說他為了加倍時薪要開車載一箱貨物越過洛磯山脈（Rockies）。

「你有沒有想過在保留區順路停留一下？」我問道。

「停留一下？」他輕蔑地看著我。「妳不可能開車到那裡去。要搭機北上，然後必須靠森林飛機飛進去，再靠全地形車接送。跨越冰雪的車程要另外耗掉半天。」

「我確定如果你問過公司老闆，他會掏錢。」

「我可以自己掏錢。我只是不想去。」

然後我詳細問他父親跟弟弟們的事。丹尼估計他父親六十來歲，不過他幾乎不認識他的兩個弟弟，因為他們出生時他在上學。

「那蘿絲呢？」

「我還在溫尼伯找她。她現在四十五歲了。她可能已經死了，被人謀害。我已經去找警察三次了。」

「警方在乎嗎？」我問道。

「這地球上沒人在乎。」

「你除外。」

他點點頭。這是第一次，我看到他眼中有淚。我們坐了很久。

在聖誕假期前不久，我再度提起去拜訪親人的主意。但丹尼還在抗拒，「我覺得才剛開始好轉，不想冒險再度失去自我，又凍結起來，」他說：「北方天氣冷是有理由的。」他是對的，他的狀況還不穩定，也許在他回到保留區以前，他需要變得更穩固些。他比我更清楚這點。

一月的第一週，丹尼走進我的辦公室裡坐下，說道：「唔，我去見了老爸跟我的弟弟們。」選擇這個時間點去，就是丹尼的典型作法。他反對我的主意，接著照自己的時間表貫徹到底。他描述他搭直升機飛進去，然後搭了一位當地治安官的便車，那位治安官是來替一間診所載送藥物的。「他是個印地安人，所以問我在保留區的家人是誰。在我講出我父親跟弟弟們的名字時，他沒說出像是『喔是啊，他是一個老陷阱獵人，現在是一位長者，保留著那種語言』，完全沒有這類的話。」他頓了一下。「壞兆頭。」隨著一公里又一公里的車程，四十二歲的丹尼回想從他母親的葬禮以後，他將近二十年沒見到他父親了。「我記得他是個二十來歲的男人，可以整天都在設陷阱，而現在他是個老人了。」

聚落一片荒蕪，只有脆弱的隔板屋圍著一間現代磚造學校。治安官直接開向他家的房子。那棟房子油漆剝落了，而且沒有門把，報紙被塞在洞裡以便禦寒。「我不確定我應該敲門，還是像個兒子那樣直接進屋，」他回想。

他敲門後猶豫了，就怕這趟拜訪是個爛主意。丹尼進門時看見他父親躺在一張破爛沙發上。「他看起來很老，老到超過他的實際年齡。他的臉浮腫發黃，臉上不知為什麼有面皰的疤痕。以前，他的皮膚看起來沒有任何不對勁的地方，」丹尼說：「他是個高大魁梧的人，身材精瘦，看起來跟我很像。不過現在他身高縮水了，還有個大肚腩。就好像他的外皮被橫向拉開了。」丹尼的父親起初沒認出他，接著多看一眼說：「是誰找你來的？我的病一定比我以為的嚴重。」

丹尼告訴他，他先前在溫尼伯，然後決定往北飛。「他只是詫異地看著我，然後說：『沒想到你還留著你的辮子。』我忽略這句話，因為我知道他真正的意思是我是顆『蘋果』——外紅內白。」這似乎不太公平。丹尼的父親必定知道，在這個時代留長髮辮要融入白人社會有多困難。在漫長的沉默中，丹尼注意到屋子裡很髒亂，地板上還有威士忌酒瓶。然後他父親說：「聽說你在溫尼伯找蘿絲。」

「很多年前了。從沒找到她。」

「沒有人找到她。」

他父親的英語詞彙不多，但他們設法溝通了。丹尼問起他的弟弟們，這時他父親對著房間比劃，用手指著周圍的啤酒箱子。「他們在這無事可做，」他說：「如果你不是在自治政府（band council）裡有些影響力，可以在學校裡拿到校工的工作，就沒事幹了。但他們還是跟我待在一起。」丹尼覺得他爸爸在暗示弟弟們一直很忠誠，丹尼卻沒有。父親看出丹尼注意到屋子裡的混亂，他說：「需要你母親的巧手。」然後就打開了電視。

「我們在那裡坐了大約一個小時，」丹尼回憶道：「我看得出來他想要我走，這樣他才能喝酒，但我沒地方可去，我在那裡不認識任何人。最後我去買趟菸再回去的時候，看得出他已經喝過酒了。」然後丹尼的弟弟們回來了，他們也喝了酒。「我想他們的工作就是用雪上摩托車蒐集保留區裡的空瓶，然後把空瓶繳回去——雖然那邊理應是個禁酒保留區。」

「你弟弟們有什麼反應？他們看起來像你嗎？」我問道。

「他們剃了頭，有我母親的眼睛。看起來有點像伊努特人，卻有克里人的塊頭。蘿絲跟我看起來像我爸。他們跟我握手，然後開始喝啤酒看電視，完全沒有表現出驚訝的樣子，但也沒有太多好奇心。」

「真的？一個他們幾乎沒見過的親兄弟？」

「他們沒煩我，因為這是原住民的方式，不大驚小怪或瞎攪和我的事情。」

丹尼起身踱步了一下，這對他來說不太尋常。最後他說：「我感覺到房裡有一股怒氣。在他們喝酒的時候，那股怒火變得更盛。等他們喝醉，朋友也來了，他們就開始在朋友面前奚落我。他們說這樣是『鬧我一下』，說我是個從沒做過的獨行俠，諸如此類。說我只是回家來看我爸斷氣，可是就像白人一樣來得太早了。他們全都因為這個笑話笑了。」

「你爸快死了嗎？」

「是啊，從森林飛機那裡開車載我的治安官，將大致的狀況都告訴我了。我爸有胰臟炎、肝硬化、肝癌之類的。基本上他是喝酒喝到死的，只是時間早晚的問題。」

「所以家裡沒有任何人提到這件事？」

「就只開玩笑說我來得太早。」

我沒忘記這趟災難的返鄉之旅，本來是我的主意。

「他們嘲弄我的時候，我爸就只是在沙發上喝酒大笑。可以看出弟弟們想要得到老爸的認可，所以他們還加碼。我嗅到麻煩來了，」丹尼表情嚴峻地說。在他終於決定離開的時候，他打電話給當地的警察，對方載他到小小的機場去，他就在那過夜。

「我知道他們在想離開的我是個白人，我不會留下來跟他們用破啤酒瓶幹架，這樣本來會讓我在他們眼中成為真正的印地安人。我認為他們在經營某種毒品生意，因為一直有人順道來訪，在臥房裡跟我弟弟們講過話就突然離開。可悲的事情是……」丹尼頓了一下：「唔，我猜有很多可悲的事。」在漫長的沉默之後，他補充說：「他們認為身為一個印地安人就是這樣，喝醉酒跟打架。我注意到他們剃掉頭髮的頭上滿布傷疤，看起來像全身有斑點的象鼻海豹。」

「更可悲的是，你爸知道差別在哪。他知道身為原住民不是這個樣子。你認為他對這趟探視有什麼想法？我的意思是，全是酒精跟痛苦底下埋藏了什麼？」

「他是否記得我跟蘿絲還有我媽，在森林裡很快樂的生活？我不知道。他現在的住處一片髒亂，我可以告訴妳，以前在我們的營地裡，我爸從來沒有亂擺過任何一樣東西。每把刀都很鋒利，而且照尺寸排好。剝皮、撐開皮革、準備狗食跟韁繩，任何一件小事都有專用的工作台。他從早到晚都在工作，在毛皮賣到聚落時，一年才喝個一兩次酒，就只喝一個晚上。」

「讓你看到他現在的樣子，他覺得羞恥嗎？」我問道。

「他醉得太厲害，根本不知道自己有什麼感覺。」他猶豫了。「這個嘛，也許在內心深處是吧？他就是不想要我在那裡『批判他』。他覺得他已經夠苦了，」丹尼暫停了一下，然後眺望窗外。「他確實是。他失去土地、生計、妻子，以及兩個再也回不去的孩子，也失去沒能再恢復的尊嚴。他認為現在改變太晚了。我想他醉得太厲害，頭腦不清楚。」

丹尼拖著身體到我辦公室門口，走路時腳很僵硬就好像靴子裡有極其沉重的重物。他的手放在門把上時，說道：「他們想要把他變成白人，這不管用。但他們拿走了關於印地安的一切，徒留一具患有魏尼克症候群（wet brain）的肥胖黃色軀殼。他們毀了他。」隨著丹尼緩緩走下樓梯，我聽到他的靴子摩擦台階的聲音，像個老人一般。

丹尼在描述的事情，稱為代際創傷（intergenerational trauma）。當住宿學校的倖存者開始說出他們的故事，這個詞彙將在幾十年後變得耳熟能詳。關於這一點，沒有比摩里森一家更清楚的例子。丹尼與蘿絲遠離了他們的家庭與文化被帶到住宿學校，在那裡遭受身心的創傷及性虐待。較年長的一輩，也就是父母那個世代，孩子被綁架讓他們傷心欲絕，以至於他們再也無法順利養育孩子，還轉向酒精。丹尼的弟弟們是由同時失去土地與生計，又有虐待傾向的酗酒者帶大的。那兩個酒精成癮的弟弟，不會知道要如何順利教養他們未來的子女。

丹尼在他下一次的診療時間裡，首度表現出沮喪。「我們工作了這麼久，好讓我可以擁有那些我幾乎忘記當初為什麼會拋下的情感，」他說道：「有感覺太痛苦了，過去這一週，記憶一直俯衝下來轟炸我。」他哭了，用堆高機叉鏟般的大手抹去小小的淚滴。「我是個沒有國家或身分的男人。我不是個印地安人，也不是白人。不是個父親，也不是一位丈夫。我的弟弟們至少還擁有彼此及父親，或是說一具父親的空殼。他們知道自己是原住民。我有時會覺得不值得繼續活著。」這是個戲劇性的宣言，一個求救訊號，來自通常不流露感情的丹尼・摩里森。我很擔心他有自殺的念頭。

丹尼是我的病人時，根據加拿大百科全書（The Canadian Encyclopedia），原住民族中的自殺率是全國平均值的六倍。（在北部某些地區，這個比率現在升高至全國平均的二十五倍了。伊努特青年的自殺率則是全國平均值的四十倍。我知道這不是口頭說說而已。）

治療人格解體亦即一個人失去所有身分認同所伴隨的重大風險，會在當事人重獲自我時發生。真正的感受可能會回來，但當事人可能再度受困於如今同樣無法忍受、那個當初導致他極度痛苦的環境。對丹尼而言，「凍結」住感覺一直是一種成功的防衛機制。的確，他無法感覺悲傷或快樂，但他運作得好好的。他沒有因為失去妻兒而被打倒。他在貨運公司工作的幾十年裡，從沒有耽誤過一天的工作，是一名有存款的明星職員，沒有癮頭，沒有任何意識得到的沮喪情緒。我原本是不是應該跳過這題不去處理？

身為治療師我犯過許多錯誤，但無論結果多悲哀，我都不認為建議丹尼回家是一個錯誤。丹尼必須面對他家中發生的事情，就像他必須面對他自己的問題一樣。他一直迴避他父親，迴避卻從來不會幫助任何人好轉。丹尼採用這種方式有前例可循，然而很悲劇性。

他前方的路確實崎嶇不平。到最後，他沮喪到下不了床，甚至沒打電話請病假，錯過了跟我的約診。丹尼的老闆打電話給我，說總是一絲不苟的他看起來衣衫不整，出勤狀況變得混亂。他問丹尼是否有從我這裡得到幫助，丹尼這時發出陰沉的笑聲。我擔心他，打電話給他的全科醫生，請求他開抗憂鬱劑。（心理師是哲學博士，不是醫生，所以無法開立藥物。）貨運公司老闆去了丹尼家，建議丹尼在他面前吃藥。兩週之後，我心中警鈴大響，勸丹尼的老闆如果有必要親自帶他過來。

丹尼靠自己的力量現身了。抗憂鬱劑開始幫上忙，現在他至少能動。他癱坐在椅子上，只說了一句：「我從來沒有對抗過任何事。」

「真的嗎？」我說。「你有複雜性創傷後壓力症候群。」我讓他看一本書，茱蒂絲・赫曼（Judith Herman）的《從創傷到復原》（*Trauma and Recovery*），並且在我講出書裡列出的每一個項目時豎起手指：

一、在被忽視與匱乏的環境下長大。

「你在一間住宿學校長大，在那裡沒有人愛你或關照你。你又餓又冷，身邊還經常有孩子死去。」

二、有無力感與無助感。

「沒有人幫助你，沒有人可以求助。在你回家的時候，你母親說那些神父、那些性虐待你的人是好人。」

三、體驗到在社會上、心理上與法律上的屈從地位。

「你被合法帶走，跟你的父母分離，而且你的童年大半時間都被鎖在一間機構裡。回頭找你父母時，他們說你跟敵人站在一起。」

四、成為種族歧視的標的。

「你對你姊姊說*tanisi*，因為使用克里語詞彙被痛打。你身上還有那頓毒打留下的身心傷痕。」

你被告知說原住民是不好的。你得到一個號碼，而不是一個名字。你的個人認同被剝奪，甚至在告解時懺悔自己身為原住民。」

五、過著無家可歸與赤貧的生活。

「你必須在學校工作，然後只得到勉強能餬口的食物。在你回家的時候，你的父母靠救濟金過活，沒有足夠的錢買北部極其昂貴的食物，然而他們找到錢買酒。」

六、感覺人生中反覆在人際互動中受害（interpersonal victimization），包括童年受虐與其他肢體暴力。

「特別照顧你的男人在童年的多數時候都在性騷擾你，而其他更不和善的人也暴力性侵你。然後你酗酒的父母告訴你，你是跟白人靠攏的叛徒，還嘲笑你拿到的四健會獎牌。」

我把那本書扔在桌上，「那張清單甚至還沒把你妻子跟女兒的死算進去。**你說你從沒有對抗過任何事？**你英勇地直面糾纏你的惡靈，而且贏了。確實，你關掉了某些感受，而我們已經慢慢鑿掉那座冰山，也解凍了你的心靈。不過讓我們來看看你沒做什麼。酒精是這種患者的愛藥，它殺死痛苦，接著除去你的自我抑制，足以讓你釋放出一輩子受到不當對待與虐待的怒火。然而你從沒喝過一滴酒。」

我繼續往下說。「你不希望你的孩子產生當初你看父親喝醉時的感受。很悲哀的是，許多住宿學校受到性虐待的受害者，重複了這些性虐待與暴力的模式。那就是他們所知的一切，就是你在機構裡學到的『親職教養』。然而你從來沒做過任何一件那樣的事。你太擔心犯錯，以至於你從不讓女兒坐在你的腿上。」

然後我提到他的姊姊。「你從來沒有放棄尋找她，其他人卻都放棄了。除了跟卡車搶匪的對打，你唯一一次打架就是跟中傷她的男人。」

「你有一份工作，而且你變成公司裡最頂尖的駕駛。你會存錢。你娶了一個好女人，而且設法要維持婚姻。你從沒有打過她，或者對她做出你遭受的任何事。你拒絕把恐怖傳遞到下一個世代。你從企圖滅絕文化種族的計畫中生存下來。你很強悍且勇敢，無論什麼事砸到你身上，你都撐住了。」

「在前線作戰的勇士忍受的都還比你少。他們可以因為某一天的英勇作為得到榮譽獎章。在此同時，你大半輩子在全線作戰，而且你贏了！所以永遠別再說『**我從沒有對抗過任何事情**』！」

我知道自己脾氣很差，通常歸咎於我的愛爾蘭天主教傳統。直到我結束這番痛罵，我才領悟到我拉高了嗓門，而且因為沒注意到時間做了從沒做過的事：我講到超過下個療程的時間了。但這義憤太強烈了，丹尼在心理層面來說是個英雄，**卻不自知**。

他看起來很驚訝，僅僅說了句：「喔，好吧，」然後退出我的辦公室，靜靜關上門。

我不太確定自己為什麼會有這種不適當的爆發，是怕他想自殺嗎？我希望丹尼把我對他的擔憂解讀成關懷。一個人在他最易受影響的年齡，被灌輸去相信他的文化是野蠻而錯誤的，要怎麼讓他重新認同這個文化？我過去從沒碰過的挑戰讓我很挫折。對丹尼來說，連克里語都變成了一個觸發點。

以丹尼跟我最後長達五年的旅程來說，我們已經遠遠超過中間點了。我們共度了許多時光。丹尼坦承他跟我說過的話，多過於在他生命中跟任何人說過的話。我想我在幫助他，但我確定的是他也在幫我處理一個非常特別的問題。

第一章談蘿拉的時候，我描述過我的反移情，這是指治療師對病患的感受。起初丹尼的外表，他的原住民臉孔與髮辮，實際上是我的觸發點。我還在精神病院工作的時候，因為一位留著髮辮的克里族病患肢體攻擊我，曾一度住院。在那之後，每次遇到看起來像那位攻擊我的人，我就會害怕得心跳加速、呼吸短促。

我跟丹尼的治療到第四年的時候，一個下著凍雨的陰暗夜晚，我下班回家，走在多倫多鬧區的的步道上，有個留髮辮的原住民男子，坐在我光線陰暗的門廊台階上。（我們住在離原住民加拿大人中心〔Native Canadian Centre〕幾個街口遠的地方。）他有個請求，想借我們的雪鏟。「我想靠鏟雪賺點錢，但我沒有鏟子，」他說。「我看到妳家門廊上有一把，但我按門鈴時沒有人在家。我會在早上歸還給你。」我沒有多想什麼就同意了，那把鏟子也確實在早上回到我們家門廊上。

我進屋以後，理解到我沒有任何身心的恐懼反應。留著辮子的原住民男子對我來說不再是個觸發點。我對丹尼日漸增長的正向移情，已經終止了我曾患有的創傷後壓力症候群。

8 獵人復歸

丹尼平安度過嚴重的憂鬱症，這是對於他的孩子、妻子、姊姊、父母以及自己失落的童年遲來的哀悼所引起的。這些感受突然一同襲來。既然他現在可以體驗到真實的情感，他理解到童年最糟的部分不是性虐待、肢體虐待、飢餓或寒冷，更嚴重的是令人絕望的孤獨。

他多吃了兩年抗憂鬱劑，確保自己不會復發。有一週我叫他多多休息、好好吃藥，因為在下一次的治療中，我們會踏上一條新的道路。「好極了，」他這麼說，用的是平常那種一本正經的口吻，我開始理解這其實是他展現幽默的一種方式。

在每個文化中，表情跟語調都不相同。在我第一次遇見丹尼的時候，他的聲音聽起來很平板，但在花了幾乎兩百個小時跟他談話之後，我理解他的講話方式在表達幽默、痛苦、挫折與其他感受上，會結合特定強調的語氣與音調變化。現在我比較認識他了，我理解到我們共同工作的頭幾年裡，我錯過了多少細微的音調調整。

就在我覺得他很安靜的同時，他則覺得我很大聲又愛加以強調。（持平地說，大多數白人都是如此。）一次丹尼過來，說他挺喜歡我在加拿大廣播公司（CBC Radio）電台上的談話。他以前從沒讚美過我，所以我問他喜歡哪裡。他說：「我可以把音量調小。」

在下一次治療裡，丹尼企圖先發制人，抵制我先前提到的「新方向」，宣稱「我知道妳要說什麼，但我還沒準備好。」

「喔，我不知道你不但是卡車司機，還是讀心術士。你怎麼有時間做到這一切？請指點我一下。」

「妳要我去認識異性。」

「真的？我沒有要說這個，但你認為我要往那個方向去，這很有意思，告訴我很多事。」

「喔不，」明白自己暴露了想法，這對他來說很不尋常。他搖搖頭，表示他沒有要談這個。我懷疑他已經認識某個人了，或者想這麼做，但我決定以後再談這件事。

我想要討論的是原住民治療的觀念。我告訴丹尼，這些年來我一直在這方面自行進修，而且覺得他需要這種療癒。「我確實學到的一件事是我只能把你帶到這裡，」我說。他的眼睛微微瞇起，我知道這表示恐懼或至少擔憂，「我不是說我們的治療結束了。只要你需要我，我都會在這裡。」然後，我補上一句幽默的嘲諷：「畢竟我把你從沒有感覺，帶到了深度憂鬱的狀態。」

「是啊，多謝了。」他一臉正經。

「我真的相信你需要原住民治療。你所有的夢都是關於陷阱裡的動物，或者變形成半人的動物。你的精神渴望得到這種療癒，」我懇求他，並解釋說他的治療需要更多性靈的面向。西歐傳統處理的是心智、身體與情緒，原住民觀點則有更整體性的世界觀。從我在原住民治療師那裡觀察並學習到的事情來看，他們的治療儀式把焦點放在性靈滿足還有感受與自然宇宙的合一。我補充說對於怎麼樣算是精神健康，每個文化裡的觀念都不一樣。

然後我要求丹尼聽我說完，並且考慮團體治療。

「團體，天啊，才不要。」他看起來嚇壞了。

「丹尼，這是個**集體**創傷，所以需要**團體**治療，」我十分有感觸地說出這番話。「只有原住民才能理解他們的人民數百年來受創會帶來什麼影響。」

很顯而易見的是，有這麼多原住民體驗過相同的創傷——失去土地與生計，在住宿學校承受性與身體的虐待，而且同樣因為原住民身分而感到自我嫌棄。這是個跨世代的創傷。許多被帶到住宿學校的兒童受到極差的待遇，以至於他們成年以後根本不知道怎麼帶大自家小孩。「這些世代需要傾聽彼此的傷痛，並且用根植於自身文化傳統的方式一起療癒。」我說道。

丹尼搖頭拒絕。我嘗試最後一次，「這有點像是匿名戒酒會，你們全都被困在同一張網子裡，向彼此展示你們如何設法爬出這張網子。你們可以成為彼此的角色模範。」我告訴他，只有在酗酒者同意去匿名戒酒會的時候，我才會同意治療他們——一開始是六十天內參與六十次聚會。「聽別人公開表白自己如何克服問題，也激勵了其他人。」

丹尼再度搖頭，他不吃這套。「我住在城市裡。我應該怎麼進入這種狀態？在購物中心裡打鼓嗎？我不會回保留區。」

「我完全了解這一點，」我說我知道他的家庭狀況，還有他的保留區是這個國家紛擾最多的區域之一。我提醒他，現在住在保留區以外的原住民比過去還多，而且有許多人就住在多倫多。

他只說了聲「嗯」。在二十分鐘的沉默以後，丹尼用夾雜著嘲弄與不安的語氣問：「他們在市區做些什麼來達到性靈療癒？」

「有汗舍儀式（sweat lodges）、鼓圈（drum circles）、羽毛圈（feather circles）、追蹤小隊（trapping crews），各式各樣不全都在多倫多舉辦的活動。你知道，安大略省有一座森林，」我說：「不過何不從上克里語課程開始？」

「*Namoya*，」他說，想來是克里語中的「不」。

我緊咬不放厲聲說，「克里語聽起來是個迷人的語言，尤其它反映了一個文化的道德觀。這個語言指出對克里人來說，親屬關係有多麼關鍵。」

「克里語？妳認真的？那樣我必須從頭開始。我在北方家鄉的時候，就連聽我父親講克里語都讓我心臟狂跳。這個語言已經從我身上被打跑了，」他說。然後為了挑戰我，他補上：「想用妳的語言來講嗎？好吧，克里語對我來說是觸發點。」

我跳過這句話，跟他說他對這個語言的記憶可能比他以為得還多。「從出生到五歲這段時間，已經足夠學會一門語言，再加上你還回去過幾個夏天。別讓修女跟神父們贏得這場戰役，是他們應該懺悔，不是你。」

他再度設法逃避，拿他的工作需求當擋箭牌。「不要再為了公司跑加班車了，在你自己身上加班，」我敦促他。「就像你保護貨物一樣，你要保護你的精神。」他瞇著眼睛表示很焦慮，或者想站起來走人。「變得更像個原住民會嚇到你嗎？如果是被打跑的，我也會怕。」

「我留著辮子。」

「你是留著辮子，這說明了很多事。我從來沒遇過其他人比你還原住民。」

「我從沒遇過比妳還白的人。」

我們大笑——我有白色頭髮，還有真的很白的皮膚。「我讓『白臉』（pale face）有了全新的意義。」我說道。

我沒再提原住民治療。不管丹尼會不會按照他自己的時間表去進行，他的時間完完全全不是我的時間。

幾個月後的聖誕節前夕，丹尼想買份禮物送給邀請他去吃聖誕晚餐的祕書同事。她領養了一個原住民女兒，這個女兒被貼上了「愛惹麻煩」的標籤。放到現在，她會被診斷為胎兒酒精症候群（fetal alcohol syndrome）。白人祕書態度相當開放，她告訴丹尼之所以邀請他，是因為這樣她女兒就可以見到另一個原住民。他要買份適合家庭的禮物，所以我建議他買個原住民手工藝品。

「去哪買？我不想買某個中國製的捕夢網。」

「去兩個街口外的原住民加拿大人中心。他們有一家店鋪。」

下個星期丹尼來做治療的時候，他說：「*Tanisi*。」我記得這是「哈囉」的意思，所以我回應了這個招呼。

「在妳叫我去原住民中心的時候，妳知道他們一週教兩次克里語嗎？」

「不，真的不知道，我發誓，」我抗議。丹尼懷疑地看著我，「我只知道原住民中心隔壁的圖書館。那是離我最近的圖書館，我會在星期六的說故事時間帶我的孩子去，而且我注意到那裡有全市最詳盡的原住民文學典藏。」

丹尼說，他去原住民中心買禮物，然後看到隔壁的圖書館招牌。「上面寫著*Mahsinahhekahnikahmik*，那是克里語的『書的棚屋或地方』，」他這麼說。

「你記得這個？」我驚訝地問他。

「我猜是吧。我報名了克里語課程。」

結果對丹尼來說最好的事，是去上克里語課程，以及到將都市原住民聚集起來、與自身文化保持連結的原住民中心。在我們治療的第五年也是最後一年裡，他致力於重新連結上他的原住民身分。

他的第一次短暫出擊是參與戶外生活。丹尼領悟到他已經在模擬打獵很多年了——「在他的卡車裡追蹤」——現在決定玩真的。首先，他開始在加拿大森林裡健行。（我也是個健行者，所以當我們在等候室裡見面，發現兩人穿著完全一樣的登山裝備合作社〔MEC〕夾克那個產生連結的瞬間，我們一同笑了出來。）他獨自去到從安大略到英屬哥倫比亞（British Columbia）的許多森林，並且健行了數百英里路，然後靠自己開始在北薩克其萬（Saskatchewan）獵捕駝鹿，他很熱愛這個活動。

有一週丹尼來做診療時宣布，他先前去曼尼托巴的時候遇見了某個來自他那個保留區的人，告訴他說他父親在八個月前過世了。他家裡沒有一個人聯絡他。他似乎不難過，對他而言，父親在他五歲時就死了，丹尼說他是「被消滅了」。他似乎沒有興趣跟他的弟弟們建立連結，把他們說成是「已經失去」的人。然而，他**有**興趣跟其他想要探索自身根源的原住民建立連結。

差不多同一個時間，丹尼添購了新衣。他仍然穿黑色牛仔褲跟皮夾克，但他把黑色T恤跟法蘭絨襯衫換成了燙過的棉質襯衫。他也發展出一套固定的行程：先來看我，然後走到原住民中心上克里語課程。

理論上治療師不該取笑當事人，但到現在丹尼跟我已經認識彼此甚深。我忍不住說：「你從沒有盛裝打扮來我的辦公室過，突然在順路去原住民中心的路上這麼做，是怎麼一回事？」

「妳意指什麼？」他嘟噥說。

「學習克里語通常不代表要走一趟乾洗店。」

「我猜妳是從身邊所有上過克里語的朋友身上學到這件事的吧。」

「我只是說說。」那是丹尼的慣用語，而我可以把他節制的語氣學得惟妙惟肖。

他露出微笑。「好啦好啦。她的名字是沙西娜，出生於歐吉布瓦族（Ojibwe），在原住民中心負責圖書交換（book exchange）。」

「跟我聊聊她。」

「沒有太多好說的。」

為什麼我一點都不意外？到最後，丹尼告訴我，她比他小八歲，長得很好看，而且跟他一樣有興趣跟自己的根源建立連結。她父母去過住宿學校，後來變成酗酒者。她跟她的弟弟是六〇年代掏空運動（Sixties Scoop）的一環，當時有許多原住民兒童被送往白人家庭寄養。這個運動直到八〇年代才停止。他們兩人被一對來自滑鐵盧（Waterloo）的德裔加拿大夫婦收養，是這對夫婦僅有的子女。「她說養父母是好人，不過他們從沒提過她或她弟弟是原住民。她嫁給了一個白人，一年後離婚了，」丹尼揭示。「然後她跟她弟弟在大約十年前開始探究他們的傳統，她負責經營各式各樣印地安相關大小事的計畫。」

「她在中心全職工作嗎？」

「不。她是在病童醫院（Sick Kids Hospital）工作的社工。」

「所以，你們去約會了嗎？」我問，同時意味深長地盯著他看。

「我們一起去聽某些印地安主題的演講，也跟她一起參加了某個歐吉布瓦族活動。她跟她弟弟很親，他們在東區合買了一間房子同住。」

「你有邀她出去嗎？」

「沒有。是她讓我對中心的事情提起興趣。我以前就只是坐在會客室，從圖書交換會拿到書，然後閱讀。她把我介紹給她弟弟諸如此類。」

「她是怎麼樣的人？」

他想了幾分鐘。「我會說很冷靜。最好的地方是她喜歡安靜的男人。」

「唔，她找到他了。」他點點頭，我忍不住笑出來。

「所以你跟她在一起的時候，沒有感受到壓力。」

「我可以是個原住民，不需要解釋，」他說著，往後靠向他的椅子。

「這樣一定讓人鬆了口氣，」我提出看法。「雖然你太太和善又仁慈，但你必須試著整天裝出某種白人的樣子，那樣肯定很累人。」

「就像住宿學校。」

在我們談論沙西娜（意思是歐吉布瓦語裡的「夜鶯」）的時候，很清楚的是丹尼在幾週的時間內變得十分關心她。就像丹尼一樣，她感覺在白人的世界裡擱淺。當她調查在保留地的親生父母，她發現他們已經身心失調到沒辦法跟人產生有意義的連結。然而傳統對她而言，仍然很重要。她在白人社會裡總是自覺不同，雖然她尊敬甚至愛著她的養父母，她知道她生來就不像他們。但他們仍舊送她去上大學。她就像丹尼，有強烈的工作倫理，而且很擅長「白人的任務」。不像她弟弟，他在學校裡表現不佳。

治療師理論上應該問起病人的性生活，但我知道丹尼非常重視隱私。然而，既然他曾是性虐待受害者，我又不知道沙西娜的經歷，我就必須提出問題。

「性生活呢？」

「性生活怎麼了？」他回答了，就好像我是個瘋子似的。

「唔，有個我們已經處理過的童年議題。」

「至少我不必解釋為什麼我沒有胸毛。」他含糊地說。

我微笑著點點頭，知道這是丹尼拐彎抹角說明他並不緊張的方式。跟一位他在乎的原住民女性進行性愛很讓人安慰。

一陣沉默以後，他幾乎是用講悄悄話的音量說：「有一次她坐在我腿上，那時候我正在喝早餐的咖啡。」我們兩個都知道這是他的觸發點之一，因為那個天主教神父從丹尼很小的時候，就叫丹尼坐在他腿上。丹尼眺望著窗外說：「我想起妳，還有我們處理湯頭事件的方式。我對她說：『我不喜歡有人坐在我腿上。』她立刻站起來，看起來有點受傷又困窘，所以我說：『這會讓我想起在住宿學校裡曾經發生過很糟的事。這跟妳沒有關係。』她似乎了解了，而且沒有留下陰影。說實話，要說出那句話嚇壞我了。我討厭這樣，但我還是說了。我必須說出口，否則我們就會像我跟我太太一樣漸行漸遠，我不想要那樣。」

「親密是一種難以學習的語言，在不被鼓勵的時候尤其如此。但你辦到了。」

「幾乎沒有口音。」他幽默地說。

我問丹尼是否跟沙西娜同居，他露出微笑說他猜是這樣。因為她在幾個月前的一個週末來到他的住處，然後就沒再回家了。

丹尼又通過了另一個里程碑：有一週他過來說他跟沙西娜的弟弟去了一場祈禱儀式。他描述那個儀式既吵雜又擁擠，「不合我意」。我再次鼓勵他去參與某些原住民療癒儀式。

他照做了。他去了多倫多附近的城市漢彌爾頓（Hamilton），跟另外八個男人一起參加一個汗舍儀式。在儀式中，他們在一個提供遮蔽的圓頂屋中坐成一圈，中央有加熱過的石頭。他學到圓形的蒂皮（teepee）帳篷象徵懷孕的地母；岩石因為很古老，什麼都見識過了，被稱為祖父。岩石被加熱，參與者則一邊流汗一邊聊天。丹尼說帳篷裡熱到不可思議。有四輪的加熱，在第二輪，隨著汗水從男人們的身上流出，他們輪流傾吐自己的感受。這花了他們一整天的時間。

丹尼告訴我，置身於黑暗就像待在一個熱熱的子宮裡。他聽到糾纏他多年的同一句「可怕的鬼話」，從其他男人口中吐露出來。他感覺來自童年的毒液，從他的身體被釋放出去。他把這些毒素跟汗水一起排出，並且拿著毛巾把它們擦掉了。在他聽見某些男人因為濫用酒精而讓家人失望時，他想到他父親要是能夠分享他的痛苦，本來會想說些什麼。

在接下來六個月裡，丹尼開始參與各式各樣的原住民治療。他在菸斗儀式中，嘗試跟地母連結，並表達他的某些期望。他去參加談話圈，人在那裡開口說話，如他說的「講到他們講夠了為止，而這可以花上他們很久的時間」。他最喜歡的儀式是煙燻，一種淨化性質的煙霧浴，用來集中一個人的核心，並且移除負面能量。他跟沙西娜幾乎每天都做煙燻儀式，淨化他們的家與他們的靈魂。丹尼喜歡這個儀式，因為這迫使他去思考每天的能量，讓他每天早上踏在正確的道路上。

在我們的治療快要結束的時候，他有一次看著我說：「妳知道，妳是對的。」

「這句話真悅耳，」我這麼回答。

他搖搖頭。「白人就喜歡自己是對的。如果他們是對的，他們就要告訴你五十遍。」

「在知道自己說對了就高興這方面，我就像我的白髮與皮膚一樣『白』。讓我知道我說對了什麼，好讓我享受成功，」我笑著說道。

「白人的治療沒有靈魂，那是個中間有洞的麵團，」他說道。「我從妳那裡學到我有痛苦，還有如何理解它之類的，但其中沒有任何性靈層面，而這卻是最療癒的。我需要原住民的這個面向。」

在我們治療的最後幾個月裡，丹尼在冬天跟一支打獵隊伍去了一趟極北之地的露營之旅，沙西娜的弟弟也在其中。「我們必須埋伏等待一隻駝鹿，」他告訴我。「牠們是很容易受驚的動物，你必須盯著牠們從很遠的地方過來。牠們可以感覺到獵人在附近。但狩獵隊伍裡沒有人可以在零下四十度的寒冷中等那麼久。所以我說我來試試看。」

我忍不住得意洋洋地喊：「那些老歐吉布瓦人拚不過這個神出鬼沒的克里人。」

「妳說對了。我趴在那裡好幾天，但我抓到牠了。」

我開始毫無客觀性地拍手。在多數的案例裡，一位治療師表面上必須不動聲色。但既然我們的治療實際上要結束了，我希望對丹尼來說，我能夠不只是一個佛洛伊德治療師。他需要一個擁護者，一個站在他這邊不求任何回報、渴望他健康喜樂的人。經歷過嚴重創傷的人是麻木的，直到他們遇到某個有同情心的見證人為止。在他們相信那個人是真心誠意且值得信任以後，他們可以變成一個「真正的」人且勇於依附別人。

丹尼說狩獵之旅棒極了。他們設陷阱的時候，他想起小時候所有在雪地學過，關於埋陷阱的小訣竅。他也記得父親教他打獵技巧的仁慈與耐性，回想起這麼多事情讓他喜不自禁。從他五歲之後，他第一次感覺到祖靈與他同在。他告訴我這件事的時候面帶微笑，露出了他所有整齊的白牙，是個前所未見的笑容。

我看到那個沒有防備的微笑以後，知道我們共同的工作結束了。我很哀傷，但必須說出口：「丹尼，我們在這裡的工作已經完成了。你一定感覺到了。」他站起來，我們兩個都知道這是最後一次治療。他克制著情感，我也是。他就只是轉身走了出去。

我透過窗戶注視著他，看著這個一度讓我害怕，現在感覺像個兄弟的男人。他穿著皮革飛行員夾克與蛇皮靴大步走出去，髮辮在他身後擺動。

9 重聚

丹尼奮戰並且贏得了他人生的戰役，其他人要是處於那樣的環境下，本會屈服於心理疾病或物質濫用。為什麼會這樣？我想，第一個原因在於丹尼的人格特質與氣質底蘊。他母親在這個案例裡出現的次數非常少，但她曾經點出丹尼性格的一個關鍵：「總是很固執。」換句話說，他不會動搖。他做了決定，就絕對不讓任何人破壞並堅持到底。他決定不喝酒，然後也就像他母親說的**固執地**，或者如我所說**充滿決心地**堅持到底。第二，甚至在還是一名孩子的時候，他就一直獨來獨往。他沒有別人多半都有的社交需要。舉例來說，他姊姊蘿絲留在父母身邊，設法要得到他們的愛，即使他們的狀況變得愈來愈差，最後她自己也跟著他們一起沉淪。第三點，比任何內在特質更重要的一點是，丹尼從出生到五歲為止，擁有功能良好的父母給予的愛與溫情，那是一個孩子最具可塑性的年紀。如果丹尼的父母像許多原住民父母一樣上過住宿學校而受到傷害，丹尼本來可能落入一個非常不一樣卻也更可悲的境遇。

丹尼曾經建立心理學中最強而有力的防衛之一：人格解體，切斷了所有自己的感受。這是完美的盔甲。他這個完美武器的唯一問題，是他幾乎無法依附任何人，或者感受到生命的樂趣。如同他在我們最初一起工作的時候說過的：「我不需要喜悅。」某種程度上，他是對的。有感覺比較好，還是維持神智清楚比較好？有許多年，他選擇後者。

雖然十三年來，他被細心灌輸要棄絕原住民身分這個觀念，他還是頑固地拒絕。在他的人生裡，有過一些動搖的時刻：他還是孩子的時候，曾經在告解室裡懺悔這個身分有多「罪惡」，而且聽到克里語時會感覺焦慮。然而丹尼是個勇猛的戰士。他留著綁成辮子的長髮，宣告他的傳統。而他來做了五年的治療，一點一點重新取回他被偷走的身分。

對我來說，丹尼是個不尋常的例子。首先，這個案例教我很多關於多元文化治療的事情。這個例子闡明了悲傷的事實：白人社會的機制與態度毀了他的家庭動力，還產生延續超過一個世代的後果。我必須面對這個令人不安的事實，亦即我屬於這個曾經嘗試同化並消滅原住民文化的團體，我是他們其中的一員。無怪乎丹尼對我有信任問題。

第二，這個例子教導我心理治療的限制。心理治療並不是設計來處理文化滅絕的，這是布蘭特醫師很早就向我釐清的事。我召募了一小批原住民治療師，來提供心理治療無法提供的性靈療癒。這是我第一次領悟到心理治療在文化層面上的特殊性，而我必須正視那些限制。

在丹尼成為我的病人前幾年，我曾經登記加入皇家安大略博物館（Royal Ontario Museum）的一個茅香草籃編織課程。我花了好幾個月的時間，做了那個放在我辦公桌上的迷你籃子，迷你到只能裝大約四個迴紋針。丹尼覺得這個小到不行的籃子很好笑。如他所說：「幹嘛那麼費心做出這個籃子？」

在結束療程的面談之後過了幾週，我走進我的等候室，發現一個漂亮的大茅香草籃子，上面有很不尋常的視覺圖案。那是個美得驚人的原住民手工藝品，屬於蒐藏家等級的品項。我知道它年代古老，而且用馬鈴薯染色做出錯綜複雜的設計。

我深受感動，這個籃子擺在我家門廳最重要的位置。十年後我家重新翻修，搬家工人將我們的東西打包擺進儲藏室。後來拆箱時，就只有那個茅香草籃子不見了。保險公司告訴我，它價值數千加幣，而且具有博物館等級的品質。我不在乎價錢，我只想要它回來。但我從沒再見到它——也沒再見到丹尼。

我後來發現丹尼開始指導別人進行性靈之旅，還參與了其他治療儀式。他是公認的好手，到處旅行參加會議，並且使用他那一行的種種工具。我之所以知道這一點，在於我不時會收到由丹尼轉介過來的原住民當事人。當事人會說：「丹尼說在我跟他工作之前，需要先見妳做點微調與翻新。」丹尼熱愛汽車與任何引擎，所以我把這當成一種讚美。

從我第一次見到丹尼到現在，幾乎已經過了三十年。我想讓他知道，我正在寫關於他的案例研究。丹尼現在會是七十歲了。

我追蹤到他現在已經快九十歲的前任雇主，問他丹尼過得如何，電話裡傳出一聲嘆息：「丹尼在他五十出頭的時候死於喉癌。」我太過震驚以至於沒能多說什麼。雇主說：「他從不抱怨。他掉了體重，時時刻刻都在咳嗽，聲音嘶啞卻還在工作——就像他太太跟女兒過世的時候。他一倒下，就只撐了幾天而已。他要求埋在他女兒旁邊。」

老闆說他去了葬禮，然後很訝異看到那裡有數百位多數穿著儀式服裝的原住民。有一個女人，他假定是丹尼的女友，用原住民語言唱了一首歌，然後男人們打著他們帶來的扁平大鼓。就在我快要掛電話的時候，雇主補充了一件事：「得喉癌是很奇怪的。他工作上從來沒有用到石綿或其他會害他得喉癌的物質。我絕對不會讓我的工人做那種事。我很納悶是什麼導致的。」

我想這也許跟他整個童年都必須嚥下的克里語字詞有關，這些字詞待在黑暗中變成了疾病。他的住宿學校把克里語從他身上打了出去，但那種痛苦名符其實地黏在他喉嚨裡，在身體上提醒他，他曾經英勇地忍受過什麼事情。

Ikosi（再見），丹尼。

艾倫娜

殘酷，就像其他每種惡行一樣，
不需要自身以外的動機，只需要機會。

——喬治・艾略特（George Eliot）

1 泰德・邦迪粉絲俱樂部

知名的法國心理學家皮耶・賈內（Pierre Janet）曾經這麼說明人類的精神：「每個生命都是以所有可用手段組成的藝術品。」艾倫娜是帶給我最大滿足感的病患之一，確實用上了每種可用的手段，而她維持神智清明的某些方法實在太過巧妙，堪稱藝術。

艾倫娜所受的虐待很嚴重且持續不斷。但我會開始理解到，邪惡暴行雖然如此恐怖，卻遠遠比不上人類精神的榮光。這名年輕女性的人格力量、才智與母性直覺，拉著她熬過創傷。跟我認識過的任何人相比，艾倫娜最能表現出心靈能夠承受多少事情，還保持完整無缺。

艾倫娜是一位心理治療師同事轉介給我的，那位同事的專長是性別議題。這位同事的開場白是描述她起初怎麼聽說艾倫娜這個人的。

多年前，她有位病人名叫克里斯多佛，她一路照看著他變成了「珍」。克里斯多佛是一位語言學教授，在子女上大學以後跟妻子離了婚，接著開始他從男性變成女性漫長又艱鉅的轉變。跨性別心理治療的當事人現在比較普遍了，但在四十年前克里斯多佛轉換性別的時候，這種案例還非常罕見。不但一般大眾比較不接受，性別轉換荷爾蒙與手術也比今日更原始。我的同事幫助他度過這個過程裡最痛苦的階段：移除他的性器官，並且引進女性荷爾蒙，這對身體系統來說負擔很大。在當時，這個領域還是個很小而新的次專業，而且性別轉換要花上好幾年。儘管面臨這麼多險境，特立獨行的珍在身體上與心理上都恢復良好。

在一九九六年十月，我同事接到珍（過去的克里斯多佛）的電話，問她是否願意治療她的伴侶艾倫娜。珍解釋說艾倫娜是一位女同志，而她自己長期以來也認同自己是女同志。這對伴侶共享對電腦語言的興趣，是在大學圖書館的電腦部門認識的，已經快樂地同居十一年了。

由於一般來說心理師為同一個家庭的成員做個人治療並不是好主意——對病人的忠誠會變得模糊不清。做為替代，我的同事把病人轉介給我。在我問起問題的性質時，她回答說她的前病患珍只說：「文字無法形容。」一位語言學家都這麼講了，說明了很多事情。

我同意見艾倫娜，她當時三十五歲，幾乎比珍年輕了二十歲。這個案例帶給我許多初體驗，從最一開始，我剛踏進等候室要會見艾倫娜的時候就發生了。通常病人是坐著的，然而艾倫娜卻站著面對我，背後緊貼著這裡唯一的窗戶，就像是立正狀態的士兵，瞪大的眼睛看起來充滿恐懼。

她的容貌如同小精靈那樣標緻，骨架細緻，有著自然鬈的草莓金色短髮，皮膚白皙，略帶雀斑的臉上沒有化妝。她沒扣鈕扣的格紋法蘭絨襯衫底下，穿著一件灰色T恤，搭配卡其色工裝褲，還有黑色的高筒跑鞋。（我替她治療這麼多年，她都穿著同樣類型的服裝，只有微幅變化。）

我希望讓她冷靜下來，提議去拿些茶水。然後我帶著她進到辦公室，她在那裡坐在一張椅子的邊緣，隨時準備逃跑。我們一拿著茶坐定，我就問我能為她做些什麼。「可能沒有，」她這麼說，不帶有敵意，反而像是單純陳述一個事實。我問是什麼在困擾她。她低頭面露微笑，然後抓抓她的手，那雙手是亮紅色的，就好像她曾經把手泡進甜菜汁裡。「我猜我很緊張，」她說道。這時她的呼吸很短促，一抽一抽的，聽起來像是《小火車做到了！》（*Little Engine That Could*）裡在爬山的小火車。她如此蒼白，連她的雀斑都在褪色。為了避免她昏倒，我鼓勵她喝口茶。

在我問起她的家庭生活時，艾倫娜說她是在英屬哥倫比亞的魯伯特王子港（Prince Rupert）被帶大的。在艾倫娜將近三歲的時候，她母親離開了，她先前被兒童援助協會（Children's Aid Society）宣告不適合育兒。在那之後，是她身為酒精藥物成癮者的父親在撫養她跟妹妹葛蕾卿。艾倫娜繼續解釋，她父親栽贓陷害她母親，把海洛英塞到她口袋裡，然後打電話給警察。在警方抵達的時候，艾倫娜的父親直指他太太曾經在卡加利（Calgary）做過雛妓，就像艾倫娜所說的，「這不是什麼優秀的遺傳」。她母親當時二十二歲，在法庭裡奮戰要保住自己的孩子，但艾倫娜的父親被認為是比較負責的家長，因為他被貼上了「天才」的標籤，又在一家大電腦公司裡有令人稱羨的工作，擔任程式設計師。幾年後這家公司開除他，因為他濫用毒品與酒精又行徑怪異。

我想知道像是什麼。艾倫娜說，他有一次殺死一隻名叫通電電線（Live Wire）的貓，牠原本住在公司的倉庫裡。「他為了好玩把那隻貓電死，在牠脖子上綁了個告示，上面寫著『現在我的名字就是電線（Wire）了』。他被開除的時候，才發現這對其他人來說沒那麼有趣。」

虐待狂也就是從施加痛苦或羞辱之中得到樂趣的人通常不知道，他們的行為在別人看來有多令人反感。到最後，就像艾倫娜的父親一樣，他們學到去結交其他虐待狂當朋友，這些人會認可他們的脫軌傾向。

在我問起更多關於她父親的問題時，艾倫娜告訴我這樣稱呼他讓她很難受。（這稱呼也讓他很難受，他要求兩個女兒直呼他的名字亞特。）艾倫娜要求我在講話或書寫中絕對別再用到**父親**這個詞彙，叫他亞特。

在第一次治療結束時，我設法要理解為何在辦公室裡讓艾倫娜這麼心煩意亂。「我怕如果妳知道我腦袋裡有什麼，妳會把我關起來，」她坦承。

一位治療師總是要處理這種難搞的恐懼，因為如果艾倫娜**確實**對自己或他人造成危險，她的確就必須被強制入院。既然她母親被塑造成一個沒有道德又無能的毒蟲，艾倫娜可能害怕碰到同樣的介入。我不想嚇著她，所以我選擇不直接處理這個議題，反而問她是否能描述她的症狀，一個就好。「跟我說一個不造成妳生命威脅的症狀，我們可以在下個星期探究它，」我這麼建議。

「某些東西會讓我噁心，我會乾嘔。如果我不馬上離開，我就會無法克制地噴出嘔吐物。」

很明顯，要從這名病人身上蒐集到完整的歷史，可能超出她的能耐。她雙手充血、過度換氣、瞳孔擴大的生理反應，是表現她內在極度混亂的外在徵兆。我們會謹慎地前進。

在我們下一次的治療時間裡，艾倫娜帶來一張會導致她噁心、乾嘔或吐出來的觸發點清單。我問這些症狀如何影響她的工作。她說她已經在一間法律事務所工作好幾年了，每次她不舒服就離開房間，需要離開多久就多久，沒有人會質疑她。

在我問起她的法律證照資格時，艾倫娜說她上過不到一年的大學。在二十出頭的時候，她在這家事務所的ＩＴ部門找到工作，一路力爭上游，現在她多數時候的工作是準備出庭的案件摘要。這透露她為本市數一數二的法律事務所，在數百萬加幣的案件中執行重要的法律任務。不過既然她不是律師，就從沒拿過律師的薪水。艾倫娜有近乎照相機般的記憶與高智商，可以同時在好幾個案件上工作，所有細節在她腦袋裡都整理得清清楚楚。雖然她最愛的範疇是家庭法，她曾經研究過自己童年時的案件，事務所最器重的卻是她對專利法的知識。他們需要艾倫娜。如她所說的：「我拯救過在水深火熱中的他們好幾百次。他們知道我很怪，但他們就是管不著我。」艾倫娜可以照自己的意思上下班，「但如果他們在法庭上有個大案子，我可以眼睛眨都不眨連續熬夜好幾天。」顯而易見的問題是，為什麼在那麼多優勢底下，她本身不是一個律師。但我克制自己不問這個問題，在狀況還不穩定的時候，她最不需要的就是任何形式的正面對質。

這時候艾倫娜變得更公事公辦，她拿出一張紙，上面寫出她的觸發點。「在我清單上，第一件會導致我噴射性嘔吐的事，」她開口說道：「就是魚的味道。我無法穿過美食街，怕在隨便哪個桌子上噴出嘔吐物。」我問為什麼，她冷靜地揭露從她四歲到十四歲，亞特都在強姦她。他告訴她，如果她不享受跟他做愛，他就會對隔壁房間的葛蕾卿動手。年幼的艾倫娜根本不知道在這種實際上會傷害又羞辱她的活動裡，要怎麼樣能看起來像是很享受。「我一直很愛數學，所以我以前會在他強暴我的時候數壁紙上的花，然後編造關於花朵的數學問題，」她說道。「在我八歲的時候，我終於學到怎麼為他發出聲音，讓我自己變得濕潤。我痛恨自己這樣做，我也痛恨他，但我救了我妹妹。他讓我做這件事，一直到我像他說的一樣，『聞起來像條魚』為止。所以魚讓我作嘔。」

對於這種驚人暴行，我並沒有顯露出震驚。我從其他承受過極端處境的病人身上學到，如果我有一點這些事情遠遠不合常理的意思，他們就會變得害怕而三緘其口。艾倫娜不習慣同情或同理。隨著時間過去，我會逐漸知道她覺得同情跟同理很虛偽又怪異，讓人感到疏離。後來，她用這種方式來解釋她的感受：「如果妳有一天回家去，然後妳父親開始講話像個和顏悅色的幼稚園老師，妳可能會嚇壞，或者至少發現事有蹊蹺。唔，別人展現同理心的時候我就是這種感覺。」

她的症狀清單上的第二樣東西是輕輕的碰觸，這是亞特靠近她的方式。這會讓她乾嘔。第三件事是咀嚼聲，或者，照她的說法是「咂嘴聲」。這個還是跟亞特做過的噁心事情有關，如果她沒有表達愉悅，他會咬她的外陰部。

第四件事是浴室。在任何浴室裡，她都得屏住呼吸。我問她為什麼，她就衝出辦公室，在洗手間裡吐了。艾倫娜跟我做治療的這些年，從沒有揭露她父親在浴室裡對她做了什麼。她說，如果她講出來，這件事就會變得很真實，她可能就無法「回到這個世界了」。

艾倫娜對這個題目的不情願，讓我很矛盾。在任何以佛洛伊德為範式或相信無意識存在為基礎的治療中，目標都是把無意識的材料往前帶進有意識的心靈，好讓病患不再照著他們無意識的強勁需求行動。創傷事件需要被揭露，好讓病患能夠在全心支持的治療師面前重演這些事件，這時治療師可以幫助他們熬過焦慮、羞恥或罪惡感。然而當時我已經執業夠久，知道沒有任何作法是絕對正統的，也沒有病人是一模一樣的。透過艾倫娜，我開始領悟某些經驗就是太難活著經歷兩次。

整張艾倫娜所謂的「嘔吐項目」清單，都以她頻繁的被強姦經驗為基礎。她說最噁心的是亞特逼迫她表面上要配合他假高潮。她說：「我可以活著撐過強暴的身體折磨，相信我，四歲小孩的陰道很小。可是最糟糕的傷害，或者說上天在我人生中每天持續給我的『禮物』，就是假裝跟亞特在享受高潮的閃回畫面。那些影像在心裡若隱若現，回想此事的羞恥讓我很難呼吸，就好像胸口被老虎鉗夾住。」

我點點頭。長期來說，羞恥總是比肉體痛苦更長久。「回想起讓人感到羞恥的回憶，原來經歷過的事會再度歷歷在目。」我說道。

儘管艾倫娜有過那樣恐怖的人生經驗，她還是可以相當逗趣，黑色喜劇正是她的強項。舉例來說，在她第一次看到《當哈利遇上莎莉》（*When Harry Met Sally*）裡面梅格・萊恩（Meg Ryan）在餐廳裡假裝高潮的著名場景時，她說她五歲就學會這招了。她終於搞清楚她需要做些什麼，那一晚剩下的時間才能清靜。如同艾倫娜所說：「亞特不只是個強姦犯還極端自我中心。他需要相信他是個很棒的愛人。」

他也讓艾倫娜跟他的朋友們做愛。他告訴他們她是個陰道很緊的色情狂，在他跟那些酒醉、嗑藥又有虐待狂的朋友們心目中，這完美極了，讓他在戀童癖夥伴裡有了特別重要的地位。有時候如果他手頭拮据，他就會要他們付現金。

《計程車司機》（*Taxi Driver*）是亞特最喜歡的電影，他著迷於茱蒂・佛斯特（Jodie Foster）扮演的雛妓。這位女演員跟艾倫娜同一年出生，而且她們看起來有幾分相似，特別是在十二歲的時候。亞特買了茱蒂・佛斯特在電影裡穿的同款粉紅色短褲與上頭有花朵的襯衫，要艾倫娜在他強暴她的時候打扮成這樣。他要她講出茱蒂・佛斯特跟勞勃・狄尼洛（Robert De Niro）對話時講的俚語。

好像這樣還不夠糟，在他們的性接觸裡，亞特會要艾倫娜喝酒嗑藥——從大麻、古柯鹼到致幻劑在內的任何東西。然後從她大約六歲到十四歲為止，她大約一週服用一次ＬＳＤ。驚人的是，她並沒有藥物導致的精神病，或者任何藥物效果閃回。曾經嗑過大量藥物的人，通常會有閃回經驗，而且會苦於幻覺、被迫害妄想與感覺混淆，甚至在停用多年之後都還會有。

艾倫娜說她自己是女同志，她告訴我她「生來如此」，不認為這跟她過去受到的剝削有任何關係，並不是那些經驗「把她變成」女同志。從她開始察覺到性傾向的概念以後，她就一直認為自己是同志。她從來沒有受到男性吸引，而且一直都有傳統上屬於男性的興趣，從組裝電腦、在空手道、柔道與踢拳之中與人競爭，到玩暴力電玩都包括在內。艾倫娜並沒有把她的同性戀傾向看成是焦點議題，我也沒有。

在我問起她現在跟珍的性生活時，她說她不管什麼時候對性都沒有感覺。「我有很多身心上的傷疤，珍也是。我們兩個都不怎麼喜歡性愛。對我來說，**很棒的性**這個詞彙聽起來像是矛盾修辭。」她跟珍都經歷過太多事，很樂於就只過著安靜體面、無風無浪的生活。如同艾倫娜的說法：「我有很重要的事情要做，像是維持我的神智健全。」既然她不認為缺乏性欲是要處理的問題，我決定把焦點放在她更迫切的問題上。

在我問起她父親的肢體暴力時，她說直接針對她的少之又少。她通常超前亞特幾步——知道什麼時候該消失，還有要如何安撫他。然而，艾倫娜的母親還在家裡的時候，亞特確實定期揍她。

艾倫娜童年最嚇人的事件之一，發生在她大約六歲、葛蕾卿三歲的時候。她們跟亞特搭著他們自家做的木筏沿著一條河流前進，這時候磕LSD磕嗨了的亞特「突然間勃然大怒，把我妹妹跟我推下木筏，然後就自己回到岸上去，」她這樣回憶。他喊她們是「女魅魔」（succubae），別再裝成小嬰兒，學著游泳吧。「葛蕾卿開始溺水了，我也是，因為我企圖讓她上浮出水面。」

亞特的朋友提姆，一個曾經因為兒童色情刊物及其他性犯罪而入獄的男人，在岸上對著亞特的怪異動作大笑。「他終於明白我們真的快溺斃了，葛蕾卿已經滑到水面下了。」提姆游過來救了她們。她們喘著氣又驚恐無比地回到岸邊，葛蕾卿必須做心肺復甦術。提姆打了亞特的嘴巴一拳，跟他說太過火了。亞特說：「我猜你說對了，我差點殺死了下金蛋的鵝。」

艾倫娜說，她記得那一天像是一部慢動作的電影。葛蕾卿再也不一樣了，已經有了恐懼症。艾倫娜領悟到亞特寧願讓她們去死。「但最不可思議的是真正幫助我維持神智健全的事，是提姆說亞特是個『病態的混蛋』。那是我人生中第一次，對於亞特這個人的不對勁有了一點概念。我本來以為是母親跟我有問題。亞特經常喊說我就像母親是條『冷感的母狗』。我不確定那是什麼意思，但我猜那很邪惡。」

「做為一個孩子，妳根本不知道妳被強暴了，只知道妳不合作又**冷感**，不管那是什麼意思。」我總結。

出於好奇，我問提姆是否曾經再幫助她們。她說，他會救她們唯一的理由，就是他不想成為謀殺共犯。他不像亞特，他已經坐過牢了，不想重回監獄。他跟亞特大吵一架，但他們仍然是一輩子的好友。如同艾倫娜所說的：「妳還能往哪去找既是虐待狂、**又**熱愛兒童色情**還有**性虐待的朋友呢？」我同意這是個精選的小圈圈。

亞特之所以認識提姆，是透過泰德・邦迪（Ted Bundy）粉絲俱樂部。泰德・邦迪是一名惡名昭彰的美國連續殺人犯，在先姦後殺（有時候是反過來）並肢解三十位女性以後，在一九八九年終於被處決。他逃獄兩次，每次都繼續殺人。他就像亞特，有很高的智商。邦迪上過法學院，為自己做辯護。亞特模仿邦迪，在審判中做自己的辯護人，讓他的妻子被宣告為不適任的母親。邦迪高大、黝黑又一表人才，亞特則是個又矮又瘦滿臉雀斑的紅髮男子，幻想著自己就跟泰德・邦迪一樣邪惡，一樣具有毀滅性的俊美外貌。關於前者他說對了，後者則錯得離譜。艾倫娜以下的描述就好像她是在說某人的父親是當地扶輪會的成員：「每年十一月二十四日，他跟他的變態夥伴們會唱生日快樂歌，並且向泰德・邦迪舉杯祝賀。他們有定期的泰德・邦迪粉絲俱樂部聚會。」

邦迪收到數千封來自女性粉絲的情書。亞特愉快地討論邦迪受女性歡迎的程度，說所有女性內心深處其實都真心喜歡殺手跟強姦犯。提姆跟亞特都把邦迪當成偶像崇拜，而且也想被愛慕，就像邦迪的粉絲很「愛慕」他一樣。直到她變成青少女為止，艾倫娜才發現泰德・邦迪其實不是英雄。

我省略了這個案子大部分可怕的細節，因為這些事情對許多人來說都太令人難過而難以消化。在我向一位精神科醫師詢問讓艾倫娜用藥的可能性時，就連她都覺得艾倫娜的故事慘不忍聞。她眼中含淚，問我如何能夠這麼實事求是地談論這樣恐怖的事情。

我思考了一會，然後領悟到這可能要回溯到我的童年。我主要是交由父親在扶養。從四歲到十三歲，我跟他一起在藥店工作與遞送藥品。我看到許多嚴峻的狀況：貧窮、賣淫、孤獨死、被毆婦女與各種形式的精神疾病。然而如同我父親指出的，我的工作不是在那裡支持遞送路線上的每位客戶，如果有人需要幫助，我反而應該試圖叫警察或者救護車。我的工作是繼續移動直到送完所有藥品為止。如果我老是想著某個有需求的人，如果我被情緒支配，我就沒辦法完成工作。實際上，司機跟我送完貨常常天都已經黑了。簡而言之，我在早年就學會區隔化（compartmentalize）。

艾倫娜也學會了區隔化，甚至把黑色幽默當成一種方法，用來讓她的痛苦轉向。她有一次告訴我，她父親會忘記要留食物給她們。她跟葛蕾卿會搜索整個碗櫃，尋找任何可以吃的東西，包括生麵粉跟糖。她自稱是「生食運動的創始者」。你可能會很納悶怎麼會有人能夠在那種處境下找出任何具幽默感的事，但艾倫娜設法辦到了。那就是她的一種藝術。

2 外出到祖母家去

艾倫娜人生中的某些事件，聽起來就像直接出自〈小紅帽〉的故事，只是在艾倫娜的例子裡，祖母與大野狼是同一個人。

有一陣子，亞特靠著電腦公司給他的資遣費過活。在資遣費用完、申請救濟金又被拒絕以後，他在四千公里外安大略省柯克蘭湖（Kirkland Lake）的一處礦場找到工作。他只撐了兩星期就被開除了，但接著他留在那個小鎮上賣毒品。他離開以前把艾倫娜跟葛蕾卿寄放在他父母位於英屬哥倫比亞基蒂馬特（Kitimat）的家裡，這時他父母都在教堂裡，深切投入在耶和華見證人（Jehovah's Witnesses）的宗教信仰中。亞特留下一張字條，說他會在六個月內回來，但結果拉長到兩年。

聽說當時七歲的艾倫娜脫離亞特的魔掌，進入一個有父母的虔誠家庭，我鬆了一口氣。艾倫娜很快就讓我從這種想法裡清醒過來。這位祖母就跟亞特一樣邪惡，不過方式不同。

我用了非心理學的詞彙**邪惡**來描述亞特跟他母親，因為沒有心理學詞彙可以適切涵蓋他們殘酷本質的寬廣度。**精神病態者**這個詞彙是最接近的。精神病態者缺乏同理心，有膚淺且表面的魅力，還有一股妄自尊大的自我價值感，而且是病態的撒謊者。他們也狡猾而善於操縱、沒有悔意，情感面很膚淺，拒絕接受自身行為的責任，沉浸於寄生蟲式的生活方式。亞特肯定展現出所有這些特徵，他母親也有其中好幾個。他們確實是精神病態者與虐待狂，不過比起這兩個範疇所涵蓋的內容，他們還有多得多的邪惡特徵。亞特跟他母親自成一個範疇，在任何心理學手冊裡都找不到。

亞特的虐待雖然恐怖，每次的發生時間都很短促。大多時候他太過自戀、只顧著自己，以至於根本懶得管教小孩，除非他受到直接影響。舉例來說，要是艾倫娜搶在他之前拿了食物，他會生氣，但如果她不去上學，他就不在乎。他母親就不是這樣，艾倫娜的祖母身為一個精神失常的宗教狂熱分子，有大量的精力可以摧殘她周圍的人。亞特有個姊姊，還是青少年的時候就待在某種機構裡。沒有人知道她的問題在哪裡，而且鮮少有人提到她。可是亞特就不同了，他是最受寵的孩子，不可能做錯任何事。艾倫娜的祖母是個很聰明但未受過教育的女人。她兒子在上學的時候一直贏得各種獎項，這是她聰明才智的證明，他的成就壯大了她的妄自尊大。同時她丈夫卻是個穿著吊帶褲的肥胖男子，整天坐在一把搖椅上什麼話都不說，有憂鬱症那種茫然度日的跡象。他的妻子必須叫他去洗澡。

在葛蕾卿跟艾倫娜被丟下的那天，她們被押著接受灌腸，此後天天都要做。她們被說成是「骯髒的小鬼，裡裡外外都很污穢」，毀掉了她們父親贏得諾貝爾獎的機會。她們的祖母認為有諾貝爾程式設計獎，那是她比較良性的幻想之一。

在我們的療程中，艾倫娜是個言詞溫和卻很有天分的說書人。她的故事會點綴著滑稽的觀察，像是祖母俗氣的家中擺設，包括穿著裙撐的瑪麗・安托涅特（Marie Antoinette）廁紙架。然而免不了的是，隨著艾倫娜深入那些實際發生在她祖母家中的事件，喜劇性的描述會往恐怖那面傾斜。她的雙手會變成發紅發癢的附屬品，艾倫娜會乾嘔或真的吐出來。我總是在她旁邊放個桶子。

我們花了好幾個月的時間，在祖母家發生的故事才全盤浮現。祖母發起的「清除艾倫娜身上的不淨」運動，結果造成她身體的傷殘。在艾倫娜二十來歲的時候，她必須動手術重建她的陰道與肛門，因為增生的傷疤損害了她許多身體功能。沒有一個醫師曾經問過她發生什麼事，她的外科醫師只說「他會做他能做的。」她永遠無法有小孩，她的家庭醫師向我證實了這個損害。

艾倫娜從八歲開始吃避孕藥。亞特第一次把藥給她的時候，就只說「吃下去」，所以她一次吞下一整把，到最後她學會一天吃一顆。她在十三歲時，因為內出血去看一位魯伯特王子港的婦科醫師，他問她吃藥吃多久了，從沒問為什麼一個八歲小孩要吃避孕藥。艾倫娜承受的性虐待已經很嚇人，同樣嚇人的是，儘管有各種身體與心理虐待的跡象，學校或者健康服務單位從沒有任何人干預過，就好像艾倫娜是個隱形人似的。

直到她去跟她祖父母同住為止，艾倫娜完全不知道外面的世界怎麼運作的。他們沒有電視機，她位於郊區的家也沒有近鄰，而她被告知不要跟學校裡的人說話。「亞特跟他在邦迪俱樂部

1 譯注：典故出自《綠野仙蹤》，主角桃樂絲要去尋求大魔術師奧茲幫助而必須走的一條路。

裡的瘋子朋友，就是我的世界的現狀，」她告訴我。「這似乎不像是黃磚路[1]，不過我假定這就是日常。」她祖母的家讓她大開眼界，看到另一個雖然很駭人又瘋狂的現實。艾倫娜說：「這裡有教堂還有教堂早餐，大家在這個場合討論並且接受的指引，都在講道德敗壞的泥淖讓人永世不得超生。」

艾倫娜剛搬進祖父母家的時候還不確定「性」是什麼，她根本不知道她跟亞特一起做的事情被認為是「性方面的」。然而透過耶和華見證人在王國聚會所[2]的禮拜，她被暗示這是某種可憎的事情。在教堂裡，狂熱的長老們大罵性的邪惡。艾倫娜了解到她父親違反了一種禁忌，而她也參與了這種令人厭惡的行為。試想一個小女孩突然領悟到亞特逼她做的事情，被認為噁心到可能把她永遠擋在「神的王國」之外。她說：「我完全不知道神是何許人，但祂聽起來比亞特還有祖母都好上千萬倍。可是話說回來，誰不是啊？我喜歡神那個接納每個人的王國。但接下來我就領悟到，在我做過那些事情以後，祂永遠不會接納我，我心碎了。」

在那段時間裡，她第一次產生身體扭曲的幻覺。她祖母堅持要她天天穿著燙過的棉質洋裝。艾倫娜相信她有巨大的、每個人都看得到的生殖器官。她說這些生殖器官隨著血液搏動，很大而且是紫色的，懸在她的洋裝底下幾乎垂到地板。這種時候，她會幾乎陷入緊張性的僵直狀態。（緊張症〔catatonia〕是一種伴隨心神恍惚動彈不得的狀態，很像動物的冬眠。）她整天坐在一張椅子上不願意起身，就怕別人會看到巨大的生殖器官在她走路時搖晃。她拒絕去上學，也沒有人逼她去。

我希望在這一片暴行的汪洋之中找到一個仁慈的舉動，就問她是否能想起一件暫住在祖父母家時發生的好事。她想了很久。「有一次，除了去教堂以外從來不離開椅子的祖父，眼睛沒看我，靜靜給了我週日版報紙上的漫畫。」她淚眼朦朧，哽咽著說：「我仍然可以看到那個頭版上包括〈吉格斯與瑪姬〉（*Jiggs and Maggie*）[3]在內的連環漫畫。」她閉上眼睛，露出微笑，然後補充：「我還可以聞到報紙油墨的味道。甚至到了今天，我都還可以畫出每一格漫畫的每一條線還有對白泡泡。」在我告訴她那個漫畫其實叫做《教育父親》（*Bringing Up Father*）的時候，她搖搖頭說道：「真是諷刺的標題，多年來我一直在把父親『嘔出來（bringing up）』。」有關她無所不在的「嘔吐觸發項目」。

她祖母在冬天給她一個睡袋，要她睡在跟房子相鄰的車庫裡。就算還那麼小，艾倫娜都寧願獨自待在車庫裡摸各種工具，同時她妹妹則在打掃房子。在晚上，她冷到用烤肉架外罩跟車子裡的地墊來當毯子。

亞特從沒來探望。然而他終於被皇家加拿大騎警踢出柯克蘭湖，他們把他押送到城市邊境外，叫他別再回去了。在那之後，他過來接兩個女孩。在他下一次強暴艾倫娜的時候，他對於她的生殖器感到噁心，那裡被他自己的母親弄壞了，但他說他會「盡可能做最佳利用」。艾倫娜告訴我，那感覺像是有一根熱鐵棒進入她，她幾乎昏了過去。

---

2 譯注：在耶和華見證人的教會中，習慣稱呼他們聚會的地點為王國聚會所。

3 譯注：〈吉格斯與瑪姬〉是歷史悠久的漫畫《教育父親》（*Bringing Up Father*）裡，一對愛爾蘭移民的藍領階級夫婦。這對夫婦賭馬意外中了大獎暴富以後，丈夫老想回去跟藍領朋友混，太太卻想打入上流階級。標題的意思就是指瑪姬一直努力想把吉格斯教成一個能達到上流社會標準的人。

到了這個時候，艾倫娜決定自殺。第二天她拖著身體到史基納河（Skeena River）的河岸，躺在一塊岩石上，希望能死於暴露。她記得自己心想，她就熬不下去了，她實在太疲倦，連手臂都抬不起來。這樣的折磨她一天都不能再忍。現在她八歲，年紀比較大了，感受到的不只是她一向知道的混亂、痛苦、無望與孤獨。自從住在她祖母家以後，還混雜著罪惡感與羞恥。她整個晚上都待在石頭上，在她醒來的時候，她的腿動不了了，那是失溫的開端。她鬆了一口氣，她開始邁向死亡了。

暫停一下回想這個場景，對我來說很有幫助。我相信這是艾倫娜人生中最重要的時刻，她在決定她要活著還是死去。許多人要不是實際曾經到過人生中的這個關卡，就是譬喻性的。無怪乎哈姆雷特的獨白在整個西方文學史上是最知名的。

要活，還是不要活，這才是問題：
哪一樣比較高貴——在內心容忍
暴虐命運的弓箭弩石，
還是拿起武器面對重重困難，
經由對抗來結束一切？[4]

任何認真考慮過自殺的人，都必須決定是否要活下來。然而某種程度上，我們不都必須做出同樣的決斷嗎？有時我們必須決定要改變或者維持原樣。我們會是安於世俗慣例的奴隸，還是做出突破、以我們想像的方式重造我們的生活？真正的改變可能蘊含了風險、痛苦，很可能還有焦慮與艱辛的工作，不過這是一種要活下來還是死的對決。我們在自己的故事裡全都是英雄或懦夫，就看情況與我們所做出的選擇。在岩石的這個場景裡，艾倫娜就像哈姆雷特，必須決定她要不要跟暴虐命運的弓箭弩石作戰。

維克多・法蘭克（Victor Frankl）在他的書《活出意義來》（*Man's Search for Meaning*）裡面，寫到他曾在納粹集中營裡面對同樣的難題。法蘭克概述了囚犯如何體驗到三種對自身嚴峻處境的心理反應。首先是震驚，其次是淡漠，第三是人格解體與道德畸變。法蘭克提出只有那些為自己的人生賦予**意義**的人才能過得好的論點。他指出每種情況都存在著選擇的自由，就算是在極端的苦難之中亦然。對法蘭克來說，最高的目標是愛。他設法對其他人仁慈，並且在等待中懷著能見到他妻子的希望。納粹無法奪走他身上的希望或仁慈。

艾倫娜在「暴虐命運」下生活，她承受的弓箭弩石再尖銳不過。然而她確實有選擇。如同法蘭克所說的，我們必須在苦難中尋找意義。他引用尼采用另一種方式說的話：「知道自己為什麼活下去的人，幾乎可以忍耐一切。」

八歲大的艾倫娜，半凍僵地躺在一塊岩石上，從沒聽說過法蘭克或者尼采，然而她的危機完全符合他們的描述。艾倫娜想起葛蕾卿如果失去了姊姊，必須要忍受什麼事。亞特注射她們的藥

4 譯注：此處翻譯引自彭鏡禧版《哈姆雷》（聯經，二〇〇一年），頁八十八。

物，對葛蕾卿造成的痛苦比艾倫娜來得大，而且葛蕾卿天性又比較柔順。艾倫娜知道她對葛蕾卿來說就是母親，也是擋在葛蕾卿跟亞特之間的唯一一人。亞特選擇艾倫娜做他的夜間性伴侶跟白天勢不兩立的仇敵。如果她不在了，葛蕾卿會是下一個受害者。艾倫娜決定了，自殺是一種自私的行動，為了妹妹她必須活下去。

她設法要站起來走回家，但她的腿太麻了，撐不起她。艾倫娜等到中午，等待陽光照射在她身上。起初她得用爬的，她的手臂比腿更快恢復功能。甚至沒有人問過她去了哪裡。

在艾倫娜告訴我她的決定時，她引用了普羅米修斯的神話。她讀到宙斯想要給普羅米修斯永遠的懲罰，就用鐵鍊把他鎖在一座山的一塊岩石上，每天都有一隻老鷹會來吞噬他的肝臟。因為普羅米修斯是不死的，他的肝臟每天晚上都會重生。艾倫娜說，她完全知道普羅米修斯是什麼感覺。她在史基納河岸上決定活下去的那天，意味著她自己的身體在象徵意義上被一個性獵食者一次又一次吃乾抹淨。大多數英勇之舉都發生在很短的時間裡。但艾倫娜就像普羅米修斯，選擇了日復一日的磨難。這是**真正**英雄的舉動。

這種母性直覺是無私的，幫助艾倫娜從岩石上起身。「那是我狀態最差的時候，」她告訴我。「我覺得自己真是可恥，竟敢想拋棄妹妹。再加上我失去圖靈以後一直很傷心。」圖靈是她心愛的貓，她生活裡少數一個恆常的存在。他跟艾倫娜的名字都來自艾倫．圖靈（Alan Turing），被尊為電腦之父的英國人。很諷刺的是，亞特的偶像圖靈也受盡折磨，在當時的英國，同性戀行為被視為犯罪，他被控「行為不檢」，被法庭逼迫在坐牢與化學去勢之間做選擇。他最後在一九五四年自殺，年僅四十一歲。

我設法說服艾倫娜，她沒有什麼好羞恥的——事實上正好相反。「妳是個英雄。整個童年裡妳都是戰俘，然而妳每天早上爬起來，維持神智健全。妳這麼做是為了拯救妳妹妹免於妳承受的苦難，妳比我遇過的任何人都勇敢。」應該有個獎章頒給像她這樣的孩子。我對此感受實在太過強烈，以至於沒發現我拉高了聲音，情緒來到了最高點。

艾倫娜真情流露，這在她治療中只出現過兩次，這是第二次。她眼中盈滿淚水，同時問我是不是真心的。

「我是。我甚至想寫本書談像妳這樣勇敢的人，」我回答：「對我來說，勇氣不是單一的行動。是面對不可能贏的狀況，還每天起床重演整個苦難。」我自然而然地說出這句話，因為我真心這麼想。然而在心理學詞彙裡，這是一種治療上的設計，稱為重新框架，我在蘿拉這個個案裡也用過。艾倫娜不該把自己看成一個想死的懦夫，她需要看出自己很勇敢，忍受折磨，同時又維持神智健全。我相信這方法對她的幫助，勝過我用過的其他任何技巧。我知道她的經歷，可以為她重新框架種種事件與模式。

這是我們第一年治療的尾聲，而我慢慢了解到艾倫娜是我治療過受虐最嚴重的病人。我大多數時候聽著，但我能夠見證她殘忍的證言，並且把這重新框架為她個人的力量。

一個人的自尊或者自重感也就是自我（ego），是在童年早期開始發展。通常有父母在旁協助，自我調節我們的本能與現實。艾倫娜的自我在最佳狀況下也只能說是脆弱的，她不被容許建立自我。對於現實、自我感受還有如何在這個世界裡探索，每次她企圖建立起某種認知，她父親或祖母就會把這種認知撕成碎片。我擔憂的是，有時候自我虛弱的人會失去他們對現實的掌握。所以對於艾倫娜，我想要慢慢來，先強化她辨識自己的感受，然後以此為基礎往上蓋。

療程進入第二年時，我注意到艾倫娜似乎在貶抑自己的才智。她在工作上成功時，她會說她能夠釐清問題，只因為事務所裡的人是「對現狀渾然不覺的白痴」。我很懷疑她只比白痴聰明的說法。她有驚人的記憶力，可以寫很好的詩，而在晚上她會讀數學與物理學書籍。除了很享受跆拳道與空手道以外，她玩暴力電玩的能力實在太好，讓她打進全國冠軍賽。她甚至寄信給遊戲公司，提供改善產品的主意，結果其中一家提議要給她一個程式方面的工作。不過在我為此稱讚她的時候，她說：「只有腦袋空空的阿宅才玩這些遊戲，所以公司老闆們發現有人竟然長了腦幹，一定很震驚。」

她也拒絕去想她的才智，因為她不想要任何從亞特身上繼承來的特徵。她不只身體像他一樣有同樣蒼白的膚色、雀斑、紅褐色頭髮與瘦弱的身形，她也有他的天才頭腦。父女倆在程式設計還有其他心智訓練上都可以有所成績，其中也包括了文字遊戲。「請記得他是個病態的混蛋，」艾倫娜對我說道：「所以我不想有任何地方像他，光想到就讓我想吐。」就像她用指甲剪來理髮忽視自己細緻的美貌，她也藉著否認自己的智商來忽略她犀利的腦袋。

此外，艾倫娜還代入了亞特心目中的她是一個笨蛋的形象。在別人告訴妳某件事上千次以後，妳就會相信那件事了。艾倫娜說她很擅長愚弄別人（我本來應該更注意這番自白的），她並不聰明，只是很狡猾。所以有一天她走進我辦公室，我用魏氏成人智力量表（Wechsler Adult Intelligence scale），所謂的魏氏智力測驗（WAIS IQ test）突襲她。事先沒有任何預警，因為我知道她會很苦惱。我覺得這樣有助於打消她自認不聰明的幻覺。

在我測試過的人之中，艾倫娜的智商是最高的，為人口中的百分之九十九點二。她氣餒地說：「喔不，祖母就說亞特的ＩＱ有這麼高。」我指出雖然他有很高的智商，他**也**是個虐待狂兼性變態，這是三個分開來的範疇。「泰德・邦迪是法學院學生兼謀殺犯，這不表示所有律師都是謀殺犯。會有數以百萬計的人超想要像妳這樣的智商。」我說她應該心存感激，從他身上得到**某種**好東西。她既漂亮又聰明，雖然美貌與頭腦無法保證得到美好的生活，卻可以讓過程比較平順。在她做治療的這些年裡，艾倫娜確實開始重視她的智商，她的自我價值也有大幅進步。

在智商測驗後一個月，艾倫娜在我的建議下要求法律事務所給她加薪。那些從沒有過任何個人權利的人，會覺得很難突然堅持自我主張，而這個可能性導致她極大的焦慮。我們預演了這個會議許多次。

事後，艾倫娜告訴我，當她去跟那個員工多達四百人的法律事務所創辦合夥人商量時，他冷冷一笑。他指出，既然她連法務助理都不是，她應該要滿足於她「史無前例的自由」。艾倫娜覺得被蔑視到了極點，以至於她近乎崩潰，但接著某件怪事發生了。「小吉，」她說道，這是她給我的小名：「我像鳳凰一樣從灰燼中升起。我假裝我是妳。我把妳的心智拉下來罩住我的耳朵，然後開始對那個合夥人大發飆。我告訴他，去找別人迅速檢查他們重要的專利申請，去讀那些看來都大同小異的專利，找出某個工程設計跟另一個工程設計在哪方面不一樣，然後在二十四小時內寫出三十頁的報告說明那些差異。我是辨識各種新產品差異的女王，他也知道這一點。」

專利部門及其他部門的人來替艾倫娜說話。他們仰賴她的能力，從她的工作裡賺錢，而且功勞通常算在他們頭上。艾倫娜的薪水加倍了。第二年，她獲得了驚人的紅利。

雖然艾倫娜在她的生活中大有進展，這正是治療的重點，但這段時期對她來說卻壓力極大。我稍稍敦促她去申請法學院，或者開始進修進階的數學學位。她提出異議說她無法專心。在我問她理由的時候，她敞開了心扉。在超過一年的治療之後，艾倫娜終於開始告訴我，她腦袋裡真正的想法。

3 錄音帶

艾倫娜一次描述亞特是「總是不斷付出的藝術家（Art-iste）[5]」。他留給她的遺產是他的聲音，她說那聲音被保留在她腦袋裡循環播放的「錄音帶」裡。離開她那刻意屈就的舒適圈，她的壓力愈大那些錄音帶就變得更有侵入性。

我要她解釋帶子的內容。「這個嘛，昨天我在讀一個關於溫度計套筒的文件，我必須證明它跟其他溫度計套筒有什麼不同，並且為它為什麼應該有自己的專利辯護，」她開口說：「那時在播放的錄音帶是亞特說：『**妳**做不了這個。妳甚至連加法都不會。妳對工程什麼都不懂。』然後變得幼稚，他叫我『被撕碎的鮑魚』，持續也許有一小時。我必須試著忽略它並且思考，同時那尖叫聲卻在我腦袋裡迴盪。」

我開始認為是艾倫娜的高智商才讓她有辦法維持正常功能。就算她經常被干擾分心，她還是可以有高效能的表現。

5 譯注：艾倫娜經常拿父親的名字亞特（Art）來開雙關語玩笑。

這些錄音帶在高壓情境下會惡化。「這就是為什麼我會避開太重的責任，」她說道。「在我達到某個成就時，亞特會大喊『妳他媽的騙子』，聲音大到讓我心臟怦怦跳。』」艾倫娜描述這點的時候，明顯變得焦慮起來。我問她亞特在真實生活中是否這樣吼過，她說：「很少。他有其他控制的手段，他很享受那些招數。他喜歡鬥智遊戲。」我指出跟一個又害怕又依賴家長的小孩鬥智，不盡然是個公平的遊戲，事實上懦夫才這樣玩。

她描述了一個情境來說明亞特的惡意。「我小時候本來很喜歡拿數字來亂玩。我會玩骰子，將數字由小到大堆疊起來。但我去學校的時候嚇壞了，我想老師在耍我。」我很困惑，直到她告訴我說，亞特刻意教她錯誤的資訊。「他說二加二等於四，但二加三等於六。他說我很笨才會認為那樣加起來是五。」嘗試處理這種混亂的艾倫娜，苦於嚴重的頭痛跟噁心。「到最後，我根本沒辦法做加法。我會在學校交白卷，這樣比被嘲弄來得好。」沒有一個老師曾經聯絡家裡。

身為書蟲的艾倫娜說，亞特會撕碎她從圖書館借回來的書。「所以，我真心仰慕的圖書館員們收回了我的借書證。」

敘述到這的時候，艾倫娜低著頭坐在那裡，看起來心情低落。我又多探問一些，她指向我長得亂糟糟的聖誕紅，提到聖誕節要來了。而亞特總是會做些讓別人認為他很正常的事情，好比說弄棵聖誕樹來，但樹下通常沒有禮物。有一年亞特問她想要什麼，她說在這世界上她最想要的就是一張書桌，亞特給她一個洋娃娃，而想要一個洋娃娃的葛蕾卿卻得到了那張書桌。「我那時九歲大，玩洋娃娃已經太大了，此外我從來就不喜歡娃娃。如果我坐在我妹妹的書桌前面，他就會懲罰我。我學到絕對不要告訴他我偏愛或者想要什麼，他會把那個東西拿走或加以嘲弄。他總是在想辦法挑撥葛蕾卿跟我彼此敵對。」但這從沒奏效，她說。

「那是妳贏得的一場戰役，」我提出這個說法。

接著艾倫娜描述了一個恐怖的事件，牽涉到她們心愛的貓圖靈。有一次艾倫娜太累了，沒辦法假裝很享受跟亞特的性愛。他淡然地告訴她別擔心，因為沒有人時時刻刻都喜歡一切。艾倫娜回憶，他的諒解讓她很震驚。那天晚上稍晚，他用卡車載著艾倫娜跟她妹妹去兜風，說他想從山的另一邊看月亮。「所以圖靈、葛蕾卿跟我，全都在午夜坐進他的貨卡前座。亞特抓著圖靈懸在窗外，然後繼續開車。在我們離開市區的時候，他拿圖靈去撞第一個停車標誌。圖靈掉下去，立刻死掉了，而亞特繼續開車。我知道如果我表現出受傷或者難過的樣子，我就會是下一個。我們全都直視前方，同時強忍住眼淚。」

「所以妳必須假裝不喜歡對妳來說重要的事情。對於不裝出性反應，妳學到教訓了。」

「正是如此。他不必吼叫或揍人。」

亞特玩的心智遊戲讓人想起一九四四年的電影《煤氣燈下》（*Gaslight*），片中一名男子企圖逼瘋他太太，就用計讓她以為自己快要精神失常了。在我把影片帶來給她看的時候，艾倫娜淡然提出她的評論：那個丈夫的手法很業餘，亞特應該要當這個劇本的顧問。她補充說她沒辦法像電影裡的太太英格麗・褒曼（Ingrid Bergman）那樣迅速復原。實際上，「他讓我的心神極度混亂，就是我必須離開大學的原因。」

對一個心理治療師來說，治療一位病患的過程，可能很像是在解決一個謎團。在艾倫娜描述她如何突然離開大學時，我錯失了一個重要的線索。雖然我已經處於職涯的中間階段，但尚未學到不要都仰賴病患對事件的描述。就像讀者可能在文學作品裡碰到不可靠的敘事者，一位心理治療師也可能在辦公室裡碰到這樣的人。

首先，我很驚訝艾倫娜竟然有上過大學。她告訴我，她在提交一篇叫〈如何改變世界〉的文章以後，贏得扶輪社的全額獎學金，這個題目是由扶輪社為申請者選定的。「就好像**我**知道怎麼改變世界似的？我覺得我想寫的是〈擺脫亞特及其友人，然後這世界就會飛快變得美好〉。我之所以獲勝，可能是在魯伯特王子港幾乎沒有人申請。」她也告訴我亞特認為她贏得獎學金，是因為城裡的其他人都太笨了。我指出她不需要亞特的「錄音帶」。她已經把他的批評內化到這種程度，讓她能自行提供相稱的敘述。

艾倫娜避開任何亞特表現傑出的學科範疇，主修文學並且著重在詩歌這個領域。她的其中一位教授，本人就是受人尊崇的詩人，要求學生交出他們自己的詩作。在接下來的那堂課，他說有一組詩是他真心欣賞的，然後叫了艾倫娜的名字，請她朗讀一首。艾倫娜羞愧難當。「我以為他在惡作劇，像亞特那樣嘲弄我的作品，所以我衝出教室，再也沒回到大學。」在那個事件之後，她很長一段時間認為自己有緊張症的問題，唯一確定的是不知有多長的時間裡她不記得任何事。

我沒過問那段遺失的時間區段，事後回想，我本來應該要問的，但我反而把焦點放在艾倫娜被教授讚揚時的反應。「妳現在看得出來那位教授從來無意用亞特的方式來損妳吧？」她看起來很困惑，所以我改變措辭重述一次：「妳事後回顧，有領悟到他是真心欣賞妳的詩作嗎？」

在很長的停頓以後，她說：「有也沒有。一部分的我知道我的想法很瘋狂，但另一部分的我就是不想再受騙了。我很怕自己超過極限。當時，我完全相信他就是另一個亞特。」

我必須提醒自己亞特是她所知的一切，艾倫娜沒有朋友或其他任何成人可以引導她經歷這個世界。那個教授是第一個對她仁慈的男人。「所以在當時，妳相信他在嘲弄妳，而現在妳理智上知道他不像亞特那樣玩弄妳，但在情感上還是不太確定？」

「對，就算教授寫信給我寫了一整年，拜託我跟他聯絡。亞特實在太聰明又詭計多端。這就好像他在我周圍用瘋狂的思路織成一個繭。那些想法是薄薄一層紗，我可以看透它們，就好像我可以看透一層薄膜，但我就是沒辦法脫離那個巢穴。」

我很困惑，要求她舉例說明那些包裹住她的不良影響。「在我們玩西洋棋的時候，如果我要贏了，他會捏造規則。像是如果我用某個棋子下了某一步，就必須在接下來三步裡拿掉我的皇后，」她回憶：「我要到離家之後開始玩棋，才發現他在撒謊。沒有位居劣勢是一件很棒的事情，但接下來我贏棋的時候，我感覺自己像在作弊，因為這些規則不是我知道的規則——那些設計出來坑我的規則。」她接著告訴我亞特會用盤根錯節的方式改變規則，好讓她總是輸掉比賽。他日復一日、週復一週、年復一年，一直不斷擾亂她對現實搖搖欲墜的認知。

我們談過父母有種獨特的地位，在一天之內就會正向或負向強化他們的孩子數百次。他們看待我們的每個眼神，都讓我們知道自己是誰，還有我們在這世界上的權力位階屬於哪個位置。換句話說，他們下意識替我們安裝了程式，但艾倫娜被設定的是**名符其實的**洗腦。

她仍舊聽得到那些錄音帶的聲音。而且距離亞特口中那個可悲的笨女孩愈遠，錄音帶的聲音就愈變愈大。「錄音帶之所以在妳嘗試新事物的時候大吼大叫，」我解釋：「是因為每當妳嘗試在世界上更進一步，遠離亞特把妳當成蠢蛋魯蛇的設定，錄音帶就會變得更響亮。」

艾倫娜糾正我。「不只是個魯蛇，還是個愚笨的騙子，同時還是個蕩婦。畢竟在他眼中，是我央求他給我高潮。他忽略是他逼我做的這個事實。如果我有個實際上是我要告訴別人該做什麼的工作，別人得尊重我，錄音帶便不讓我行使這些職責。」我提醒她，她為多倫多其中一間最優秀的法律事務所從事優異的智性勞動，他們找她做在法庭上可用的論證。她解釋當她獨自待在辦公室的時候，每個人都知道不要打擾她。他們會派工作給她，她寫下回應。有時候他們會進來問問題，她會回答。偶爾他們會要她上庭，但她會拒絕。她不想跟其他人一起，更完全不想管理他們。「我不知道我的理智什麼時候會臨陣脫逃（AWOL），或者我會說是亞特式脫逃（ARTWOL），所以我需要能夠迅速離開現場。」

我要她詳細闡述除了錄音帶以外，還有什麼可能「在她腦袋裡出錯」。不過她發現這個很難回應。有時候她就只是腦袋一片空白，會有一大段時間在她變回自己以前消失無蹤。她描述那是一種像是緊張症發作僵直的狀態，她不想讓別人看到。艾倫娜不能承受在法庭上發作的風險，她必須在一個房間裡靜靜工作，如果她無法控制自己，她還可以離開。

從過去幾週到現在，艾倫娜已經兩度提到這些狀況，並含糊地為它們貼上「緊張症」的標籤。我本來應該更小心探究此事，但我實在太專注於理解她父親的鬥智遊戲，遠超過她對這些遊戲的反應。

艾倫娜那天離開以後，我正在寫我的筆記。我領悟到她多數時候雖然看起來冷靜自持，但她是熟能生巧好讓自己能夠抵擋亞特。如果她展現出任何弱點，他就會猛撲下來攻擊她，然後帶走對她來說寶貴的東西。不意外的是，她遠比表面上看起來脆弱得多。從發生在我們治療後半段的悲劇性事件來看，我本該看出她的鎮靜實際上是一種偽裝。

有時候治療師必須自問，她為什麼把一位病患推到特定的方向。我想要艾倫娜追求一個跟她的才智相稱的職業生涯，但我很快就領悟到我比她還想要這樣。我可以聽到我父母的聲音在耳邊說，我永遠不該低估自己，發展職業生涯是必要的。這對他們來說是個重要目標，到最後對我來說也是。換句話說，我把我自己的需求投射到艾倫娜身上了。我輕易被她的幽默、冷靜的舉止與經常展現出的活力給愚弄了。我現在得知她實際上受傷多深。我決定推進得更慢些。

在一年半的治療中，艾倫娜除了描述她的母親在她快三歲的時候就消失了，便從未提及這個人。終於在一個接近母親節的會診時間，我問起她母親在失去孩子們以後變得怎麼樣。艾倫娜用平淡的聲調說，她搬到英國去了，她害怕亞特接下來會用什麼來陷害她，也知道在心智或威脅性上，她都比不過他。她用盡了她僅有的一點錢提出訴訟要求探視權，到最後，在艾倫娜九歲、葛蕾卿六歲的時候，她得到法律許可，每年跟她女兒在英國相聚一週。

艾倫娜最初熱烈讚揚她的母親：她是世界上最好的媽媽，少了她的孩子，她的生活就是地獄。艾倫娜還是小孩的時候肯定把母親理想化了，而且渴望跟她在一起，雖然她幾乎不復記憶。她最鮮明的回憶就是跟母親一起躲在卡車裡，這時候亞特在房子裡橫衝直撞找尋她們。

隨著一週週過去，艾倫娜承認她偏愛夢中理想化的母親，勝過她們重新發現的真實母親。

在女孩們第一次到倫敦進行每年一週的探訪旅行時，幻想破滅了。她們的母親買了成對的洋裝與娃娃，就好像真正的艾倫娜在她眼中是隱形的。如果為她母親說句公道話，艾倫娜可能完美地演繹了一個適應良好、彬彬有禮的好孩子在扮演一個觀光客。她們造訪了白金漢宮（Buckingham Palace），搭巴士去參觀古老宅邸，看那些散發霉味的家具，然後去購物。在我問起這個關係在情感上的品質時，艾倫娜說：「我幾乎不認識她。我從三歲以後就沒見過她了。當時我九歲還是十歲，為了她穿著一件蠢洋裝跟一雙瑪莉珍鞋，還搭配白色荷葉邊的及踝短襪。」

「但那還是沒告訴我，妳們共度的時間在情緒上有什麼樣的質感。」

她的回應是描述一個很能透露實情的交流。她母親問女兒們為什麼瘦得像皮包骨，艾倫娜解釋說亞特幾乎不給她們吃的。「我母親哭了，然後說她希望這不是真的。『艾倫娜，這不是真的吧。』她這麼說，眼裡充滿懇求。當然她知道這是真的，既然她曾經跟亞特一起生活過，也知道他是什麼樣的一個變態。她就是受不了聽到這種話。」所以艾倫娜後悔了，說這不是真的，這讓她妹妹迷糊了。「假裝我們是兩個穿著上漿洋裝的快樂女孩，排成兩排[6]在倫敦到處蹦蹦跳跳，是很困難的。」

我指出她在十歲大的時候就必須假扮成一個相互矛盾的角色。她必須裝得很淫蕩，好讓亞特可以感覺自己是個很棒的愛人，然後得為她母親扮演出國的天真女孩。沒有空間容得下真正的艾倫娜。

她茫然地看著我，還是想保護她母親。「我不怪她，」她說：「亞特很狡猾。她輸了跟他的那一仗，必須放棄她年幼的女兒，將她們交給一個戀童癖。這一定讓人痛徹心扉。」她描述她母親對抗亞特的法律策略多年，直到她用光所有錢為止。「但她從沒有忘記我們。」

我無法想像有哪種折磨，會比讓自己的孩子落入戀童癖的手上更糟。然而我希望能看到艾倫娜對她母親實在又真誠的情緒反應。無論她母親有多努力嘗試奪回她的女兒們，就情感面來說，艾倫娜仍然是個被拋棄的孩子。「否認妳的痛楚一定很困難，尤其是在妳被下藥、挨餓、又是重複性性虐待的受害者時，」我說道：「然而妳母親擺明她受不了聽到這番話。」

艾倫娜反駁說她已經做了所有她能做的，而且要是她根本幫不上忙，讓她聽到這麼可怕的生活有什麼意義？她繼續解釋，她母親是在寄養照護體系長大的，換過很多安置場所。她被打過，在青少年時期必須逃家，而且在十四歲的時候還在警方那留下了賣淫的紀錄。她費了不少力氣，解釋她怎麼會選擇亞特：她習慣被虐待，覺得這樣很正常。在雙方的官司中，她根本比不過受過良好教育的亞特，當時他仍然健全，還可以假裝正常又有可信賴的工作。

我懷疑艾倫娜對於她母親無意識的憤怒，比她願意承認的還要多。一個孩子被拋棄的心理感受，並不是以合乎邏輯的原因為基礎。孩子甚至可能在家長去世時感到憤怒，覺得自己被拋下了。這不是那位去世家長的錯，但這種感受並不會減少。

第二天艾倫娜寄給我一份關於她一個夢境的敘述。標題是〈蜘蛛與水〉，內容描述在我們討論過她母親以後，艾倫娜的生活與心理狀態。

6 譯注：這裡「排成兩排」（in two straight lines）暗指知名童書《瑪德琳》（*Madeline*）裡的段落。這本書裡描述巴黎一間天主教寄宿學校住著十二個小女孩（主角瑪德琳是其中之一），她們通常分成兩排坐在桌子邊，或者在修女帶領下排成兩排一起出門。

艾倫娜回到魯伯特王子港，沿著她以前走過的路散步。所有的房子裡面都淹水了，屋裡大部分是嬰兒，他們都溺水了，而且在窗口漂浮。艾倫娜終於找到了她的舊宅，那裡沒有淹水，只是骯髒荒廢。她去了她的舊房間，在過去的床上找到一個女孩。艾倫娜抬頭看，看到數十隻毛茸茸的蜘蛛，跟小貴賓狗一樣大。床上的女孩似乎並不擔憂，但堅持這些蜘蛛必須被餵食。所以艾倫娜拿了碗來餵蜘蛛。然後她爬出窗外，走向一個交易站，那裡的天花板低到她必須彎著腰走過去。裡面有個女人看起來相當瘋狂，打扮得像一名小丑，穿著緊身褲跟上面有紅色波卡圓點的鬆垮上衣。她抱著一個拚命大聲尖叫的寶寶，把嬰兒交給艾倫娜就離開了。由她手上接過寶寶的艾倫娜設法要帶著孩子走開，但彎著腰很難辦到。艾倫娜企圖安撫寶寶，這時夢境就結束了。

艾倫娜下次來做治療的時候，我請她對夢境做自由聯想。她說洪水是亞特玩的一個把戲，為了引誘她進屋，他會讓他們家看起來是唯一沒有淹水的房子。蜘蛛也象徵亞特，因為在那間房子裡，亞特無所不在、讓人害怕。他以前一發現她非常害怕蜘蛛，就假裝他自己是蜘蛛。「他也習慣帶蜘蛛進屋，把牠們放在我床上，然後就只是咧嘴大笑說『嚇到妳了』。床上的另一個女孩是我。我是個閃躲藝術家（artful dodger）[7]從窗口脫逃。這裡使用雙關語是故意的。床上的女孩是另一個我，知道那裡有個慘痛代價得付，她不可能逃脫。我必須為所有那些毛茸茸、塞滿整間房子的亞特蜘蛛提供食物。那種恐怖，就是我每天早上起床做早餐時感受到的東西。」

艾倫娜完全不知道那個穿波卡圓點襯衫的瘋女人是誰。但在我問她是否認識任何人穿著那種襯衫的時候，她揚起一邊眉毛，就好像她得到一個很私密的靈感：她母親有過的一件聖誕禮物。很清楚的是她母親就是那個把嬰兒留給她的瘋女人，那名嬰兒就是葛蕾卿。房子很小很小，天花板極低（艾倫娜開玩笑說，亞特堅信低開銷〔low overhead〕[8]最好），艾倫娜必須彎著腰走路，這讓照顧小孩變得很困難。但艾倫娜還是做了。如她所說：「在真實生活中，很小很小的是我，不是那棟房子。我根本不知道要如何照顧一個嬰兒，我幾乎沒辦法把她抱起來。這夢境讓我彎下腰。」她坐在那裡想了一陣。「上星期講到我母親，帶出了很多我不知道的怨恨。在真實生活裡，她完全不是個瘋女人。為什麼在夢裡會是這樣？」

我解釋夢境必須呈現圖像，那些有著情感內涵的具體影像。就像神話學透過意象及普世的原型來解釋人類心靈，夢境在個人層面上也在做相同的事。它們提供做夢者個人無意識心靈的圖像。在這個例子裡，是襯衫洩露了真相。它在夢中從波卡圓點變成小丑裝的圓形點點。艾倫娜的母親無法應付亞特，接著被誣陷成一名看起來瘋狂且能力不足的母親（在夢裡像小丑一樣）。艾倫娜接掌了她母親的角色，但這對她來說很辛苦。「這個夢是妳第一次承認，身為一個學齡前幼童，當母親是非常辛苦的事，雖然妳是以一種經過偽裝的形式承認。實際上與象徵意義上，妳都彎著腰。」我說。

隨著艾倫娜的手開始變紅，我向她保證，對她母親感到憤怒並不是不忠誠。這只是她的感覺，而且任何人都會有這種感覺。

孩子在過於年幼時就被賦予他們無法承擔的責任，日後永遠都會擔憂自己是否恰當地履行職

7 譯注：這裡有多重暗示。首先artful dodger字面意思是擅長靠著閃爍其詞擺脫困難處境的狡猾之人，原本來自狄更斯作品《孤雛淚》裡的小扒手道奇；其次，艾倫娜再度故意使用跟父親名字（Art）相關的字（artful）。

8 譯注：overhead字面意義是天花板，但low overhead在商業用語中指的是低開銷。

責。他們似乎永遠不會接受自己太過年輕、無法駕馭任務，反而會把他們沒能達成任務的失敗內化。被遺棄在樹林裡的蘿拉聚焦於自認沒能照顧好弟妹的疏失，卻鮮少提到自己被遺棄。艾倫娜也很相似。對於從三歲就開始照顧葛蕾卿，她並沒有沾沾自喜，還擔心自己上學疏於照顧妹妹。

受虐兒童通常高度警覺，因為他們覺得自己處於無止盡的危險之中，他們的性命通常就是仰賴於那些他們已經知道的威脅上。有一週艾倫娜告訴我，她的法律事務所裡出現一個令人心生警覺的狀況。有個心懷不滿的男人出現在接待櫃檯，要求找特定的某位律師。原來他是個在一宗離婚官司裡失去孩子監護權的憤怒配偶，想殺死他太太的律師。然而在當時，沒有人看出他有多瘋狂，只有艾倫娜在擁擠的等候室裡注意到他，並打電話通知保全還有警方。那個男人靠近時，他抽出一把槍。在他被制伏帶走的同時，整棟二十一層樓的辦公大樓必須要淨空。

艾倫娜解釋了她對瘋狂暴力分子有第六感。「所有受虐兒童都像獵犬，」她說：「他們必須一直掃視整個環境，尋找有什麼可能出錯。如果妳不這麼做，就是坐以待斃。我會稱之為庇護的相反。」

她對危險很靈敏，就像卡車司機丹尼一樣能夠偵測路上的搶匪。他們兩個都曾經跟性獵食者共同生活。艾倫娜說，亞特以前會在喝醉而且嗑古柯鹼嗑嗨了的時候，對她跟葛蕾卿亮槍，告訴她們最好靠著牆壁排排站好，開始讚美他。「我們背後的牆壁充滿子彈孔。到最後他會昏睡過去，我們就拿張毯子蓋住他，然後把槍拿走。」

「妳有沒有想過拿槍射他？我是說，等到妳成為青少女以後？」我問道。

「當然。以前每當我玩電玩的時候，我都會幻想射殺他，現在也還會。這就是為什麼我這麼擅長那些電玩，」她說：「但我決定了，不值得為他服無期徒刑。這只會讓我變得跟他一樣變態而已。」

「妳在打仗，在為妳的精神健全而戰，」我說著搖搖頭。「這肯定曾經是個誘人的選項。」

許久以後，艾倫娜告訴我那一刻對她來說是治療中的轉捩點。她可以從我臉上的表情與我瞇起眼睛的方式，看出我是真心那麼說。在那之前她認為同理心普遍來說是假的，以我來說則只是我工作的一部分。但在我示意她有充分的理由殺死亞特的時候，她明確知道我站在她那邊。

問艾倫娜為什麼沒殺死她父親，顯然不是我最稱職的時刻。然而這敲定了我們關係中的某樣東西。我用這種方式來說明我不但理解她感受到的無力與受困，也理解那永遠不容見光的**憤怒**。她能看見我眼中映照出她的憤怒。

4 暖爐後方

艾倫娜可能幻想過要殺死亞特，但她沒有傷害他就逃離他身邊了。脫逃過程很符合童話故事詭譎的性質，由魯伯特王子港的另一個人策動了她的逃亡。為了更理解這個脫逃行動，我們先來看看城鎮這個外部世界與艾倫娜一家有什麼樣的接觸。

到了艾倫娜上幼稚園的年紀，亞特向她提出某種教育上的忠告：學校是個恐怖的地方，所以最好保持低調，否則她就會被帶走再也見不到妹妹了。亞特給的這個忠告、被教導錯誤的算數導致的混淆，加上害怕讓葛蕾卿跟亞特在家獨處，讓艾倫娜在學校很退縮。雖然她在家裡大量閱讀，在班上卻交白卷。結果亞特並沒有猥褻葛蕾卿，反而把她丟在家裡不管，自己去拜訪他的夥伴打發掉一整天。艾倫娜回到家時，葛蕾卿會緊黏著她。她很少哭，但她的手指會緊緊扣住艾倫娜的手，不肯放開。

令人驚愕的是，就艾倫娜所知這**十二年來**從沒有人打電話到家裡給亞特，或者安排她的精神狀況評估。沒有訓導人員察看她頻繁的缺席紀錄。艾倫娜多年來穿著同一套髒衣服上學，亞特通常拒絕簽同意書讓艾倫娜去校外教學，她從沒有帶過午餐，也沒帶過牛奶錢，卻沒有一間學校正式調查過這些事。看到她八歲就吃避孕藥，或者在青春期初期就因為陰道受傷發炎去看病，沒有一位醫師聯絡任何人。

在艾倫娜成為我的當事人很久以後，有一次因為靠近魯伯特王子港的狄格比島（Digby Island）機場起了大霧，我在那裡停留了一夜。除了我以外只有另一位旅客在候機，他在我從CBC電視新聞上看到許多次的那個地區位居要津，談到有多少錢挹注到魯伯特王子港的社會服務上。我忍不住告訴他，我收治過一位受虐病患，她在那個城鎮的十八年從來沒有得到過任何人的幫助。他回應說魯伯特王子港失業率很高，那裡的漁業跟森林工業已被摧毀，罐頭工廠則被徹底燒毀。百分之四十的人口都是原住民，由此衍生的社會問題一應俱全。所以如果一個白人女孩有去上學、有個家長、還有家可住，就這樣成為社福網絡的漏網之魚，他一點都不覺得意外。

我問艾倫娜為何從未向任何人求助、或者打電話給兒童救援單位，她說這樣做太危險了。他們可能會相信青少年時期的她，但她不想冒著跟葛蕾卿分開的風險。除此之外，她們無處可去，只能去寄養家庭。這幾乎是四分之一個世紀以前了，當時亂倫與家庭虐待議題鮮少有人討論。如果有關當局不相信她反而信任亞特，就像在她母親身上發生的事那樣。她指控他以後，就會被迫留在他身邊。她知道他會殺了她或葛蕾卿，或者用某種想像不到的方式折磨她們兩個。這樣賭注太大了。

不過在她十四歲的時候，艾倫娜脫離了亞特的控制。一天她沿著她家附近有幾分鄉村風味的道路往前走，經過了一處住家，她同班同學瑞秋跟她母親一起坐在前門廊上。這位母親邀請艾倫娜到家裡坐坐。當艾倫娜小心翼翼在一張椅子邊緣坐下時，她皺起了眉頭，亞特的殷勤「照顧」

讓她很痛。瑞秋的媽媽注意到了，還開口發問，而艾倫娜被詢問時的驚恐，讓她警覺到事情非常不對勁。她聽說過傳言，她自己的丈夫有時候會去亞特狂野的派對，她很討厭這一點。她打電話報警舉報亞特。

不到一週後，警方在亞特「找樂子」的時候抵達了，認出好幾位當地的兒童猥褻慣犯。他們也找到量大到足夠指控亞特藏毒的毒品還有為數眾多的兒童色情蒐藏。這裡還有未登記的槍枝，牆上有彈孔。屋裡沒有食物又骯髒污穢，已經很多年沒有人用過床單了。警方立刻帶走了艾倫娜與葛蕾卿，她們都沒有再見過亞特。

葛蕾卿被安置在一個擁有一家麵包店的德國家庭。她喜歡那裡，還學會了烘焙。事實上烘焙變成了她的職業，她最後在多倫多的一間學院裡教烘焙與製作酥皮點心的藝術。

社福單位要安置艾倫娜碰到比較多問題，因為她是個青少年了。她想要被安置在靠近她妹妹的團體家屋（group home）而不是寄養家庭，她不想冒著被另一個瘋子掌控生活的風險。她解釋：「如果有個神經病在團體家屋工作，一次值班也只有八個小時。我會碰到的最糟狀況就是被忽視，這在我聽來根本是天堂。」接下來三年，艾倫娜確實待在一個靠近葛蕾卿的團體家屋，直到她如同如大家所知，「年齡超過收容上限」。她在大學慘遭挫敗之後還是住在附近，直到葛蕾卿十八歲，兩個人一起移居到多倫多。

雖然艾倫娜在地理位置上遠離了亞特，她卻從來沒有在情緒上讓自己真正脫離他。他的觸角勾進了她的大腦，她的自我憎恨錄音帶在那裡一直播放。亞特殘酷的操縱，逼使她懷疑自己的認知。她受創極深，以至於她一直在區別現實跟亞特的邪惡世界掙扎。在大學裡這些掙扎更是雪上加霜，很悲劇性的是，她必須離開學程。

我們已經結束了第二年的治療，我開始看出艾倫娜實際上有多脆弱。一直以來，她都很快地告訴我出了什麼事，但直到此時我才領悟到這些事造成的傷害。另一方面，如同我曾向艾倫娜指出的，她已經具體向前跨出好幾步。她在工作上堅持自己的權利，要求提高報酬，也獲得了加薪。她開始實際講到她母親，還有扮演葛蕾卿家長的角色有多困難。

艾倫娜泰然自若地做出她的「大躍進」——這是我們從毛澤東那裡借來的詞彙。但就像毛澤東的遠大計畫一樣，不可預見的可能後果隨著收穫而來，而部分結果導致了災難。

艾倫娜的恢復所採取的進展形式，如同每個孩子一樣通過了不同的心理發展階段。大多數與一個小孩會花上幾年時間度過一個階段，然後才進展到下個階段的過程是一致的。不可思議的是這些階段在人類發展的光譜上，從原始時代到現代都是如此。（你可以在世界上的每個地方找到叛逆的青少年。舉例來說，尼爾遜．曼德拉〔Nelson Mandela〕在他的自傳裡描述過，來自他非洲部族裡所有十三歲男孩，都會被帶去分開的青少年住屋居住，好讓家裡能得到和平。）

創傷可以推遲情緒發展。要是一個孩子只能嘗試應付現實，她就沒有精力在情緒上有所成長。隨著艾倫娜在治療中的改善及變得成熟的情緒，她開始在極短的時間內迅速經歷整個過程——從嬰兒期、青春期晚期到成人階段。這讓我有點緊張不安，因為我完全不確定我每週看到的會是哪個發展階段。

在治療的第三年開端，我們開始談到直到最近才浮現在她跟伴侶珍之間，艾倫娜口中所謂的

「嬰兒式的鬧脾氣」。舉例來說，艾倫娜覺得有點尷尬，她會為了要吃什麼食物而爭吵，她有時候甚至會把餐點丟進垃圾桶。比艾倫娜大了二十歲的珍，只會搖搖頭離開房間。

大約同一時期，艾倫娜堅持買全新的衣服，她花了好幾個星期換掉她的全套裝束。雖然在我未經訓練的眼睛看來，每件新衣服幾乎都跟她舊有的格紋法蘭絨與工作褲沒兩樣。然而她認為服裝是某種狂野的表現，每一週都會炫耀她從馬克工作服倉庫（Mark's Work Wearhouse）買來的新裝。儘管如此，她對自己的行為還是感到很困惑。「就像我兩歲大的外甥，」她有一次這麼評論：「如果在冬天要穿外套不能只穿他的超人裝，他就會勃然大怒。」我指出在她整個童年裡，因為有亞特存在，她從來沒被容許擁有任何一件她想要的東西，而行使選擇權是發展身分認同的一個重要的部分。艾倫娜正在經歷典型的所謂「恐怖兩歲」的發展階段。在她實際兩歲大的時候，她父親正在設法擺脫她母親，那時艾倫娜被鎖在房間裡，她在心理上沒有機會表現並區別出她自己的不同。這個家庭光亞特一個被寵壞的寶寶就夠了，容不下第二人。現在她終於學到**我的**這個字是什麼意思了。雖然在她人生中很晚才經歷恐怖的兩歲這個階段，我很高興去見證她在攀登這個發展階梯。

艾倫娜開口滿是對她的新變化表示訝異的驚嘆。「還有，我已經會在工作時開玩笑，並且模仿訴訟部門的主管。他講話語調很奇怪，還會賣弄使用的詞彙。相對於單純的對話，他會說些『若是容我介入這個事態』之類的話。而且，他要是在走廊上看到妳，不會說『哈囉』，而是說『萬福』。我可以精確地模仿他，突然發現自己還滿好笑的。**這種感覺好新鮮**。我以前從來不想讓人注意到我，現在卻滿喜歡的。」她進入到社交階段而且想要跟其他人互動。她沒有把自己藏起來，她想要與別人有所差異。

這是我們治療第三年的後半。艾倫娜繼續把她那些狂野的夢境寄給我，這些夢汲取了她的無意識，通常比她有意識的感受快一步。其中一則牽涉到一隻在海灘上擱淺的鯨魚，而她把內容打了出來：

珍跟我在鄰近一座大湖湖岸的公園裡，有個跟我們在一起的女人看起來很像小吉，她在我們前方探索。珍跟我發現一隻擱淺的藍鯨，我們對著小吉大喊，她衝回來檢視那隻鯨魚，然後認定牠還活著，我們必須把鯨魚送回水裡。小吉拿出一袋會讓湖水變成鹽水的化學物質，把它倒進湖裡。我們做了個複雜的滑輪系統，把鯨魚吊起來送進水裡，然後鯨魚就很有活力地沿著池子游泳，做一些跳躍的動作等等。

我走回車子去找珍，她突然不見了，出現在樓梯間裡，用噴漆塗鴉。

我們爬進那輛福斯汽車裡，小吉開車，朝著家裡前進。在路上，珍向我朗讀她年輕時寫的詩，那是一首非常痛苦沮喪的詩。最後我們坐在家外頭的車道上說話。珍的詩作讓我很困擾，而且讓我感到害怕，她似乎有自殺傾向。

艾倫娜說她是鯨魚，而我也就是小吉是那個女探險家，擁有可以製造鹽水的化學物質。在鯨魚處於險境的時候，珍跟我嘗試要幫助她活下去，經歷了種種曲折好給她需要的鹽水。我們在她身邊，設法讓她好轉。

我問艾倫娜夢的最後，在救援的最終階段珍自己脫隊跑去塗鴉，這很不符合她的個性。她在真實生活中很守法。而且鯨魚一獲救，她就變得很哀傷。她為什麼突然在那隻名為艾倫娜的鯨魚獲救時變得想自殺？或許在艾倫娜學會表達自己的需求以後，她們的關係受到某種威脅？她否認了這一點。同時我把這件事記起來，留待日後考量。

大約一個月後，艾倫娜蹦蹦跳跳地來做她的診療，並且說道：「喔，妳不會相信的，但我戀愛了——或者說至少有欲望？」

「戀愛？」我很困惑地說道。

「是啊。我在午餐時間上了新來的實習生。我們事務所在四季酒店有個待客用的套房，她拿到鑰匙，我們就去了那裡。她實在美不可言，妳不會相信的。」

「**做愛？**」我似乎只能一次講兩個字。在此之前艾倫娜一直是沒有性欲的，她被困在潛伏期的孤島上，很像個青春期前的孩子。當然，這很合理。她正在成長，想要有個初戀。但珍呢？她們沒有多少性生活。除此以外，這是一段幸福美滿的伴侶關係。

在我靜靜坐著的時候，艾倫娜說：「我以為妳會為我感到高興。」我指出感到高興或悲傷並不是我的工作。我只是企圖理解這件事。「我有高潮，還尖叫出來，她也是。她有個正常的身體——很棒的咪咪——有正常的回應。我沒有陷入區隔化的心理防衛機制中，我的意思是我並沒有冷感。就這麼一次，我讓自己盡情享受。我們晚了三小時回辦公室。她被罵得很慘，不過沒有人對我多說什麼。我不認為他們知道我們在一起，因為她在不同樓層工作。」

她嘰嘰喳喳地講到那一天，還有高潮是什麼樣的感覺。她說，她現在理解為什麼好萊塢拍那麼多關於吸引力與浪漫戀情的電影。她的變化突如其來，還有她用如此直白的方式討論這些變化，嚇著了我。這就好像艾倫娜退縮了，某個類似瑪丹娜的人卻冒了出來。

過了一個星期，我聽到樓梯上傳來急促的腳步聲，艾倫娜進來了，咚一聲坐在她椅子上，看起來很累，還有點衣冠不整。「妳知道我為什麼跟珍結婚嗎？」她開口說道：「我需要她。我需要爸媽，她同時填補了兩種角色。在許多方面，這是個神來一筆的選擇。但現在我想要一個真正的女人。珍仍然需要刮鬍子，她必須做電燒除毛。她對她的女性自我從來不滿意，因為那個自我從來不對。」艾倫娜重申她仍然愛珍，愛她的仁慈，但沒有受到珍的吸引。「我現在想要享受樂趣，享受狂野的性愛手舞足蹈。她不是那種類型。」

我為忠誠堅定的珍感到悲傷，內心的衝突肯定都寫在臉上。「我知道，我知道，」艾倫娜說：「珍很聰明，是個很棒的教授，她關心別人，腦袋很正常，只是困在錯誤的身體裡。她變性的效果其實從沒好過，要隔著一段距離看才會顯得美好。」

「妳有告訴她嗎？」我問道。

她沒有回答。

「妳對那個實習生是認真的嗎？」

「她沒那麼重要。我想要體驗人生：去跑趴，去旅行。」

艾倫娜指出，珍有健康問題讓旅行變得很困難。除此之外，珍還比她年長二十歲。我們沉默地坐著。艾倫娜的臉突然垮下來，變得意志消沉，終於她問說：「小吉，妳認為我利用了珍，現在想把她當成用過的衛生紙一樣丟掉嗎？」

我解釋說當人成長的時候，他們的需求會改變。艾倫娜不像過去那樣，需要一個關愛的家長，現在她需要一個愛人。情感面來說，她正邁入她的青少年階段，在此性愛與歡樂是至高無上的。「我很高興在妳經歷過這一切之後，性愛首次成為一種樂趣，這是每個人都該享有的。」

「是啊，**誰知道呢？**」艾倫娜離開我辦公室的時候，雙手歡快地往空中一甩。她的舉止跟詞彙一直很奇特，跟她平時含蓄的自我相比更像個喧鬧的青少年。不過我家可是有三個青少年，在這方面很少有什麼事可以嚇到我。

我應該更注意艾倫娜個性的改變。我太專注於她成長得有多快，卻不夠注意她的行為變得有多混亂。那個週末珍打電話到我家裡，情況轉變了。艾倫娜在醫院的加護病房裡。她吞下大量的泰諾止痛藥（Tylenol）與酒精，然後躲在地下室的暖爐後方昏了過去。出城去參加研討會卻提早回家的珍發現艾倫娜的時候，她們的貓「字型」在地下室門口發出奇怪的叫聲。她差點喪命。

這個消息讓我如雷轟頂。我最後一次見到艾倫娜的時候，她的舉止像個一直格格笑的青少年。然而她說過珍在她夢中有自殺傾向，而在現實生活中有自殺傾向的是艾倫娜。在我驅車前往醫院，心裡希望艾倫娜能夠撐過去時，我能想到的只有一件事：她一想到要離開她愛過的珍就覺得害怕，然而她需要離開她讓自己有所成長。她覺得窒悶又恐慌。我猛地將車停在醫院的停車場，思考我扮演的角色為何。在艾倫娜問我會不會覺得她「把珍當成用過的衛生紙一樣丟掉」時，我本來應該看出她的罪惡感與自我厭惡。

在未來我遇到的個案中，還會多次碰到這種情況。我第一次認識到當一個深受剝奪的人開始有所改善，做出人生選擇的壓力可能極度巨大。艾倫娜就像一隻關在小籠子裡的老虎，籠子裡是地獄，但她熟知空間裡的每一寸細節。當這隻老虎被釋放的時候，她害怕叢林，根本不知道如何在叢林中行動自如。我的假設是她超速通過各個發展階段，以她的精神狀況，這樣的速度快到她無法吸收需要學習的東西。

在醫院門外我見到了珍，她正在抽菸。我注意到的第一件事，就是她很有吸引力，年紀卻比艾倫娜大上許多。她穿著昂貴的鞋子，一件絲質女性襯衫，還有與之相配的領巾及長褲。及肩暗金色的頭髮打理得很完美，還有幾綹淺色的金髮讓她更加亮眼。她的妝容無懈可擊，就好像剛剛離開香奈兒專櫃的櫃檯。她走近我說艾倫娜仍然在加護病房，有過一次痙攣發作。她肝臟可能受損了，但大概會撐過去的。在我們沿著走廊走到病房的路上，珍告訴我在那一週「艾倫娜吵著要離開這段婚姻，堅持她不愛我，而且從來沒愛過。」她說這不是艾倫娜，甚至無法複述艾倫娜尖聲說出的殘酷話語。艾倫娜還提到她過去做過的那些恐怖事情。

珍向艾倫娜保證她永遠愛她，不管她做過什麼事，她們都可以設法解決問題。珍告訴我，這整個事件都偏離艾倫娜的本性，因為她鮮少那麼戲劇化，也從不大喊大叫。我們兩個都認識她，知道她善於自制，還有一張難以捉摸的臉。珍也告訴我，每當她們需要在情感面進行對話，艾倫娜就會喝醉，大約一個月發生一次，其他時候她從不喝酒。珍從此建立了一個系統，艾倫娜可以用電子郵件寫出她的感受，珍則會回信。這個策略運作得相當好，因為這似乎避免了對她們造成極大負擔的酒醉事件。艾倫娜無法忍受一對一對話的親密，卻可以在寫作中優美地表達這些感受。

我根本不知道艾倫娜喝酒。在三年的治療之後，我開始理解到有很多事情是我不知道的。我在治療的是艾倫娜為我創造的虛構角色嗎？就好像她對亞特也表現出一個虛假的自我？我理解了兩件事：這個案例已經脫離我的掌握了，到了她恢復的時候，我們雙方都有很多工作要做。

我走進醫院病房，見到的是貌似藍鯨寶寶的東西，很像艾倫娜在她夢境裡描述過的那隻。她的皮膚呈淺灰色，嘴唇有一層粉狀的藍色敷料。她仍然昏昏沉沉，幾乎沒有意識，每個孔竅都有管子伸出來。在珍握住她的手時，艾倫娜把手抽走了。我可以看到珍臉上的痛楚。

珍在一種可以理解的困惑之中，她不知道為什麼會發生這種事，明明艾倫娜似乎正在好轉。「好轉需要很多的努力，」我提出看法：「而且老天有眼，知道她在治療中一直很努力。她必須扒掉長期來說對她沒幫助的防衛，但這樣的改變讓她很容易受到傷害。珍，我覺得我無法再透露更多了。」

珍捏捏我的手，說她完全了解。在我認識她如此短暫的時間裡，她給我一種仁慈、調適良好的印象，並且深切關心艾倫娜，也給她無條件的愛。她們已經共度了超過十個年頭的美好時光。

艾倫娜在加護病房待了一個星期，然後轉到一般病房，直到她的肝臟修復了大半為止。珍告訴我，艾倫娜對於她「打擾」在家的我大為光火。艾倫娜也留下嚴格的指示，說我不得再探視她。她會付清那些她錯過的節數費用，等她可以回去治療的時候會再聯絡我。艾倫娜很難接受幫助或任何關懷，就算是在自殺未遂後亦然。我尊重她的界線，沒再回去醫院。

5 克羅艾

住院九天之後，艾倫娜出院了。然後她消失了整整三天。陷入狂亂的珍打電話讓我知道這件事。

在珍來電兩天之後，我走過我的等候室，發現失蹤的艾倫娜表情陰沉癱坐在一張椅子上。我說：「喔，哈囉陌生人。」後來我才知道這聲招呼有多反諷。

她聳聳肩，好像我是一隻跳蚤或者某個電話推銷員。然後她走在我身旁沿著走廊往前，卻不可思議地經過了我的辦公室。我必須要她轉回來。她走進來，整個人垮在椅子上說：「所以呢？」我問起這次的自殺未遂，她吼道：「我他媽的要怎樣脫離那個悶到爆的關係？是妳在賺大錢，妳告訴我啊！」

她不尋常的粗野讓我大吃一驚。我提到在醫院裡見過珍時，她說：「**妳**在我住的醫院幹嘛？加護病房是保留給家屬的。妳又不是我媽。」我靜靜坐著，納悶藥物過量是否傷到她的大腦了，還是她喝了酒。這個新的聲音跟她的語氣、聲調與口音完全不同，聽起來相當刺耳。

我終於問：「妳之前去了哪裡？」

「我真的不知道。我發現我自己在哈特之家（Hart House）的台階上，」她講的大約是一個街區之外屬於多倫多大學的休閒活動中心。「所以我晃過來這裡喝杯茶，我注意到甚至沒有人拿一杯請我。」我替她泡了杯茶，在她喝茶的時候，提起珍對她的擔憂。「他媽的每件事都跟珍有關，」她憤怒地說。「她不肯放棄對我的束縛，她的身體就跟我的情緒一樣支離破碎。我才三十來歲，不想跟這種不男不女亂七八糟的在一起。他媽的，我想要一個有大咪咪的年輕女人。」

我大感震驚。這不是艾倫娜，這尖銳的語氣、憤怒與粗俗的樣子全都不對。她開始來回踱步，這是她以前從沒做過的事情。然後她突然轉身對我說：「為什麼全都在講珍、珍、珍？我告訴她我們結束了，然後她想去死，她說過不去寧願去死。妳想死，珍，**我就讓妳看看他媽的什麼叫死**。然後我吞了那些藥丸。那樣夠嗎？**不夠**。她讓我悶死了。難怪我需要氧氣罩。我對她、她的仁慈跟偽善實在痛恨透頂。我**必須要掙脫**。」艾倫娜用青少年那種氣急敗壞的語調說話。「她甚至沒有照著預定時間從研討會回家，非得提早回家發現我，醫生說再多幾個小時我就死透了。」

「她甚至不讓妳去死。好自私，」我不動聲色地說。

「是啊，真是他媽的控制狂。沙特說過，活著或死去是人生中唯一真正的選擇。」

我決定忽視這些哲學議題——我們弄丟心理學上的線索了——並且問她是否有別人會想念她。她說她的雇主們曾經打電話來。「我叫他們滾回去幹自己，去當那種漁翁得利的詐財律師吧。」我沒費力去說我留意到事務所送了一束很大的花到醫院病房。

艾倫娜不分青紅皂白的怒火，現在轉向我令人遺憾的處置失當。「說到房間，我本來想告訴妳某件事，跟妳等候室裡的雜誌有關。妳不覺得放《紐約客》（*New Yorker*）、《大西洋月刊》（*Atlantic*）跟《哈潑雜誌》（*Harper's*）很粗魯無禮嗎，那些文章很長，在等的時候根本讀不完？妳把它們放在那裡，好讓妳可以在病人面前顯得很聰明。嗯，這不管用。」我後來發現《大西洋月刊》上有一篇文章被人粗爆地扯下來了。

「今天相當生氣啊？」

「才沒有。」

她現在顯然是個青少年。只有他們可以這麼簡單就否認自己的憤怒。我沒有回應，到最後她說：「唔，到底多沒用？」然後就氣沖沖地走出去。

在我離開辦公室回家的那天晚上，我寫了下面的筆記到她的檔案裡。

我知道我今天不是在跟艾倫娜說話。她走路的樣子、說話的聲音及個性都不一樣。她很有攻擊性又不禮貌。這是另一個艾倫娜、另一個人格。在沿著走廊前進的時候，她似乎不知道我的辦公室在哪，而且她離開時沒有付我錢。艾倫娜一直以來都會留下一張支票，然後靜靜走出去，以免驚擾到其他病人。這個人氣沖沖地離開還甩門。很奇怪的是，她就這麼出現了，還沒有預約。我本來應該對艾倫娜說出這一切，問她叫什麼名字，然後告訴她，我不敢相信跟我說話的，是我認識的艾倫娜。

有史以來第一次，我開始認為我手上這位病人可能有多重人格。我決定小心翼翼地回顧整個案子。艾倫娜的問題是她在孩提時代，就被訓練成絕對不能表現出真正的感受。她常常展現出一種「美麗的平靜（la belle indifférence）」，這個法文詞彙講的是明明處境嚴峻，態度卻懶散到不搭調的病人。這種掩蓋方式對我來說是一種挑戰。如果艾倫娜曾經暗示過她有多重人格，也是用極端晦澀的方式以至於我看漏了。如今既然這個新的狂怒人格浮現了——這個講話及走路都跟艾倫娜不同，還不記得我的辦公室在哪裡的人——我就需要考慮多重人格診斷了。

我替自己設定了三個優先事項。首先，盡可能學習關於多重人格疾患（multiple personality disorder）的一切。其次，仔細梳理三年來的筆記，設法解碼艾倫娜在字裡行間企圖告訴我的事情。第三，有了充分準備以後，跟艾倫娜對質，問那天在我辦公室裡的是誰。

我盡可能閱讀一切資料，並且諮詢英格蘭與德州的專家。我告訴他們，艾倫娜歷經十年以上的性創傷、情緒與肢體虐待，出手的是她的家人。他們同意這就足以顯示她有多重人格疾患。一位專家問我，她是不是很聰明、強壯且有創意。我說是，他則說在他的執業過程中，他發現這些人格特質對於發展多重人格疾患是很必要的。

多重人格疾患在一九九四年曾重新被定義，當時把病名改成解離性身分疾患（dissociative identity disorder，簡稱DID），以便反映對這狀況更進步的理解。**多重人格疾患**這個詞彙指的是這個人發展出多種不同的人格，**解離性身分疾患**則意味著主要人格發生了分裂。既然主要人格仍然缺乏某些生活的技巧，例如表達憤怒、性欲或自信，從中分裂出來的新人格就化身為這些遺失的特性。

在《三面夏娃》（*The Three Faces of Eve*）跟《西碧兒》（*Sybil*）這些電影裡，好萊塢把多重人格疾患呈現得很聳動又加以簡化。我想這樣的診斷結果太深不可測，看起來又這麼異想天開，以至於我們會覺得很難接受。

這是一種複雜的疾患。在閱讀過文獻、看過影片並且諮詢過專家以後，我做出必須同時發生好幾種現象，這種疾患才會出現的結論。病患必須有**複雜性**創傷後壓力症候群，就像丹尼羅患的疾病。這意味著他們曾經長時間經歷過嚴重的情緒與性虐待，有時候還有肢體虐待。這位病人還必須展現極強的天生韌性與恢復力，抵抗徹底的神智失常。這也跟良好的記憶力、創造力與相對較高的智商相互有關聯。這種不尋常又多變數的組合並沒有那麼常出現，是這種疾患之所以如此罕見的理由之一。這種用來忍受無可忍受之事的方法很細緻繁複，用來保護妳的心靈，並且讓最大一部分的自己能夠安全無虞。

做完研究以後，我重讀了所有治療筆記，看看我漏掉了什麼。我每晚伏案挑燈夜戰，覺得自己像個狄更斯筆下的抄寫員，周圍的文件都來自幾乎有兩呎高的卷宗。最後我找到艾倫娜一次寄給我的一封信，一封有六頁長、單行間距，表面上企圖解釋她的心靈像是一部電腦的書信。艾倫娜所有的書信都有標題，而這封信的標題是「讓我們把它們關在籠子裡」。信是用一種活潑輕快的語調寫的，隨著我解構信件內容，我理解到這封信幽暗地預告了她的心理狀態。這是一個對我的警告，而我在當時沒能理解。

她埋下了線索，隨口在信件結尾提及她已經看過《西碧兒》，一部根據實際精神病案例改編分集播出的電視電影。西碧兒在身體、情緒與性方面都受到她母親的虐待，發展出多重人格疾患。艾倫娜著迷於這部電影，很快就買了原著，且在一天內就讀完了。她寫下她有多訝異於西碧兒竟然有多重人格疾患，就艾倫娜的看法，「發生在她身上的事情這麼少。」實際上這電影可怕到很多人根本看不下去。文本中所埋藏的，以及術語掩飾的背後，是艾倫娜對於西碧兒患有這種疾患的恐懼。最讓她害怕的是西碧兒無法控制她的諸多人格，是它們在控制她。艾倫娜承認她也運用不同的人格，但它們留在她的腦袋裡，由她來控制它們。她把自己的心靈比擬成一部電腦的中央作業系統，除了不同人格的程式之外，她一次可以跑好幾個程式。她稱呼這些人格是她的嘍囉。舉例來說，如果她不想代表她的事務所出現在法庭，她會派出一個不同的人格，一個有自信的嘍囉，會跟那些律師對嗆、拒絕出席。她堅稱從沒有人注意到那不是真正的艾倫娜。她說這聽起來像是西碧兒的程式「失控」了。艾倫娜用一種隱晦的方式承認，她擔心自己最近經歷了某些「失誤」。直到我重讀那個段落，我才領悟到艾倫娜是什麼意思：她就像是西碧兒，不再能掌控她所有的人格了。

既然已經有了我所需要的證據，現在就該以這個診斷來跟艾倫娜當面對質了。我打電話到她辦公室，而她語氣溫暖地跟我寒暄：「喔嗨，小吉。我本來正想打電話給妳。好久不見。我們照舊在星期二會面嗎？」這是平常艾倫娜的聲音，語調溫和而有禮。

我必須仔細思考如何應付即將來臨的這一節治療。艾倫娜真的是多重人格患者嗎，或者更精確地說，是解離性身分疾患患者？如果答案是肯定的，我必須承認突如其來出現在辦公室的她有不同的聲音跟人格，甚至連走路方式都不同，O型腿的步態像是老西部片裡穿皮褲的牛仔。然而，有幾個理由要替這個診斷打點折扣。首先，這個不同的人格在三年來只浮現過一次，這點本身就很奇怪。替某人貼上任何疾患的標籤，還是在治療師在場只發作過一次的疾患，在最好的情況下都很冒險。其次，這一切似乎都太牽強附會了。我已經執業二十五年，從沒看過任何類似的狀況。我必須謹慎行事。這種診斷在文獻裡一直有很大的爭議，不只是針對診斷的正當性，還包括某些治療師可能在有意無意之間，把不同人格的觀念植入病人心中。

艾倫娜來做週二的診療時，從臉部表情我就能看出她恢復原來的自我了。她回報說雇主對於她缺勤的十三天很是掛心，她告訴他們是肝的慢性病加劇了。「我不想說謊，至少這是真的。」

為了不說任何有引導性的話，我只是問她：「在妳出院以後的四天裡，妳做了些什麼？」

「我好像不記得。」在漫長的沉默之後，她改變了話題。「我離開珍，現在住在距離這裡只有幾個街口的新公寓裡。其實我不知道這一切到底是怎麼發生的。我漏掉的東西太多了，讓我必須打電話給珍，但我很怕這麼做。」在我問起珍過得如何時，她說珍心碎了，甚至無法去工作。我承認離開她們的家一定是很困難的事。

「老實說，我根本不知道我怎麼辦到的。除了亞特，我真的不喜歡傷害任何人。就算是對他，我也寧願只是忽視他。我猜我可以很殘酷，因為珍說我就是這樣。」

「這聽起來不像妳。」

「我**必須**離開那裡。」

「我懂，妳必須繼續前進。珍是個家長，也是個巧妙的選擇，因為身為跨性別者意味著她可以同時扮演母親與父親。但隨著狀況開始好轉，妳不再需要當她的孩子了。妳想做個青少年，然後是個年輕成人，並且跟年齡與妳相仿的女孩子發展關係。」艾倫娜看起來很困惑。所以我說：「妳開始在情緒上有所成長了。想要約會並且遠離妳的父母，是青少年最重要的一個發展。」

我問她為什麼這麼難以告訴珍她想離開。

「這樣很殘忍，而我拒絕殘忍。我還是孩子的時候，就決定把這種事留給亞特去做了，」她這麼回答。「珍沒做任何活該被我無情對待的事，尤其我答應過我會永遠愛她。某種程度上，我確實愛她，而且永遠如此。她是個非常好的人，但我並沒有在跟她戀愛。」

我努力讓她理解她有情緒上的權利，行使這些權利並不殘酷，同時我問艾倫娜：「將近百分之五十離婚的人都像亞特這麼殘酷嗎？」（當時離婚率剛好超過百分之四十五，此後就下降了。）

「那百分之五十的人一度彼此相愛，但接著其中一個或兩個人都改變了，婚姻再也行不通。這種事就是會發生。每個人都跟別人分手過，除非我們都跟自己的第一個約會對象結婚。有聽過〈分手很難〉（*Breaking Up Is Hard to Do*）這首歌嗎？」

「多謝了，尼爾．薩達卡（Neil Sedaka），」她說。「我猜我懂。每個人在人生中的某一刻都曾分手過。」

我指出治療幫助人成長，有時候附加的損失也包括必須轉換伴侶跟朋友，把其他人留在後頭。艾倫娜所面對的兩難是她急切需要脫離這段關係，卻不知道如何堅持立場讓事情發生。所以她被困住了。

「我想要自殺，卻活了下來，這爛死了。我把自己逼入死角。」

「妳把自己逼入死角的時候，發生了什麼事？」

「我什麼都不記得。」

「唔，我可以告訴妳，上星期沒預約就突然出現在這的女孩並不是艾倫娜。」

她看起來大惑不解。「我上星期不在這裡啊。」我向她保證她有過來的時候，她說：「喔不。」接著走向她的外套，把手伸進口袋裡，然後抽出一張從《大西洋月刊》撕下來、變得皺巴巴的雜誌頁面。我讓她回想起她對雜誌勃然大怒的事，她手肘撐在膝蓋上雙手抱頭。她面如死灰、氣喘如牛，但現在是逼她一下的時候了。

「上星期在這裡的是誰？那**不是**妳。」

她終於坐起身說：「很遺憾，聽起來像克羅艾，最後那個字母要發成『艾』。如果妳唸錯了，她真的會很火大。」

艾倫娜坐了幾分鐘，然後很少見地直視我的雙眼。她說亞特錄音帶整天在她腦袋裡播放，她必須採取某些對策。「對付亞特會變得很累人，我需要幫助。多年前，我發明出其他人設法處理那些錄音帶，好讓我能正常運作。」艾倫娜後來告訴我，她假定每個人腦袋裡都有他們不會公開討論的其他人格，要不然他們要怎麼應付這個世界？

「替代人格（alternate personality）？」我問道。

「我猜是吧，如果妳想用術語稱呼它們的話。我叫它們『程式』。」我請她詳細說明，她描述了克羅艾：「她很惡毒，像隻兇狠的臭鼬。她對亞特又吼又叫，叫他滾。」

我冒險再更進一步，問她克羅艾是不是唯一一個跟亞特作戰時出現的人格，艾倫娜洩露了另一個替代自我的存在，一個名叫羅傑的陰沉青少年。「他會給亞特白眼，就好像他是一顆傷眼的疣，」她說：「亞特一直都很痛恨別人不理睬他，而羅傑很懂得這點。」我再一次要她多說點，問是否還有別人。她露出微笑，然後描述了某個叫做阿摩斯的人。「他是個鄉巴佬，有點像是一位好意的鄉下人。在亞特對我大喊大叫，用一些下流的話形容我的時候，阿摩斯就會取笑他。」

接著，在三年療程中艾倫娜第一次真正發自內心大笑，並開始用緩慢的鄉下人口音對亞特說話。「嘿，你這黏呼呼的小樹蟾蜍，別再嘓嘓叫了。」我沒像她那樣覺得阿摩斯很逗趣，不過艾倫娜說，他是她身上發生過最好的事情：他的笑聲擁有可以帶走亞特的力量，揭露他是個「狡猾的懦夫」。

我想知道這些人是什麼時候出現的。艾倫娜堅持他們並非自己浮現，而是由她來主掌他們。「克羅艾、羅傑跟阿摩斯就只是程式，由我來選擇運作的時機，」她說道。

「那為什麼克羅艾脫離妳的控制？」指的是她上次的來訪。

我感覺艾倫娜正處於險境，她可能會再一次意圖要自殺。我不再相信她那虛假的冷靜，我們必須迅速而堅決地採取行動。「想想這點，」我緩慢意有所指地說。

大約五分鐘後，她開始重述並串連起最近發生的事件。跟珍分手，無論這有多必要，對兩人來說都很痛苦。「她一直說我們本來很快樂，我們可以解決問題，」艾倫娜回憶道。「我試著承擔所有說我太壞或者太扭曲無法愛人的責備，但她不願放手。我被困住了，我猜就是在那時我讓克羅艾現身。我讓她非常殘忍地對待珍，而我大醉甚至聽不到她的聲音。唔，實際上，某種程度上我可以聽到她，就好像我在一口深井的底部，井口有些聲音傳來。」

藉由總結她當時的心理狀態，她說明了那個自殺的意圖。「我只是認定再也沒有人需要我了。亞特在千里之外，我妹妹有丈夫跟兩個很棒的孩子，她沒有我也過得很好。如今我對那個唯一奉獻人生來幫助我、愛我的人殘酷。我心想：『亞特是對的。我真的很邪惡。』然後吞下了藥丸。」

艾倫娜不記得前一週來過辦公室，更不要說是租下她的新公寓了。那一天她回去工作了，但不確定是怎麼做到的。看來是克羅艾完成了一切。

「妳確定這是她第一次跑出來？」

「就我所知這是第一次，」她承認。「我以為詩學教授在嘲弄我，所以跑出教室以後，我有一整個星期的時間不見了。我以為我緊張症發作。我以前有過這種經驗。**我想是。**」

我現在很想知道，艾倫娜的替代人格在她離開大學時是否有浮現。我還認為當她描述跟那個法律系學生「中午來一炮」時，我很有可能是在跟克羅艾談話。我注意到她那時講話也表現出與性格不符的自滿粗俗。

針對艾倫娜到底是不是罹患多重人格疾患或解離性身分疾患，心理學家可能會有所爭論。再強調一次，在此分裂出來的替代角色，是那些遺失卻重要的個人特徵的化身。如同我先前所說過的，解離性身分疾患對艾倫娜的症狀來說是更精確的診斷。在我「見過」住在她腦袋裡的人物以後，尤其這麼認為。艾倫娜無法生氣，但克羅艾卻是一種純粹的怒火；她無法待慢亞特，對他無動於衷，所以這就成了羅傑的工作；穿著連身牛仔褲的鄉巴佬阿摩斯，則藉著藐視浮誇的亞特來捍衛艾倫娜。無怪乎她這麼喜歡阿摩斯，不曾有其他人為她挺身對抗過亞特。我覺得這些人格技術上來說不是不同的人格，反而象徵了艾倫娜用來保護自己、抵抗亞特錄音帶時需要的特點。

現在我對於這種疾患掌握比較多資料了，我的下一步就是找到最好的辦法來幫助艾倫娜。其中一種是幫助她擺脫克羅艾、羅傑跟阿摩斯，設法把它們整合進她的主人格裡。舉例來說，如果艾倫娜學會如何表達她的憤怒，她就不再需要克羅艾了。如果她有自己的界線，她就不再需要交替用的人格。另一種方式野心沒那麼大，卻可能更加實際。讓艾倫娜把克羅艾、羅傑與阿摩斯留在她腦中，幫助她對抗循環播放的亞特錄音帶。我們可以努力強化她的自我，好讓她不會失去對其他自我的控制，並讓它們分裂出去。或者，如同艾倫娜所說：「絕對不能讓克羅艾、羅傑跟阿摩斯程式暴走。」

理想的解決方案會是擺脫那些錄音帶，但我不確定這是否可能。艾倫娜長期忍受虐待與剝奪，曾經承受創傷到這種程度的人通常受到不可逆的損害。他們可能會變得很偏執、沉默不語，或者有精神疾病，到最後進入收容機構。我必須接受還是會有些殘留的損害這個現實。如果嬰兒先挨餓，後來才得到餵食，他們的身體永遠都會留下食物匱乏的痕跡。嚴重虐待也是一樣，大腦會以奇特的方式適應，不過它永遠不會完全正常，不管正常是什麼意思。（如同我其中一個兒子老是說「正常」只是洗衣機上的一種設定而已。）我需要為我們的治療建立實際的目標，好讓艾倫娜跟我可以感受到我們已經成功了。

我決定最好的解決方案是假定艾倫娜需要其餘三個人格，用以對抗令人衰弱無力的亞特錄音帶。我們可以努力強化她的自我，好讓這些替代自我不必到外面的世界替她作戰。可以致力於應對上的策略，像是創造界線、學習主張自我權利，解讀自己的感受並照著行動。這樣在下一個危機出現的時候，艾倫娜的工具箱就不會空空如也。

在接下來的幾個星期，我們似乎變得更加親近。艾倫娜自殺未遂以後，她討人喜歡的纖弱外表就變成一種病態的蒼白，她的雀斑幾乎變得透明，淡色的眼睛看起來很空洞，像個眼睛上的漆因為年代久遠而剝落的瓷娃娃。「老實說，我覺得過了好久，」有一天她用幾乎耳語的音量說道。「戰爭已經延續好長一段時間了。」對艾倫娜來說，跳過黑色喜劇跟反諷，就這麼承認她的生活一直很艱辛是很不尋常的。**她決定要真誠相待。**

我把這看成是關係的往前邁進，而且用這個毫無防備的時刻來展現同理。「自妳出生就必須為神智健全與性命奮鬥，而且是積極地戰鬥，肯定完完全全是個地獄，」我說。「難怪妳會有戰鬥疲勞症狀，妳奮戰的時間比任何戰爭英雄都來得長。」

她低頭看著地板點點頭，說她最喜歡的歌曲之一，就是唐・麥克林（Don McLean）的〈星光之夜〉（*Starry, Starry Night*）。「這首歌是在唱文森・梵谷（Vincent van Gogh）。我常常在腦袋裡唱那句梵谷為他的神智健全而戰的歌詞。」

我也喜歡那首歌。我們兩個人都知道接下來講的是沒有人傾聽梵谷痛苦的心靈，所以我說：「希望妳知道，我正在傾聽。」

「我知道，」她對我微笑。這是個情感連結的美好時刻，我們無聲地坐了許久。

過了一個星期，我拿到一份艾倫娜的檢查報告，上頭概略說明她差點死去，且不願跟被派去訪談她的精神科醫師合作，也拒絕服用開給她的抗憂鬱劑。

「違背醫療建議出院，」上面如此宣稱。

艾倫娜下次來就診的時候，我跟她討論了這份報告。她模仿那個精神科醫師，用一種老白男的聲音說：「『喔，妳好啊，朋友。妳引起不小的騷動啊。』他想要我怎麼樣？道歉嗎？我就只是轉過身面對牆壁，直到他離開為止。」他沒花點時間看她的病歷表找出名字，叫她「朋友」也冒犯到她了。我打電話到醫院詢問後續處理，那位精神科醫師不記得她，必須查看她的病歷。

在我指出他們認為她需要抗憂鬱劑的時候，艾倫娜說：「是啊，嗯，設法要殺死自己的人不快樂。他們不會因為這個診斷拿到諾貝爾獎。」她說小時候被迫吃太多藥了，如今她絕對不會考慮用藥。「我會在治療裡努力工作，去練跆拳道跟柔道，可是我不要那套藥物治療的路數。除此之外，在心情方面，我真的覺得我現在比過去任何時候都來得好。」

我寬容以對，但想要得到她的承諾：如果她又覺得想自殺，就要讓我知道。

她同意了。「小吉，在可預見的未來，我不打算害自己沒有未來（Offing myself is not in the offing）。」

6 一村之力

對於治療中應該發生什麼事，有時候病人跟治療師會有不同的看法。但是在當事人中心療法裡，通常是病人設定時程表，背後的原理是只有病人知道什麼事情對自己來說最重要。如同先前提到過的，我通常都奉行這個方法，但在艾倫娜的例子裡，我以不同方式進行。艾倫娜不想討論她企圖自殺未遂，既然現在她已經跟珍分開了，她覺得危機已經過去。我不覺得。我挑戰她，說她需要建立方法來處理未來的情緒風暴。在我們共同參與的治療中，打造這些應對策略會是最後的一哩路。如果她被逼進死角，她會需要一個戰鬥用的火藥庫，不然她就必須再度變成克羅艾，而沒有人會想要這樣。關於自殺，如果她在開始贏得戰役的時候放棄了生命，是極度令人哀傷的事。

「贏得什麼戰役？」她問道。

我提醒她，她成功長大了。她不再需要珍，因為她不再是個受傷且需要父母的孩子。成人生活會引起許多危機，而且世界並不是用乾淨俐落的界線形成的。「有時候妳必須用一把鈍鏟子挖穿岩石，才能自己建立一座有圍牆的後院，」我說。要實現愛情、性與個性的成熟需要時間，

「這就是為什麼青少年這麼難搞。他們設法要搞清楚狀況，犯下各式各樣的錯誤。可是啊，這就是試錯。一路上總是會有些情緒的殘骸，歡迎來到成人世界。」

「我希望很快就會到達那裡，因為這個夢幻島要殺死我了，」艾倫娜說道，她看起來很疲倦，卻帶著一個諷刺的微笑。

我們著手進行的第一個自我強化技術就是建立界線。曾經擁有殘酷雙親的經驗，會讓這類人要建立健康的界線時碰到困難。艾倫娜必須學會說不，就算是對她愛的人也一樣。她需要告訴珍：「我現在是不同的人了，我已經改變了，而我不想再跟妳在一起了。」我重申誠實表達情緒與欲望並不是殘酷。「這只是混亂人生的一部分。」我說道。

在跟珍分手好幾個月以後，艾倫娜仍然很困惑可以用什麼不同的方式來處理這個情況。我盡我所能把事情講得很明白。「小時候，妳從來沒有機會去設定界線。說到界線，我指的是有機會說『不，亞特，我不會跟你做愛。不，祖母，妳不可以性虐待我。不，媽，我不會穿荷葉邊洋裝，不會假裝我是《清秀佳人》（*Anne of Green Gables*）。抱歉，葛蕾卿，今天吃過LSD、又被亞特還有他的朋友們強暴以後，我不想當一名七歲的母親。』」

她點點頭，似乎還是不太確定，所以我以正常叛逆的青少年為例。就連有一對好父母的青少年，都不見得會一直聽父母的話。有時候他們會設立自己的界線。如果父母禁止他們的女兒跟一個男生約會，她可能無論如何還是會這樣做：她會偷溜出去見他，覺得這沒什麼。孩子就是這樣脫離他們的父母，開始違抗雙親，然後變得更加獨立。他們走自己的路。「這叫做成長。」我告訴她，她碰過的每一個人，在他們的人生中至少都違抗過父母一次。

艾倫娜在驚嚇中往後靠向她的椅子，她以為有界線是自私的，她不知道那是因為亞特的殘酷與自戀，才會不容許界線存在。她根本不知道**就算珍是個好人**，她還是有權利想要分手。

在接下來幾個月裡，我們在會談時間進行角色扮演，幫助艾倫娜學習如何設定界線。我們使用「此時此地」這個完形療法的作法，意思是從她的現在而非過去來演出一個場景，以便在一個問題上工作。問題跟艾倫娜目前在多倫多的家庭生活有關。她住在離葛蕾卿一個街區之外的地方，葛蕾卿有丈夫跟兩個學齡前的孩子。她們常常見面，也會跟她們的母親見面。十二年前，她母親聽說亞特被捕，同時領悟到他已經沒有能力對付她跟孩子們，就立刻從英國回來就近待在女兒們身邊。她也做為一名女同志出櫃了，帶著她的長期伴侶佩姬一起回來。現在她母親跟佩姬住在離艾倫娜與葛蕾卿五分鐘距離的地方，而且全都頻繁來往。

在角色扮演的會談中，艾倫娜想要處理她母親的幻想，她想像自己一直是常在左右的家長。艾倫娜對於母親會告訴葛蕾卿怎麼管她的小孩這點感到心煩。「在我母親說：『喔，妳知道，我也是個母親，』時，我會被激怒。當她說出『在妳們還是小女生的時候，我習慣這樣做』這類的話，我很想回說：『全都不是真的。拜託住嘴，我不想參與這類空想。』」但艾倫娜覺得母親走過地獄一遭，過於脆弱以至於聽不得任何批評。

在一次她母親、葛蕾卿還有佩姬都在的探視中，有個機會出現了。那時葛蕾卿學步期的孩子哭了起來，艾倫娜的母親說：「就讓他哭吧，我就是這麼做的。」艾倫娜很想說：「是啦，十五年來都是，」但她沒有，反而照著我們在辦公室裡練習的。她跟她母親說，實際上她並不是一個積極參與的家長。畢竟錯不在她，她不想責怪她，但也不想跟她共享這種親職教養的幻想。她母親哭了，說她不必聽這種「胡說八道」就離開了。

但佩姬留下來了。「我知道妳是什麼意思，艾倫娜，」她說：「我注意到她這樣做很惱人。妳才是真正的家長，我不會怪妳，就給她一點時間吧。」艾倫娜說佩姬的評論對她意義重大。而她母親那週隨後打電話來，東聊西聊卻沒提到那次爭執，反而訂下聚會的計畫。

我問艾倫娜對她母親的電話有什麼感覺。「很震驚，」她說：「我以為她要不是會崩潰，就是永遠不再跟我講話了。我確定佩姬有幫上忙。」

在我要求她界定憤怒與殘酷的區別時，她說她把它們看成是同一種東西的漸進。我告訴她學習表達憤怒，是另一樣她需要在救生包中備妥的東西。

如同我曾經向丹尼解釋過的，憤怒有個壞名聲。實際上，憤怒是一種談判手段，幫助我們為自己挺身而出，說出：「離開我的地盤，你踐踏到我的自我感受了，別再跨進我家後院一步。」然後交由另一個人決定如何應對妳的憤怒，決定這是不是個合理的問題，需要由他或她在行為上做出改變。「妳母親很受傷，然後她考量這件事之後，就再也沒提過她的『母親幻想』，」我說道。我強調憤怒是一個人想要獲得不同對待的訊號，這是健康的。**殘酷**是某個人刻意要傷害別人。為了闡明這一點，我說：「殘酷是會說出『媽妳給我聽著，妳根本不在乎我們。妳就是愚蠢的雛妓，嫁了個虐待狂，還生了不止一個而是兩個孩子。然後在妳可以逃走的時候就閃了，留下我來承擔去對付那個精神變態的後果。』」

「是啊，不過老實說，有時候我確實很想這樣。」

「誰都會有這樣想的時候，不過妳沒說出口。這樣只會傷害她，不會改變她的行為。」

隨著時間過去，艾倫娜開始沉著地處理愈來愈多的情緒衝突。她對她母親設立界線、跟珍見面簽署房地產抵押文件。她們必須每週見面一次，來回接送貓咪「字型」，而且設法像朋友一樣一起喝咖啡。克羅艾、羅傑與阿摩斯仍然在艾倫娜腦袋裡玩耍，幫助她應付亞特錄音帶，不過它們沒有揚言要再次現身。

隨著第三年治療結束，我領悟到我們有過一趟危險的雲霄飛車之旅。曾經對她的自殺傾向渾然不覺這件事還是很困擾我，我本來應該更有警覺心才對。艾倫娜在青少年時期之前就企圖自殺過——根據研究，一個人一旦嘗試過一次，就很有可能再試一次。

一次我問艾倫娜為什麼沒告訴我她在考慮自殺。她說她覺得對珍做的事情太壞了，我會討厭她。她對自己感覺太糟糕了，以至於她想都沒想過我會在乎她。我說：「那是亞特的想法，不是嗎？他會說我真的不在乎妳，看起來是那樣只是因為妳在付我診療費。就像他說妳會拿到全額獎學金，只是因為魯伯特王子港的其他人都很笨。」我告訴她，我很遺憾讓她在苦惱中覺得如此孤獨，並且為我沒有領悟到她的絕望有多深道歉。

心理師必須從經驗中學習，而我肯定從我在這個案例裡犯的錯誤中有所學習。此後我就會跟我的臨床心理學學生講到，這些自殺案例是在病人顯然有所好轉時發生。不只是因為病況的好轉需要把舊有的防衛機制拆掉，這點會帶來壓力；而是自我虛弱與一直受到忽略的病人，常常不知道在碰上危機的時候要如何求助。他們不相信自己值得那些額外的關照，所以他們的絕望會藏在雷達偵測不到的地方。

另外一個讓我不安的地方，是我沒發現艾倫娜可能有解離性身分疾患。那段大學之後「緊張症發作」的時期，加上描繪那起法律事務所露水姻緣時聲音跟舉止的改變，本來應該讓我心生警覺。在她冷不防出現在我辦公室的時候，我本來應該有所覺察，並且問清楚我在跟誰說話。然而這種狀況如此罕見。說真的，在這之前或之後，我都沒再見過多重人格疾患患者，以至於我從沒想過這是可能的診斷。

診斷的確立是一種很好的知性訓練，不過這只是一種準則，不是不能變通的規則。心理師不該讓自己變成流程的奴隸。每件事都有階段性的變化，有時候可能會有輕微跡象，卻不是真正徹底的發病。同樣的，艾倫娜真的是一名解離性身分疾患患者這件事，我也從來沒確認過，因為她的替代人格在極端高壓的情況下只出現過幾次。艾倫娜顯然在解離性身分疾患的光譜上，但她從來不是清楚明白的病例。

艾倫娜正在進步。她更能降低亞特錄音帶的音量，也結交了一些同志朋友。她在一個同志冰壺運動隊伍裡享受社交，即便她跟這些人沒有性關係。同志社群裡的這種同胞情誼對她來說是新鮮事，也是個令人寬慰的啟示。在她碰到她不喜歡的人時，她不再覺得被他們困住了。她能夠選擇她的朋友，並遠離其他人。

她很快就度過她的「狂野女孩」時期，開始對性愛失去興趣。在她所謂「中午來一炮」之後一年，她發現要是沒先喝一杯，她很難跟別人發生關係，唯恐她們會看到她滿是傷疤的生殖器。她說這也會激發糟糕的回憶，或者成為創傷觸發點。她發現禁欲對她的精神狀況來說最好，既然她有這麼多傷疤增生組織，在性愛中她橫豎就是沒多少感覺。艾倫娜評論說，她從恐怖的兩歲進入青少年時期，然後就直接進入更年期——這一切全都發生在兩年內！

我們笑了出來，我指出她終於要追上我了。

有個事件給了我治療即將要結束的訊號。在我關於童年的回憶錄《太靠近瀑布》（*Too Close to the Falls*）一九九九年出版時，艾倫娜很是著迷。她甚至把某些段落背起來了。身為一個治療師，我之前沒談過我自己，所以她很享受發現我的人生故事，就像我也知道她的人生故事一樣。她覺得特別逗趣的是，我也曾經是個古怪的小孩。她發現有仁慈父母的快樂童年讀起來很迷人，因為她本來一直假定有這類童年的人是在幻想。對艾倫娜來說，我的回憶錄讀起來像個異國童話故事。她最喜歡的部分是我每天晚上跟我母親散步到餐廳去，我們會在這時抬頭看星座，假裝我們是騎著駱駝的探險家。我曾經寫到我母親總是聆聽我這個六歲小孩解釋的科學與社會現象，就好像聽那些很吸引人似的。

艾倫娜回想我書裡頭這個部分的時候，眼淚開始從她雙頰流下。這是她唯一一次在我面前痛哭。最後她哽咽著說：「有一次亞特對我很好。在我讀妳的書以前，我完全忘了這件事。他在夜裡把我叫醒，然後跟他到外面去看北極光。他說，北極光正在上演驚人的燈光秀。」她回憶起紫色、綠色與血紅色的光，像閃電又像漩渦一樣劃過天空。「亞特告訴我之所以有北極光的科學解釋，還有世界上不同部族賦予北極光的神話。從伊斯特拉坎人到中國人都描述過北極光，前者稱之為『風之光』，後者稱之為『燭龍』。無論如何，我們躺在那裡看了很久，然後我上床去睡覺。」

然後艾倫娜看著我，帶著她淺淺且謎樣的微笑說：「小吉，妳不會相信我兩天前做了什麼。」她停頓了很久。「我打電話給亞特。查出他的電話號碼，然後打給他。」

我幾乎不敢相信，在她描述這通電話的時候，我驚訝到說不出一句話來。「在我說：『是我。』的時候，他說：『唔，世界總是無奇不有。妳好嗎？』他非常愉快。如果他有這個意思，嗑的藥物又混得剛剛好，他就可以有那種表現。我說我會打這通電話是因為我讀了一本書，讓我想起他讓我看北極光的時候。實際上，他記得滿清楚的，我們聊了聊這件事。他也跟我玩同一款電腦遊戲，所以我們講到要怎麼到下面幾個關卡。他沒問起葛蕾卿或其他人。他說：『嘿，妳為啥不找個時間出來看看我。』我說我很忙，他說：『好，多謝妳來電，祝妳好運。』然後我們就掛了電話。」

我就只說得出「哇」這個字，最後終於加了句：「妳真的會考慮去見他嗎？」

「永遠不可能。我跟葛蕾卿說我打電話給他，她摀住耳朵說：『不要說了！妳要嚇死我了。』所以我不提了。」

我問她現在感覺如何，艾倫娜說她很高興做了這件事。

「我想這樣做能在無意識裡多少拔掉他的尖牙，」他說：「他只是個衰弱的老酒鬼，有一副酒喝多了的破鑼嗓跟老菸槍的咳嗽。我掛掉電話的時候甚至沒發抖。我不再是四歲，他也不是那個力量遠超過我的鼻涕怪。我現在是個大人了，他無法控制我。」

我提醒艾倫娜，她一整個人生都在對抗亞特。在她覺得特別受到威脅且無法單獨處理亞特錄音帶的時候，她把克羅艾、羅傑跟阿摩斯帶了進來，然後一起對抗他。

「要用一村之力才能養大一個孩子。」她帶著譏諷意味這麼說。

艾倫娜如何維持她的神智健全？我相信正如維克多．法蘭克在《活出意義來》裡面描述的，艾倫娜在她的人生中發現了意義。她每天都告訴自己，她必須照顧葛蕾卿。她遭受苦難的目的是為了改善他人的處境。為了她妹妹，她推開所有自殺與逃亡的念頭。無論有多疲憊，她從來沒放棄她的諾言。

在打電話給亞特後不久，艾倫娜說：「妳知道嗎，小吉。我讓這一切結束了。我想我已經做了所有我能做的。我已經登頂了。我以前會急著到這裡來，但現在就只是赴個約而已。」

我同意我們已經來到了這條路的盡頭。我很高興她達成這麼多成就，但我有點捨不得。我非常喜歡艾倫娜，我會想念她的誠實與機智，但最主要的是想念她的勇敢。我本來希望她運用她聰穎的大腦，變成一個數學家或律師，但對她來說壓力太大了。那些是我的夢，不是她的。再加上，時間在大步前進，她很快就四十歲了。她繼續在法律事務所工作，每年都拿到很多紅利。艾倫娜說，克羅艾從未再出現，而錄音帶的聲音從來沒這麼微弱過，有時候甚至會連續好幾個小時沒有聲音。如她所說，她不再「跑有克羅艾跟羅傑的程式了」，僅僅只是「不再需要他們了。」但承認阿摩斯仍然跟她同在。她大笑起來，然後說：「我就是很愛這傢伙。」

多年之後，當我在準備這本書，我在臉書上找到艾倫娜，傳給她一個訊息談這件事。她告訴我她很好，不過她不想見面，因為她處於「冬眠階段」。我們還是交換了電子郵件，這一直是她最喜歡的溝通方式。其中一封信包含了某些意料之外的新聞。跟為數眾多的人一樣，艾倫娜玩暴力戰爭電玩許多年了。玩這種遊戲的每個人都有假名，所以妳不會知道對手的身分。在遊戲裡有個世界規模的排名代表成功，艾倫娜幾乎到頂了。但有個男人一直打敗她。如同艾倫娜所寫的：

他很狡詐、迅速又機靈，而且似乎總是知道我下一步要做什麼。然後大約三年前，他停止比賽，我則贏得頭銜。（我至今最花俏俗氣的成就。）我發現那傢伙是亞特。我們在對抗彼此，就跟我們的現實生活一樣。他不再玩的理由是他突然掛了。他在我們的老家死掉很久以後才被發現。

艾倫娜總結了她的生活，說她仍然在那間法律事務所工作，沒有伴侶關係，而且獨自跟她的貓字型二世住在一起。讓我驚訝的是，她跟她母親還有佩姫住在同一棟複合公寓大樓裡，常常跟她們見面。她仍然跟葛蕾卿還有她的兩個外甥很親，他們都上大學了。不幸的是，許多年來都過得很好的葛蕾卿，現在承受更嚴重的創傷後壓力症候群、藥物閃回，還有其他跟亞特相關的創傷。這讓艾倫娜很難過，她說她一直希望自己有保護葛蕾卿免於亞特的傷害。

她把時間花在她的兩個嗜好上：踢拳與物理學。某種程度上，她也是弦論跟場論的專家，參與物理學的線上討論社群。她跟珍仍然維持緊密的友誼，雖然字型一世已經過世了。兩個人後來都不再進入長期關係中。

在我問起她的心理健康時，艾倫娜說她學會強力捍衛她的界線。她需要例行常規，然後她會「嘗試一些有趣的事情」，其中一件是麻省理工學院的線上課程。不過一次某位教授要求她在一個專門的論壇上發表她的見解給所有人看，她謝絕了，覺得自己還是待在外圍就好。她說她認識到自己的限制。然而無論她的世界有多小，她都不「忍耐任何屁話」，也不需要任何替代或分裂出來的人格來做這件事。

她只有在非常疲倦、或者做非常有壓力的事情時，才會聽到亞特錄音帶。「但現在我播放小吉錄音帶，」她寫道。我有點不安地問起那些錄音帶上有什麼，她在幾天後回應：

小吉錄音帶是妳說過的話的逐字匯編。我最常用的那一捲，是當妳說我是英雄的時候。我想像自己是神話中的忒修斯（Theseus），刺殺了像亞特一樣的米諾陀（Minotaur）。亞特在我腦袋裡喊著他的污言穢語跟輕蔑之詞的時候，我告訴他，不及我強壯的人會包著尿布關在後排病房裡，相信二加二等於五。然後我告訴他，是他走運我才沒殺他。記得妳說那句話的時候嗎？我聽到妳的聲音說他是個自戀的懦夫。通常阿摩斯也會跟著附和，通常我都可以讓亞特閉嘴。

她用這個方式總結她的人生：「我守護我的界線，就像一隻垃圾場的狗，只要我留在我受到保護的垃圾場裡，我就開心得不得了。」

我問她如果有的話，治療有為她做過什麼事。

我必須說面面向向都讓我的生活有了改善。對我來說最優先也最重要的是，我再也沒有古怪的「抽搐」了。這是非常重大的事，要謝謝妳不辭辛勞地追蹤「觸發點」（最近這個詞彙被誤用及濫用的程度，讓我使用的時候忍不住會翻個白眼），然後解釋整個過程直到我理解為止。很驚

人的是，理解這件事發生時我的腦袋怎麼了，讓我能夠掌握並控制情況，且在某件事揚言要喚醒我不想重溫的記憶時，讓我的大腦免於拉上總開關。所以，雖然我痛恨治療的每一秒，直到最後一年，在診療時間來臨前還是會嘔吐跟起疹子，這是我為自己做過最棒的事情。

在最後我問她人生是不是有哪裡不同。

我本來會殺死亞特。

瑪德琳

「魔鏡，魔鏡，我在此。誰是國度裡最美的人？」

——格林兄弟，《白雪公主》

1　父親

事實證明，我身為治療師的最後一個病例，是最令人著迷、肯定也最不正統的病例之一。讓人驚訝的是，我人生中令人著迷與不正統這兩件事時常攜手並進。瑪德琳・阿林頓，一位曼哈頓三十六歲的古董商，在有心理問題的母親夏洛特及缺乏一致性的父親鄧肯的影響下，成長於多倫多。打電話來要求我治療瑪德琳的人是鄧肯，而這通電話是在他本人接受我短期治療的六年後打來的。當我回顧治療這位父親及隨後又擴及至女兒所犯下的錯誤，我唯一能夠提出的解釋就是我強力受制於對雙親的移情作用。

移情意味著很多事情。第一種意思就只是治療師與病患之間的關係強度。或者也可以是更複雜的事情，如同佛洛伊德所指出的：重新引導那些無意識中從童年保留下來的感受。病人可能把他對於一位家長或另一個權威形象的感受，轉移到治療師身上。舉例來說，在我說丹尼「帥」的時候，他就把小時候的憤怒轉移到我身上，但那憤怒是在寄宿學校被神父虐待所產生，那位神父也說他很帥。丹尼跟我都必須設法排除這種移情，這個過程幫助我們發掘他埋藏的痛苦，是我們成功治療的關鍵。

同時也存在著「反移情」，治療師發展出對於病人的種種感受。這通常是在無意識中發生的——無意識的動機之於我們行為，可以成為最強勁又最有害的宰制者。問題不只在於一開始的反移情，而是病患也會察覺到這一點，然後學會操縱治療師。在我不慎把對先父的感受轉移到瑪德琳的父親，那位比我年長二十五歲的患者身上時，就發生了這種事。雖然鄧肯只做了短暫的治療，且時間早於瑪德琳許多年，但那時的遭遇到頭來會讓我以猝不及防的方式，影響我對瑪德琳的治療。這就是為什麼講瑪德琳的故事，要先從她父親短暫卻高強度的治療講起。

一九九八年，當年七十歲的鄧肯·阿林頓打電話給我尋求婚姻諮商。身為一位WASP（白人盎格魯薩克遜新教徒）上流階級，鄧肯生於多倫多最古老也最富有的家族之一，他的名字鑲在醫院廂房的牌子上，還經常出現在報紙的商業與社交版面裡。在我告訴鄧肯我不做婚姻諮商的時候，他優雅地說：「很好，因為我其實不是真的結婚了。我跟某個人同居，雖然我愛她，但她頭殼壞掉。」在我看來，對於一個七十來歲的男人來說，「頭殼壞掉」是個不尋常的用詞。

不知為什麼，他說服了我單獨看他一個人，好讓我們可以討論這段關係。然而在他來赴約的時候，他讓女朋友凱倫也跟著來了——不幸的是，他勸服我同時見他們兩個。我可以看出他為什麼會是個如此成功的生意人，他擁有能贏得勝利的組合：充滿力量卻不誇大。然後，在我領著他們進辦公室以前，鄧肯露出大大的微笑，喊我「凱西」而不是吉爾迪娜博士。他讓我想起我那身為美國人的父親，他也是個外向、有自信、友善的生意人，會馬上叫我凱西而不是吉爾迪娜博士，而且也穿著同樣的粗呢西裝外套，搭配兩倍硬挺的襯衫。

在此同時，把深棕色頭髮往後梳成髮髻的凱倫，容貌與那位讓溫莎公爵放棄王位，在一九三六年迎娶的離婚美國婦人華麗絲・辛普森（Wallis Simpson）驚人的相似。以她七十一歲的年紀來說，外表意外地不像是個花瓶太太。她穿著海軍藍的拉夫・勞倫運動外套，搭配一件髖部側面鼓起的那種騎馬馬褲。與心理師第一次見面就打扮成七十來歲的女牛仔，是不太尋常的服裝選擇。

第一次會談，我得知鄧肯在高中時就愛上了凱倫，並在他上大學以前就訂婚了。他一邊說，一邊帶著深情的微笑握住她的手：「在我們別墅的船塢還有鄉村俱樂部的泳池邊，她都是最漂亮的女孩。」但在訂婚之後不久，凱倫對於自己被留在家鄉感到不悅，隨即匆促地嫁給別人——這個男人到最後會留下她孤身一人，身無分文又帶著四個年幼的孩子。在接下來這段艱苦的時期，她曾經數度精神崩潰，歷經電療跟入院治療。事實上，她看起來確實比實際年齡還大，既憔悴手指又沾有尼古丁的菸漬，有聽來疲憊又粗啞的菸嗓。

鄧肯回到家發現未婚妻已經嫁給別人，幾乎要瘋了。接著在去瑪莎葡萄園（Marthás Vineyard）拜訪他富裕表親時，遇到一位暫住在那的絕美金髮女子，名叫夏洛特。為了撫平失戀之痛，他很快娶了夏洛特，後來才發現他的新婚妻子是一位被母親派到那迷惑鄧肯的窮親戚。一旦她釣上這個富有的年輕男子，他就必須照顧她家徒四壁的家。這招奏效了。

鄧肯跟夏洛特生了一個小孩瑪德琳，但多年來夏洛特有過好幾次外遇，最後為了另一個男人離開了鄧肯跟她女兒。鄧肯跟凱倫在他們六十歲後半的時候復合了，他們沒有結婚，已經同居四年了。

在我請這對情侶描述困擾他們的主要問題時，一長串凱倫的惡言謾罵傾瀉而出。「鄧肯是個一毛不拔的吝嗇鬼，」她說：「我住在城裡占地有一整個街區的豪宅裡，但大多數房間都是封閉的，因為他不肯開暖氣，家具都蓋著白床單。那個地方正在崩塌，他卻不願意修理或者讓我裝潢，所有裝潢都是他前妻夏洛特弄的，或者我該說是他的**現任妻子**。那裡是給他母親的古董跟他天殺的古怪女兒住的陵寢，那個女兒在曼哈頓做古董生意。妳可能聽說過她，瑪德琳・阿林頓。」我確實聽過，因為到處都有文章在寫她是在紐約揚名立萬的加拿大人。

凱倫作勢吸了口菸，然後吐出下面這段話：「所以去年有一天，我真的受夠了。我走遍整棟房子，打爛每一樣屬於他母親跟祖母的古董。那個賤貨女兒，請原諒我說粗話，一聽說這件事，就飛回家叫了警察，要起訴我。在她走進屋子裡的時候，老實說我以為她會殺我。**我擔心我會沒命**。」

我驚愕於凱倫的所作所為，還有她用那麼有自信幾乎是驕傲的方式描述這種毀滅性的行為，彷彿自己是戰場上的拿破崙。為什麼如此傑出的男性會選擇這麼野蠻的伴侶？現在就在治療中探索這個議題太早了，所以我繼續蒐集資訊，問他們兩個損失的範圍。鄧肯用四平八穩如同描述天氣的語氣說：「有數百件物品被砸碎，估價人員說那批貨價值數百萬元，其中某些品項已經保存好幾代了。實際上，它們屬於我女兒瑪德琳。我母親把這些古董留給她，只是她搬去曼哈頓的時候沒把它們拿走。她將那些古董留在她童年的老家——」

「他媽的又怎樣？」凱倫中途插話進來。「那就給我一筆津貼買些衣服、照顧我的馬，而不是在一些瑣碎的必需品上施捨一些小錢。靠著糧食券過活的女人都比我更自由。」

「就在上星期，我才買給妳三匹馬跟一座養馬的牧場。」

「你是買了牧場，對，不過那是在**你**名下，而這一切都會留給瑪德琳。如果你明天死了，我什麼也沒有。在你娶我或把我寫進遺囑前，你那個無情的女兒都不可以進入那棟房子。她認為房子是用來存放那些古董的，我則是來攪局的。她還有很多要學習的地方。**她可能永遠都不能再踏進那棟房子一步！**」

我很驚訝鄧肯以這樣沉著的態度承受所有辱罵。實際上，他在整個謾罵的過程中都面帶微笑。我問他如何處理凱倫的需求，他說：「唔，到目前為止，我不讓我女兒進屋已經一年了，但我不喜歡這樣。」

「**你他媽哭屁啊！**」凱倫說：「我可不是常見的那種小偷。」

鄧肯轉向我，然後說：「嗯，凱西，現在妳看到我們處境多兩難了。我無法娶凱倫，因為我已經跟夏洛特結婚了。而她是對的，我是個吝嗇鬼。我拒絕給夏洛特一半的資產，這就是為什麼我不跟她離婚。」

「你每個月給她一大筆錢，」凱倫說：「你怕死她了，而且你還愛著她。」

「我是給她錢讓她不會來煩我。」

「你是一隻害怕的小老鼠，讓瑪德琳那個迷你墨索里尼小姐統治你的生活。」

「嗯，我不會給妳錢或婚姻，但妳知道我多為妳著迷。」

我設法介入凱倫的謾罵，可是她跳過我大聲講話。通常人來做治療的時候，他們會先猛烈傾吐怒火，然後在接下來的會談裡安定下來做治療性的工作。所以我讓她大鳴大放。凱倫顯然性情反覆，我懷疑還有點精神錯亂。然而在她惡毒的叫罵之中，鄧肯平靜又友善熱忱的舉止，也同樣不尋常。

這對情侶離開辦公室的時候，我癱坐在辦公椅上。我說過我不做伴侶治療，為什麼還讓凱倫進房間？我是哪根筋不對了？

在下一次約診，我開場就問了鄧肯跟凱倫為什麼選擇彼此。我希望能引導出這段關係裡某些美好的事物，好讓凱倫冷靜下來。我要求鄧肯先說，他說他們有很棒的性生活（凱倫為此翻了個白眼），在一起有很多樂趣，而且有許多兒時的共同朋友。在我指出凱倫似乎很憤怒的時候，他說：「喔，只是說說而已。」然後他笑了出來，說道：「妳應該見見夏洛特的。」

男性鮮少提議做婚姻治療，不過鄧肯是對外求助的那個人。主要是擔心他的獨生女瑪德琳不被允許進入他們的家，甚至連過聖誕節都不行。與此同時，凱倫的四個孩子卻定期來訪。可以看出這點讓他不高興——就只有這件事微微戳破了他以歡樂掩飾得天衣無縫的其他面向。

「很難受是吧，羅密歐，」這是凱倫的反應：「**你選啊！**有她就沒有我。」她不會讓步。

我設法重新框架這個情況，好讓談話不會變成是在對抗，但他們兩人似乎都很享受這種唇槍舌戰。婚姻諮商停滯不前。我記下這個在共同生活的需求方面失敗的例子，鄧肯不讓凱倫有經濟上的安全感，同時她則保留著愛不給他。然而，我不確定他想要的是**真正**的愛。他想要那個穿著泳衣站在船塢的幻想女孩，想要回到他的青春歲月。

我只再見了他們幾次。每次會面，他們都變得更堅持自己的立場，甚至一點都沒察覺到兩個人都對問題有責任。他們要不是不想要真正的幫助，就是根本不知道一段真正的關係應該怎麼樣，又或者僅僅是我令人遺憾地缺乏婚姻諮商的能力。也可能綜合前述。我領悟到我擅長做個支持者，但任何一種調停都不是我的強項。

三年後的二〇〇一年，我五十出頭，碰上了一個生死交關的時刻。我決定結束私人執業，開始創意寫作的生涯。我已經聆聽他人的回憶二十五年了，現在該寫下我自己的故事了。所以我放棄辦公室跟所有的專業組織團體，快樂地在我家三樓的小閣樓裡工作。我著手寫下一部回憶錄《太靠近瀑布》，還有隨後的兩部續集《瀑布之後》（*After the Falls*）跟《上岸》（*Coming Ashore*）。

但二〇〇四年，我在寫一部關於達爾文與佛洛伊德的小說《誘惑》（*Seduction*）的時候，一通電話就突然讓我脫離心理治療的退休狀態。電話來自鄧肯．阿林頓，我已經六年沒有見到他了，他要我收他女兒瑪德琳做病人。既然我不再執業了，我提議把他轉介給一位同事。他繼續奉承我，說我對他的幫助有多大，接著以古典的談判風格問說要花多少錢我才會同意。我解釋說這不是錢的問題，我已經離開心理學去追求文學生涯了。他說：「想讓妳所有的書展示在多倫多每間書店的櫥窗裡嗎？妳知道，不過只是一筆產品的上架費用讓它們擺放在那裡。」在我謝絕的時候，他嘗試了另一種方法：「想要我買一千本書送人嗎？」這很誘人，但我也婉拒了。

第二天我去了這區當地的咖啡店，他出現在那，獨自窩在一個四人包廂座裡。他肯定找人跟蹤我了。他露出一個男孩般的笑容坐到我的包廂座來，並且告訴我瑪德琳苦於讓她愈來愈衰弱的焦慮。她已經三度癌症發作，每次都是不同類型，而她還不滿四十歲。在此同時，她母親夏洛特處處扯她後腿又貶低她。「相信我，我太太夏洛特讓凱倫看起來像德蕾莎修女。」我猜他的確知道仍在跟他同居的凱倫很惡毒。（這麼多年之後，他女兒**還是**沒得到進屋的許可。）

我指出瑪德琳住在紐約。鄧肯便提議付我一整天工作的費用，外加旅遊開銷，還會有個司機在拉瓜迪亞（La Guardia）機場接我。他再次好言相勸，說只有我真正理解包含凱倫在內的一整個情況——她摧毀了那些古董，而且照他的說法，對瑪德琳「發出了禁制令」。

我心不甘情不願地以六次會面為限，同意去見瑪德琳——而這個六次會面的約定將會變成四年。

有的是比每星期待在曼哈頓一整天更糟的事情。

2 女兒

瑪德琳在一些圈子裡名聲響亮，她是個自營古董生意、年輕又富有的女繼承人。過去以年輕鬼才的稱號名噪一時，會開著一輛梅子色的法拉利敞篷跑車，用快得要命的速度在漢普頓區（The Hamptons）一帶馳騁。

她的辦公室位於翠貝卡（Tribeca）一棟開放式舊倉庫大樓裡，一樓有一間要價昂貴的餐廳。往上的四層樓是她的古董公司，她住在頂樓的一間套房，那裡有個很大的屋頂花園。這棟建築物是一九七五年紐約瀕臨破產時，她祖母用很便宜的價格買下的。現身護送我的保全用他的對講機宣布我到了，接待櫃檯的某個人吼出：「喔，是吉爾迪娜博士。感謝上帝！我們再也受不了了。瑪德琳跟客戶在樓上辦公室裡。把她帶進來。」

辦公室有挑高天花板，還有高聳入雲的拱形窗戶，讓房間裡充滿了光。令人印象深刻的大柱子，分隔這一片肯定有六千平方英尺的空間。牆壁是磚砌的，地面由寬大的硬木板鋪設而成。

雇員們像是某個人踐踏了他們井然有序的家園，彷彿螞蟻一樣瘋狂地到處亂跑。講著東歐語言的男人們正在拆封從巨大木箱裡取出的古董，穿著名家設計服裝的女人們則踩著細跟高跟鞋走來走去，拿著夾板在他們後方徘徊，將任何損傷註記下來。快遞人員等著簽收。牆壁上有一排排從地板延伸到天花板的架子，上面的古董成千上百。每件古董上都掛了一條繩子，上面黏著一個三乘五公分的米色標籤，正反面都擠滿了小字。每當有人走過，紅色的動態感應燈就會閃爍。要把一個品項從架子上拿下來，你必須按下一個按鈕，解除警報器。一個下方有輪子的梯子從閣樓一頭迅速推到另一頭。

有個瘦小的男人掌管那座梯子，以及從架子上拿古董下來的工作。他穿著一件亞曼尼西裝，裡頭搭配一件背心，頂著一頭誇張的皮威．赫曼（Pee-wee Herman）[1]風格的髮形。六名雇員站在梯子底部要拿各種貨物，他大喊：「閉嘴，奴才！有沒有人聽過什麼叫排隊站好，等著輪到自己？天啊，有點禮貌。」我後來得知比較大件的古董被儲存在較上面的樓層，有個魁梧的黑人男性——負責所有木材加工與修理的工匠，從不開口講話，永遠穿一件史丹利．寇瓦斯基（Stanley Kowalski）[2]風格的汗衫、搭配吊帶加迷彩褲——用掛在脖子上的蜂鳴器來控制入口。在我走到接待櫃檯的時候，另一位穿著設計師西裝的男性雇員說道：「祝妳好運，妳會需要的。如果她對妳大吼大叫，她就是那樣。請別棄船逃亡，我們正在沉沒。」

我們約好的時間過了三十五分鐘以後，一個綁著黑人辮子頭、名叫維也納的健談女子，帶著我到瑪德琳辦公室內部的密室中，這是大樓裡少數有牆壁的房間。維也納穿著一件超短迷你裙，

1 譯注：喜劇演員保羅．魯本斯（Paul Reubens）發展出來的一個戲劇角色，個性孩子氣，在八〇年代十分走紅。

2 譯注：田納西．威廉斯（Tennessee Williams）的劇本《欲望街車》的男主角，充滿攻擊性的陽剛氣質。

一件黑色圓領背心，搭配黑白條紋緊身褲，看起來就像《愛麗絲夢遊奇境》裡的柴郡貓，她是那裡唯一一個愉快且完全放鬆的女人，走路時擺動著有刺青的雙臂。她告訴我瑪德琳有過很難捱的時光，到目前為止一直是工作讓瑪德琳振作起來。她講到她老闆的時候好像真的很關心，而且一點都不怕她。

進入辦公室的時候，我看到一張巨大的辦公桌後面站著一個高瘦的棕髮女子，她的頭髮梳到後面紮成一個髮髻。瑪德琳真的很美麗，有著閃閃發亮、毫無瑕疵的皮膚，還有豐滿的弓形嘴唇，就像白雪公主一般。她穿著紫色的天鵝絨細跟高跟鞋，還有一件驚人的普拉達套裝，由一件黑色塔夫綢長裙跟一件粉紅色的短毛衣組成。她是我見過唯一一個穿著奇特的普拉達服裝，還真能撐得起來的人。她還戴著很大的鑽石耳針耳環，看起來是蒂芬妮產品，還有個看起來像古董的鑽石墜飾。（多年後在我們的治療中，我評論說我從沒看過她穿同一套衣服兩次，她皺著眉說：「這是一種病。」）然而瑪德琳的妝容很奇特：唇膏超出她的上唇，在凹陷處上方形成兩個尖端；眉毛畫成兩條棕色細線，就像個一九三〇年代的女演員。儘管臉上有著過時的彩妝，她還是個引人注目的美人。

維也納離開房間之前，告訴瑪德琳說會保留她的來電。然後，為回應她老闆的一臉焦慮，她說：「不，我會請他們稍等。**我們必須這麼做**。」

在瑪德琳坐下時，我提到她看起來不怎麼像她父親。是不像，她說她看起來幾乎跟她母親一模一樣，而且有她父親的頭腦。我後來發現瑪德琳念的是耶魯大學，後來又去了倫敦政經學院讀研究所。然後她創立了她的古董生意，承繼她早年為祖母的蒐藏造冊時發展出來的熱情。她發現自己熱愛這種工作，因為這結合了她對祖母的仰慕，還有這兩個家族的特徵：神奇的商業技巧與藝術家的眼光。

我接著開始做家族史調查。瑪德琳告訴我，身為父母離異的獨生女，母親在她十五歲左右離開以後，她就跟父親同住到她去上大學為止。她二十來歲的時候嫁給一個叫做喬伊的男人，他們在九年後離婚。

在她敘述到這個時間點的時候，瑪德琳突然扔下她的筆說：「我們可以改天再談這段歷史嗎？我肯定會做這件事，但我必須先撲滅某些精神上的火災。」在我點頭同意的時候，她看起來如釋重負，脫口說出：「我狀況糟透了。我一直有焦慮跟強迫行為，可是從去年左右到現在，我變得愈來愈虛弱，這影響了整個辦公室。如果我崩潰了，整個地方就完蛋了。」

在我要求瑪德琳舉個例，說明她的症狀如何損害到生意時，她回答：「我無法旅行或讓任何同事去旅行，就怕碰上墜機。感覺好像我**知道**飛機就是會掉下來，我時時刻刻都在想這件事。」她說她以前跟父母會飛遍全世界去度假，跟她祖母的購物之旅也一點都不會不安。雖然她一直有強迫症的徵狀，最近這幾年症狀卻變本加厲。

「我告訴這間辦公室裡的每個人，如果妳不幫我，我們就必須關門大吉。」現在我了解為什麼雇員們看到我會鬆口氣了。我覺得很有趣的是瑪德琳一方面讓人望而生畏，另一方面又這麼容易受傷。上得了《富比世》（*Forbes*）雜誌的商業領袖，通常不會向他們的雇員包括保全在內，招認他們就要崩潰了。

這時瑪德琳開始換氣過度，所以我冷靜地向她保證，治療就像解開一個謎團，我們可以一起發現她的症狀來源，解決這個問題。她說她**必須**好轉，因為有這麼多人仰賴她。「有趣的是，妳首要關心的是妳對其他人的責任，而不是對妳自己的，」我說道。「大部分人會說：『醫生，**我**不能這樣下去了。**我的**人生是個折磨。』」

她的反應讓人大吃一驚。「老實說，沒有人在乎我。我不是『自憐』，我只是在說我有很多張嘴巴要餵。」這段陳述告訴我，她有誇大的責任感跟極少的自尊。

在瑪德琳列出她所有症狀以後，我可以看出她苦於強迫症（obsessive-compulsive disorder，簡稱OCD）與焦慮症。強迫觀念（obsession）是一種不請自來、侵入性的想法，會觸發焦慮。瑪德琳有的是認為她跟她的員工會死於墜機的強迫觀念。強迫行為（compulsion）是一個人為了擺脫強迫觀念、降低焦慮而從事的活動。瑪德琳會強迫性取消機票，減少她關於墜機的強迫觀念，如此減輕了焦慮卻癱瘓了她的生意。

雖然她父親鄧肯已經跟我說過她很焦慮，卻沒提過她的疾患。我主要治療焦慮，但將強迫症病例轉介給專家。所以我讓瑪德琳跟曼哈頓一位知名強迫症專家搭上線，然後說我們可以嘗試雙管齊下的策略：她可以去看他治療她的強迫症，由我來治療焦慮症。這樣做有點不太正統，但我覺得我們必須迅速處理很多問題。在我們討論這個治療計畫時，通往瑪德琳辦公室的雙開門突然打開，鄧肯大步走進且愉快地說：「喔太好了，凱西，妳在這裡！」

瑪德琳大吃一驚，喊道：「你他媽的在這裡幹嘛？你不能在一節治療中間這樣衝進我辦公室。滾出去！我不能去**你**家，而你認為你可以衝進**我**家？」

他沒有移動。她吼道：「我說真的，不然我叫警衛了！」

「是我叫凱西到這裡來的，」鄧肯說，露出一個故作茫然無措的笑容。在我眼前重播的是六年前凱倫飆罵他時，同一種奇怪的反應。

他拉出一張椅子，這時瑪德琳的聲音拉得更高了：「我對上天發誓，如果你不滾出這裡，我會去叫快遞配送員把你郵寄回去。你把我弄得一團亂，然後甚至不讓我好好做治療，讓我非得當壞人。說白了，你就是個霸道的混蛋。」

「好啦好啦，」鄧肯開始往門口移動的時候，他說道：「稍後想一起吃晚餐嗎？」

讓我震驚的是，她十分平靜地回答說：「好，稍後見。」然後他就離開了。

瑪德琳對我搖搖頭、翻了個白眼。「抱歉中斷了。我們講到哪裡？」

我花了超過三個星期的時間，才把瑪德琳複雜的人生歷史拼湊起來。偶爾她會對著對講機低吼：「急需星巴克！」然後就會有個男人出發去買名字複雜的大杯飲料，他唯一的工作就是跑咖啡館。

瑪德琳告訴我，她母親夏洛特從來就不想要小孩，但鄧肯疑惑的是該拿他們的錢怎麼辦？他們該把錢留給誰？讓鄧肯很驚恐的是，夏洛特就像她之後的凱倫一樣，說他們可以把錢全部花光。我指出只為了有財務受益人而想要小孩是很奇怪的事，瑪德琳說：「妳想為什麼洛克斐勒有小孩？妳必須把錢留在家族裡，不然妳努力工作賺的一切就會化為烏有。我的意思是這跟別人時時掛在嘴邊的『傳承家族血脈』有什麼不同？」她補充說，至少她母親一直很誠實：「她同意生一個小孩來取悅我爸跟祖父母，然後她就一直買買買。」

夏洛特說話算話，把她大部分的時間都貢獻給購物。她在他們那棟三層樓的豪宅裡，劃分出四個落地大衣櫃（一季一個），在裡面塞滿衣服、鞋子跟相配的皮包。在夏天，她將皮草儲放在倉庫中，每年秋天再用一輛卡車把皮草載回去。她總是一再重新裝潢房子。鄧肯有一次抱怨說家具還很好，她就用美工刀劃開所有家具，然後在絨毛像花粉飄散在空中時，說了一句：「嗯，現在它們不好了。」讓人想起多年以後凱倫對那些古董搞的大破壞。

瑪德琳說夏洛特透過各種方式讓她跟她父親有如活在地獄。夏洛特有厭食症，屋子裡鮮少有食物。冰箱裡就只有萊姆、橄欖、調酒用的酒漬櫻桃，所以他們去餐廳吃飯。「我知道這聽起來難以置信，」瑪德琳說：「但這是真的。」奇怪的是這在我聽來並不古怪，因為我也是由一位有專職的父親跟不尋常母親養大的獨生女，家裡也沒有食物，也是三餐都上館子。顯然在某些方面瑪德琳跟我是同類，可能也是我會放下短暫的退休生活接下案子的原因。

她繼續跟我說鄧肯不在家時，她母親對她的殘酷作為。瑪德琳企圖在餐廳的正餐之間偷渡洋芋片到她房間。每天早上她會繞到後方傭人用樓梯到廚房去，希望在去學校前吃點早餐。她母親會以一句：「早安，怪物。」來招呼她，接著指控她想偷偷摸走食物。然而餐廳裡的正餐永遠不夠，因為夏洛特逼瑪德琳說她不餓。她母親會說：「有一天妳不再是隻肥豬的時候，妳就會感謝我。」

他們每天晚上在多倫多最高貴時髦的餐廳吃飯。夏洛特僅僅只是咀嚼食物，然後把嚼過的肉吐在亞麻餐巾裡。然後瑪德琳的工作就是把餐巾偷偷帶出餐廳，丟進垃圾桶。一天晚上一位侍者抓到七歲的瑪德琳正在執行她母親的要求，他指控她是要偷那條有浮凸花紋的餐巾。鄧肯很震驚，問瑪德琳她拿那個餐巾要做什麼。「我根本不知道要怎麼說，」瑪德琳說：「我知道我要是不替我母親掩飾，她會懲罰我。相信我，她的懲罰可以很粗暴。但我不想讓我父親難堪，他只是認為我應該要說實話。」

「對一個小女孩來說，這種恐怖又相互對立的雙束訊息（double bind）讓人無所適從，」我說道。

夏洛特脫口就說瑪德琳是個「小賊」，而且在學校也被抓到過。侍者打開餐巾，發現被嚼爛的食物。「他看起來很反感，用兩根手指夾著拿走了。」我問她有什麼感覺，她說：「妳覺得咧？難為情、遭到背叛，又因為讓我爸爸難堪而羞愧不已。餐廳裡鴉雀無聲。」然後她補上一句：「喔！我剛剛才想起來，我母親還轉向一桌桌目睹這一幕、其中一些是她朋友的觀眾說：『絕對別嫁給一個寵壞他寶貴獨生女的男人。』裝得一副受害者的樣子。」

在全家人回家以後，瑪德琳的父親來到房間告訴她，她可以信賴他、說出她的問題，還有她簡直像個沒人照顧的小孩，需要多吃一點。在他離開時，他在門口猶豫了一下，接著說她應該多花點時間跟她祖母在一起。「我想他認為我有麻煩，並知道我母親幫不上忙。」

我問她爸爸是否懷疑媽媽陷害她？瑪德琳搖搖頭。「不可能。他通常傾向相信她，再加上他很怕她，她不按牌理出牌。我爸做生意很精明，花了一輩子的時間讓家族的財產翻倍。但他有紳士風範，她卻沒有。她可以在睡夢中悶死你，他也知道這一點。」

在我問到他為什麼不跟她離婚時，她說：「阿林頓家族沒有人離過婚，他說這不是他的家族會做的事。」我把這件事存放到腦海深處，其中肯定有更多內情。

在餐巾鬧劇之後，瑪德琳開始一星期在她祖母家待一天，她深愛的祖母是個古董蒐藏家。「在她去世以後，」瑪德琳說：「她留下遺囑指示要再拍賣更多古董，直到足夠去建造一排新的醫院病房為止。」

「她是什麼樣的人？」

「很重形式，但仁慈又善心。她可能救了我一命，我所知的一切都是她教我的。」然後我問她祖母對夏洛特有什麼看法。「她對我母親總是很有禮貌，但妳在潛移默化中會慢慢知道一種輕蔑。讓人看不透是WASP的專長。」

在我們下一個會診時間裡，我可以看出對瑪德琳來說，討論她的童年變得更困難了。她不願意哭出來，僅僅輕拍雙眼，聲稱不希望自己的妝「一路流到布魯克林去」，脖子上出現一大片紅斑。我領悟到她需要支持，所以我問夏洛特有沒有對她好過。對於我的問題，她想了又想，終於說她母親因為從沒喜歡過她，對她嚴格得難以置信。（我納悶地想，我們什麼時候會開始講到好的部分。）瑪德琳每一天都鋪床、清理她的房間，夏洛特卻會在事情做得不盡完美時出口批評：「我的洋娃娃必須根據大小排好，如果有隻兔子放錯了位子，她會說：『那一隻出了什麼問題？看起來準備要撲上來了。』所以我去上學的時候功課總是完美的，因為我假定老師們就跟我母親一樣，是小鼻子小眼睛的工頭。第一次就把事情做好比較輕鬆。」瑪德琳靜靜坐著好幾分鐘。「不准懶散。我猜這是母親給我的一種工作倫理。」

灌輸扎實的工作倫理到孩子身上的父母，肯定是孩子們幫上忙了，但跟這裡的情況不一樣。

夏洛特殘酷的完美主義，並沒有培養出健康的工作倫理，反而提倡了工作狂這種行為。而工作狂是另一種強迫行為：妳工作，因為妳不工作時覺得焦慮。某些心理師認為這是一種成癮，無疑是現代文化表揚的行為。很常會聽到人們驕傲地說除了工作什麼都不做，將工作替換成其他癮頭，好比說「除了喝酒我啥都不做」，聽起來就沒那麼道德了。

員工們已經指出瑪德琳給他們的壓迫感，還有工作的步調有多累人。然而我當時沒提起，只是因為瑪德琳沒有把這件事列入她的症狀清單裡。畢竟治療的藝術在於識別出最有效的打擊點，也就是病患準備好檢視他或她的病理狀態的時機（這正是我在治療後半段沒能注意到的忠告）。

要是沒有某個人、某個地方支持瑪德琳的自我，我不相信她能達到這麼多商業上的成功。她父親有時候是很支持她，但他無法保護她免於母親的箝制。而且在凱倫把她擋在自家門外時，她父親在情感面上又再度拋棄她。瑪德琳的祖母似乎是最有可能的候選人。（她鮮少提到她祖父，只說他很安靜、仁慈，而且一直在追蹤股市。）擁有家族財富的祖母，一週會帶瑪德琳出去吃一次午餐，並且去購買古董。在這些場合裡她們有個行程表，而且會在完成以後把那個項目劃掉。她們也會旅行到不同城市去找古董，瑪德琳在這些地方學到她祖母是個很厲害的談判家。她們一起去了紐約，發現藝術的世界。沿路上，祖母會帶著瑪德琳去買衣服、去看傀儡秀還有百老匯，讓她得到她想要的任何享受。

瑪德琳很訝異跟她祖母在一起的時候，她可以愛吃多少就吃多少。有一次，在她們叫做「大院」的小島農舍裡，她跟祖母一起烤了巧克力片餅乾。瑪德琳一連吃了三塊。「我等著她叫我怪物跟豬，但她說的就只有『慢一點，親愛的。妳想吃多少就吃多少。』我以為我必須在別人把餅乾拿走以前，把它們全塞進我嘴裡。」

「妳母親不會來到大院嗎？」

「從來不會。她真的不喜歡我祖父母。面對他們的時候，她沒辦法依著自己恐怖的本性。她說她是從美國來的，來到加拿大這片荒野就已經夠糟了，她不要在一座小島上跟三個假道學、一個搗蛋鬼還有一群蚊子大軍在一起。」

「為什麼她說妳爸跟他的父母是假道學？」

「喔，這個嘛，她有一群朋友，他們是……」瑪德琳嘆了口氣沒說下去，看起來很難受的樣子。在一些敦促之後，她說：「他們有幾分**放蕩**，沒有更好的說法了。女性全都抽菸喝酒，為了炫耀而花錢，她們在雪兒出生前就在美國做臉部拉皮了。她們在鄉村俱樂部裡喝醉，然後交換配偶。其中一個人的丈夫被吊銷律師執照，因為他花掉別人的信託基金，其中某些人離婚了。我母親最要好的朋友是她的男同志室內設計師，他們總是去買東西。聽著，他們有一次非得去『羅馬緊急之旅』，就為了買某種餐具櫃。有一天我提早放學回到家裡，她岔開雙腿跨坐在他大腿上。那時候我才領悟到他不是男同志。」

「真是個很好的掩護。」

「我知道，而且那是三十年前。沒有人說過她沒創意。」

「她怎麼處理這種狀況？」

「她立刻擺脫這個情人，然後說我骯髒愛管閒事，還說──」瑪德琳低頭往下看，顯然無法再說下去了。第二次，她的眼中充滿了淚水。

「什麼事能糟成這樣，讓妳這麼痛苦？」

「喔，是很糟。她說她會告訴我父親，我脫掉內褲跟園丁巴斯卡爾玩性遊戲，而且是我先開始的。然後她朝陽台門走出去，當場開除他，開給他一張我假定是很多很多錢的支票。」實際上，瑪德琳非常喜歡巴斯卡爾。「有時候他會跟我玩捉迷藏，或把我丟進泳池裡、從跳板上往下丟，或者他會從口袋裡偷渡糖果給我。但現在想起來，我曾經跟他做過一些骯髒齷齪的事情。」

瑪德琳難過到了極點、拚命抗議，這時她母親說：「幹得好，妳這個小怪物。妳剛剛讓巴斯卡爾被開除了。」然後她拉高聲音補上一句：「他活該，誰叫他帶來那隻笨蛋雜種狗。」

巴斯卡爾帶來了一隻他的狗生下的幼犬給瑪德琳看，她爸爸說可以留著那條小狗。瑪德琳露出一個前所未見、毫無防備的微笑，告訴我說那是她人生中最快樂的一天。那條狗的名字叫做佛雷，名字的由來是舞王佛雷・亞斯坦（Fred Astaire），因為她母親要他每天晚上跳舞才能得到晚餐。表面上他的例行演出厲害到鄰居們都會來看。我指出她母親對佛雷做的事情，跟對她做的事如出一轍。

「沒錯，天下沒有免費的午餐。」接著她舉止一變，熱切地說：「我很驚訝有人能愛我。」她回想放學回家的時候，佛雷有多欣喜若狂。晚上他會睡在她床上。「老實說，我認為他溫暖的身體拯救了我，」她說：「有一次我母親舉起手來打我——她偶爾會這麼做——佛雷對著她低吼。」

瑪德琳告訴我這件事的時候崩潰地啜泣起來，然後低頭靠著她的古董大理石桌面。

「為什麼這點帶來這麼大的痛苦？」

「他是唯一捍衛過我的人。」（她總是說佛雷是個人。）

「妳父親呢？」

「他在某些事情上會站在我這邊。但如果我母親大發雷霆，他從來不跟她爭。有一次她真的很兇，我到地下室去坐在工具間裡吃我從學校帶回家的棒棒糖。我發現他在那裡吃罐頭義大利麵。我坐在他旁邊，兩個人默默地吃著東西。」

「她掌管樓上？」我問道。

「我們嚇壞了。」

「為什麼妳父親這麼怕她？」我以前問過這個問題，但我仍然不懂。「他的父母親很殘酷嗎？」

「一點都不。他們非常正派，有很棒的工作倫理，但他們也很慈愛，非常願意付出他們的時間。從我很小的時候，我祖母花了好幾個小時教我關於雕像的知識。她帶著我到世界各地去，我們擁有很美好的時光。沒有誇張，我十三歲的時候就可以辨別假的明代花瓶。」

在我們下次的面談中，瑪德琳準備了一份很大、包裝得很漂亮的聖誕節禮物給我。我解釋基於專業上的理由，治療師不能接受病人的禮物。她沒有抗議。我想那份巨大的禮物是一種測試，而我沒接受讓她鬆了一口氣。我在心裡記住這件事，打算將來可以用此來討論信任這個概念。

我問起她假日的計畫，她說她要獨自留在這。想到瑪德琳在這棟巨大的紐約市公寓裡閒晃，我跟她說被鎖在從小生長的家門外一定很難熬，尤其是在聖誕節的時候。

瑪德琳說，她本來以為她母親是唯一的特例，所以她非常訝異於她爸爸又跟凱倫在一起。「她跟我母親一樣瘋，不過她沒那麼專注又年輕貌美，她要玩這套有點勉強，再加上她沒有家產在背後幫忙收拾殘局。」

在凱倫動手摧毀古董的時候，長年在家中工作的管家打電話給瑪德琳，她則叫了警察，然後搭機去多倫多。等到瑪德琳到家的時候，警方在客廳裡翻閱著雜誌等候，管家煮了咖啡給他們喝。凱倫一看到瑪德琳就叫她夏洛特，她要不是陷入精神病幻覺就是喝醉了，這方面她兩項都有前例。管家告訴瑪德琳，凱倫在折磨鄧肯，有時候他必須把自己鎖在浴室裡，這時她則拿著各種鍋具撞門。管家向警方展示門上的凹痕。在最近這一次暴行中沒有人找到鄧肯，不過瑪德琳知道要去哪找。「他再次躲在地下室裡，坐在工具椅上，抱著一罐金寶濃湯罐頭。」瑪德琳跟他對質的時候，他說凱倫會冷靜下來，這一切都會過去。「長話短說，警察就這樣走了。基本上他站在凱倫那邊，從此之後我就不准進到屋裡了。」

我繼續探問鄧肯多年來的行為，瑪德琳解釋說他似乎覺得他們倆共同承擔一個協定。「他說凱倫情緒不穩定，而我很堅強，我們必須一起做出些犧牲。跟他在我母親發神經的時候，發表的那種『貴族義務』是一樣的。其實那不是真的。他承認我母親很危險，可能造成真正的傷害。」她父親繼續說，他跟瑪德琳是真正阿林頓家族的人，夏洛特是個愚蠢的闖入者。「這是真的，她不是很聰明，但她很狡猾無情，而且這輩子的算計都贏過我爸。」

在整個治療過程中，我從沒解開過的謎團就是氣勢逼人的鄧肯為何在工作上這麼有侵略性，情緒上卻被閹割了，先是夏洛特，後來則是凱倫。他一輩子都被兩個心中無愛的女人箝制。女兒不能進屋讓他很難過，然而他還是順從一個無能回報他什麼的女人。瑪德琳說過，鄧肯的父母雖然很重形式、不透過肢體表露情感，卻是仁慈的人。我只能這麼想：有時溫暖仁慈的祖父母自己在為人父母時，可能遠非如此。人常常到了老年才變得成熟。

鄧肯在情感面上似乎對金錢很執著。首先是執迷於獲取金錢，然後是執迷於金錢做為一種權力的表現。雖然他親切和藹，卻可悲地讓我想起狄更斯《小氣財神》的主角史克魯奇（Scrooge），或者喬治・艾略特筆下的織工馬南（Silas Marner）。他唯一的真愛給了她女兒，但因為他無法自保，就也無法做到保護她的工作。

這是我們第一年治療的結尾。在我的想像裡，還以為只會做六節治療呢！要是一個人經歷了像瑪德琳這麼多的創傷，在徹底傾吐他們的痛楚以前，他們不會開始痊癒。我在那充當見證人，向她保證每天一早就聽到「怪物」這種問候是很殘酷的，這完全不是她的問題。我在那裡協助她處理有這種痛苦童年的後果。

3 害怕飛行

我想要釐清瑪德琳害怕搭機旅行的謎團。既然這不是一個持續了一輩子的恐懼，我們的工作就是找出是什麼導致它在最近發作，還有怎麼做才會停止。

顯然瑪德琳的助理維也納和我所見略同。她把我拉到一邊，說會計師希望她跟我談談，因為整間公司陷入了困境。瑪德琳不讓任何同事搭機飛行，就算他們有貨要交——一些要價不菲的商品不可能單獨送運。維也納總結：「很抱歉超出職責，但客戶要不了多久就會心生不滿了。他們是一群自以為是的花瓶老婆或過度挑剔的博物學家，希望每件事都速戰速決，妳懂我的意思吧。」

就在這時瑪德琳衝進房間，喊道：「維也納，妳在這裡**幹什麼**？妳想要吉爾迪娜博士認為我們是神經病嗎？首先是我父親，現在是妳？天啊，滾出這裡！」維也納滿不在乎地把她的辮子甩過肩，露出微笑，跟我告別。

瑪德琳問維也納剛才說了什麼。「她關心妳還有公司，」我開口說道。「她擔心妳對於墜機的強迫觀念，對生意有不好的影響。妳有去看強迫症專家高布萊特醫生解決這個問題嗎？」

她有去看他，而他給她一大本記錄恐懼的工作筆記，這是六週療程的一部分。「我搞不清楚恐懼飛機會掉下來是個強迫觀念，或者只是一種神經質帶來的恐懼，」她坦承。「妳看，吉爾迪娜博士，在事情很順利的時候，我就變得害怕命運或某個人會發現我其實是……」她猶豫了。

「妳想到什麼字眼？」我問道。

瑪德琳看起來很驚訝，眨眨眼，然後往後靠向她的椅子，就好像她被什麼給襲擊了。「怪物。」

「妳母親用來講妳的字眼。」

她點頭。

「所以妳覺得妳不配順風順水。在內心深處，妳覺得妳是個怪物，活該碰上飛機載著妳最棒的員工還有古董一起墜落。」

瑪德琳看起來困惑了一會兒。「是啊。這整個生意是由一個冒牌貨、一隻怪物建立起來的。」她默默坐著，汲取她的無意識決定要釋放的東西。「妳知道，我在高中當班長跟完美小姐時，每個人都以為我有一位完美的母親，」她這麼描述。「其他母親會說：『夏洛特，瑪德琳這女孩這麼認真用功。妳怎麼辦到的？』我母親就露出微笑說：『喔，我只是運氣好而已。』」

「妳母親有強迫觀念嗎？」

「喔，有啊，我們全都必須對付那些念頭，」她再三強調，描述她母親如何拔掉她的眉毛。「首先她把眉毛全部拔掉，然後，如果她真的很瘋，就會把毛髮連根拔起，還用鑷子去挖她眉毛底下的皮膚，直到她流血為止。」夏洛特必須戴墨鏡好幾週，來掩飾那些痂。「我父親會叫她住手，她就說是被我這個怪物、還有我父親跟他無趣吝嗇的朋友與家族逼出來的。她會尖叫說：『有聽過**我準備好要拔自己的頭髮**[3]這句話嗎？喔，那就是你們對我做的好事。你們聯合對付我，再加上你無聊又愛批判人的父母。』」

我向瑪德琳解釋，她母親有一種常見的疾患叫做拔毛癖（trichotillomania），意指想要拔出（在某些例子還包括吃掉）自身體毛的強迫性衝動。導致毛髮明顯脫落、痛苦還有社交或功能損傷。這是一種衝動控制疾患，通常是慢性的，而且很難治療。

我一邊說話一邊注視著瑪德琳的眉毛，或者該說是稀疏的眉毛。畫成奇特弧形的線條，讓我在第一次見面時很訝異。而我懷疑她也有同樣的疾患。我等著她說些什麼。

終於在漫長的治療性沉默以後，她問：「怎麼了？」

「**妳自己的**眉毛呢？」我冒險說。

「我沒有那個問題。我用鑷子整理我的眉毛，它們本來就已經很稀薄了，但我沒有像我母親一樣把它們拔出來，留下一排硬皮。我這種眉毛是一種風格。」

我什麼都沒說，懷疑這是瑪德琳第一次支吾其詞。這很奇怪，在整個治療過程裡，她從來沒有承認過她有拔毛癖。在某本關於她的雜誌文章裡，那位作者評論她有「Q比娃娃般的妝容」，所以我知道這不是我想像出來的。然而她很堅持。

我發現在療程中不可能去預測為什麼某些人會承認、或願意探索一種非常反社會或不文明的

3 編按：原文為I'm ready to pull my hair out. Pull your hair out意指對某事非常焦慮。

行為，卻會拒絕承認他們做了一種相對來說很瑣碎的越軌行為。

這是這次治療的重要時刻，我必須仔細考慮。我知道瑪德琳曾經企圖送我又大又貴的聖誕禮物，藉此來測試我。透過拒收禮物，我得到了一定程度的信任。後來我們談到此事的時候，她描述她看過的一位婚姻顧問，竟然要求瑪德琳免費為她繼承來的某些古董估價。而瑪德琳的父親鄧肯曾經告訴過我，他很驚訝在我們的會診時間裡，我從沒有問他股票市場的事。他前一個精神科醫師在每一節診療的開頭，都會先問股票的事。我經常發現小時候在某方面被「利用」過的人，會下意識尋找重複這種模式的治療師。

然而信任並不是總能立刻帶妳直搗核心。換句話說，跟一位當事人正面交鋒是沒有意義的。他們可能會坦白妳嘗試釐清的一種精神官能症，但那樣是雖勝猶敗。真正的洞見只會發生在治療師讓開一條路，好讓病患能夠得到他或她自己的心理知識時。如果瑪德琳需要跟她母親劃清界線到這地步，以至於她無法承認自己有同樣的病，那就讓她去吧。我決定放過眉毛的問題，希望將來再探索。畢竟我早就領悟到治療不必照本宣科。真正必要的就只有一件事：瑪德琳知道我把她的最佳利益放在心上，而且可以信任我會幫助她處理內在的魔鬼。

看來每次我為了瑪德琳的一節治療進入這間繁忙的曼哈頓辦公室時，一些不尋常的事就會找上我。有一週，一個穿著時髦傑尼亞（Ermenegildo Zegna）西裝的男人信步朝我走來，站在近到讓我不自在的距離，帶著濃重東歐口音以一種共謀似的口氣說：「她當然是瘋了，她一週工作七天，直到午夜以前都不離開。她也逼我們逼得很緊。我們都準備辭職了。」

「那你們為何不辭職？」我問道。

他沒料到會有此一問，頓了一下。「比起對我們，她逼自己逼得更緊。再加上她付的薪水是我們在別處賺到的兩倍。她讓我的生活變成活生生的地獄，但我忠於她。我希望妳知道，她是個工作狂。」聽到瑪德琳高跟鞋響亮的喀噠聲在樓梯上響起時，他像隻螃蟹似地迅速閃出一道邊門。

「佐坦在嘮叨什麼？」她質問道。「他老是被一些小事惹毛。」

「妳為什麼留著這些難搞到極點的員工？」

「老實說，他們讓『難伺候』這個詞彙有了全新的意義。妳相信嗎，我就是得替巴塔爾買一台空氣清淨機？大部分的鑑定人員跟採購員都是匈牙利人。他們的民族特質就是全都神經兮兮的，可是他們很聰明，而且就跟我一樣執著於把工作做對。他們可以一連好幾天都在研究一尊雕像，花無窮的時間做放射線碳定年。處理高級商品的時候，需要偏執的人。如果拿到一件贗品，妳的名聲就永遠完蛋了。」

「他們全都像佐坦一樣嗎？」

「還更糟呢。他至少工作努力。他總是在吞胃藥，照他的說法是胃在『顫動』，但他堅持下來。妳應該見見那個奧地利人烏力克，他是畢德麥雅（Biedermeier）家具世界權威之一。他真的有在嗅鹽，一星期至少休一天假，天知道為什麼，然後因為需要安靜在星期天來上班。我不知道我哪裡做錯了。」

對此我們兩個人都笑了出來，因為整間公司是跟著典型的歇斯底里患者一起迅速發展起來的。就連清潔婦有一次都喊說：「吉爾迪娜博士來了，讚美神！」然後給我一塊附帶祈禱卡的復活節蛋糕，上面說她替我還有瑪德琳做了連續九天的祈禱儀式。

我偶爾替企業界做心理諮商工作時，常會發現一間公司的老闆如果有要求多又自戀的家長，她通常會下意識雇用相同人格類型的人，然後把自己累得精疲力竭去迎合他們，雖然她才是掌權的人。一間公司勉強算是一個家庭，而企業文化可能是家庭動力的再現。

有一週瑪德琳晚了半小時來赴約，並且問我是否看了報紙。「我前夫這週末再婚了，」除了第一週我們一起工作蒐集的家族史以外，這是她第一次提到她的前夫喬伊。瑪德琳告訴過我，她曾經嫁給喬伊——一位義大利裔天主教徒，父母是自營一家麵包店的第一代移民——因為認為他處於她太熟知的WASP模式之外，以為他可以讓自己「更真實」。

喬伊總是興高采烈，而且對做生意很有興趣。他也長得好看，很有個人魅力，以前是橄欖球球員，最重要的是並不神經質。鄧肯非常喜歡他，兩個人都喜歡飛機、車子、船跟釣魚。每當瑪德琳對某件事很苦惱的時候，喬伊就會說：「寶貝，別擔心。一切都會好的。」

他對於全球商業趨勢有很精明的見解。他們一結婚，喬伊就向鄧肯要錢買下某間公司的加拿大經銷權，那家公司的產品最後變成全世界最暢銷的產品之一。如同瑪德琳所說，那是個「精明到讓人佩服的決定」。他在五年內就把本錢還給鄧肯了。

「**精明**是妳曾經用來描述妳母親的詞彙。」

瑪德琳似乎被我做的比較嚇到了。

「我以為我是嫁給某個看透她的人，」她說。「老實說，對我母親的厭惡是他主要吸引我的地方。喬伊真的痛恨她。我與喬伊相遇時，她已經住在棕櫚灘（Palm Beach），飛回來只是為了拿錢或者為了種種慶祝活動。」

「沒有別人看透她嗎？」

瑪德琳熱淚盈眶。儘管她在治療中曾經複述那些殘酷的行為，卻鮮少到落淚的程度。所以我知道她接下來無論要描述什麼，一定都是很痛苦的事情。她解釋說必須討論一下她的第一個男友巴瑞。他們住在同一條街上，而且有同樣的社會背景。兩個人都去上私立學校，還屬於同一個俱樂部。從九年級到十三年級，他們約會了四年。從青少年的年紀來衡量，那是很長的時間。她也很依戀巴瑞那個由五個男孩組成的快樂大家庭。他們家的母親會煮飯，還會做盛大的晚餐，常常在別墅裡舉辦家庭派對。那位母親對瑪德琳很和藹，她們會一起做她曉得瑪德琳會喜歡的華麗甜點。她描述巴瑞的母親是個溫暖又坦白的人，而且不在乎完美的妝容。「那些兄弟會開她玩笑，伸出手臂擁抱她，把她舉到空中旋轉。她老是說：『男孩子就是男孩子！』對我來說，這看起來就像天堂。她從來不賣弄風情，或者在房子裡穿有暗示性的衣服與細跟高跟鞋。」

「賣弄風情？怎麼樣的母親會賣弄風情？」我問。現在輪到我看起來一臉驚訝了。

巴瑞認為瑪德琳的母親很美。夏洛特會一邊抽菸，一邊穿著泳衣跟高跟鞋在屋子裡走動。「我從來沒跟巴瑞發生過性關係，」瑪德琳說。「我不想像我母親那樣。她會對他說這類的話：『你跟假正經小姐今晚要做什麼？為什麼要做功課？為什麼不出去跳探戈？』然後她會在他面前跳起探戈舞來。」鄧肯有一次看到她在挑逗巴瑞，叫她住手，說沒有一個十六歲的人會對四十歲的人感興趣。

夏洛特的反應讓她女兒背脊發涼：「喔，真的嗎？你會嚇一跳的。」一次她去巴瑞家的別墅，每個人都在船塢上喝酒。瑪德琳不喝酒，因為她不想舉止像她母親。不太能喝的巴瑞喝醉了，然後開始哭，說他有多抱歉，還有他如果能重來的話，他絕對不會那麼做。瑪德琳馬上就知道巴瑞的意思是他跟她母親上床了。夏洛特引誘了他，而他們暗通款曲將近一個月，瑪德琳被她母親跟她人生中的初戀給背叛了。巴瑞跟瑪德琳都愛著對方，設法要克服這件事，但這背叛太痛苦，她跟巴瑞就這樣斷了。

《白雪公主》這個童話故事描述了母親在女兒成熟、顯露美貌又有青春加持時，感受到的一種致命的競爭心。（在原版的童話故事裡她是親生媽媽而非繼母，他們被稱為格林兄弟是有原因的。）[4]如同布魯諾．貝特罕（Bruno Bettelheim）在《童話的魅力》（*The Uses of Enchantment*）裡所說，母親早在白雪公主的美貌超越她以前，在故事的一開始就尋求牆上的魔鏡給予她保證、肯定她的自戀。一個青少女面對具競爭心的自戀母親能受到多大的威脅，沒有別的故事可以再傳達得更好了。對瑪德琳來說，友善的小矮人並不存在。

性行為失檢的不良後果在他們分手大約一個月後出現了，當時瑪德琳跟她父母在鄉村俱樂部裡吃飯。她父親問巴瑞最近去哪了，瑪德琳只說他們分手了。「我母親就只是繼續喝她的酒。不知道是什麼讓我說出接下來的話，但我真的心碎了。我不只失去了巴瑞，還失去了他全家人。我也是在我母親這位大師跟前學到這些的，所以我用她常用的一種嘲弄語調說：『在出事以後，他還來找我就太尷尬了。我們家很大，不過可沒有一棟房子大到可以容得下**那種事**。』」

「我母親只是笑著搖搖頭，好像我瘋了一樣。父親對我們倆有足夠了解，知道這是真的。」鄧肯搖搖頭，離開了餐桌，去了男性專用的客廳抽雪茄。

她母親第二天早上什麼話都沒說。瑪德琳那天放學回家，發現佛雷沒有衝到門口吠叫跟她打招呼，她心裡一沉。「我母親站在廚房裡說：『今天我帶佛雷去剪毛。獸醫說他全身都長了癌症，必須給他安樂死。真悲傷。』」

「那是我唯一一次挺身反抗，然後她就殺了佛雷。」

「無怪乎妳跟妳父親那麼怕她。」這個事件讓我想起亞特在艾倫娜表達自己的意見後，就殺死了家裡的貓。

「我父親不是真的在乎巴瑞或她大多數做的事情，但佛雷的事情他從沒原諒她，我也沒有。」（在我讀到來自鄧肯前一位精神科醫師的筆記時，那位醫師承認鄧肯最哀傷的事情似乎是失去那條狗。）

「可以看出為什麼妳挑選結婚對象的基準，不拜倒在妳母親的魅力之下會排在那麼前面。」

靠著娶到瑪德琳，喬伊幾乎在一夜之間變成百萬富翁，而且還用鄧肯的錢建立了成功的加拿大經銷事業。根據瑪德琳的說法，他變成討人厭的暴發戶，想要擁有所有浮誇到令人尷尬的消費品。隨著他們的婚姻進入第一年的尾聲，他抱怨瑪德琳工作過度。他有他的道理，不過喬伊一得到錢跟事業，就雇用經理人去處理那些店鋪。他會中午才起床，這不是瑪德琳跟她父親共享的那種工

4 譯注：格林兄弟（Brothers Grimm）姓氏諧音是grim（可怕的、恐怖的）。

作倫理，而且他還是個很糟糕的性伴侶。

「妳有對他透露過妳在性方面的挫折嗎？」

「講了很多次。他就只是說：『**我**很滿意啊。』我跟他說我們必須去做婚姻諮商，他告訴我別想了。做為一種安慰，還補上一句：『蜜糖，我從沒答應給妳一座玫瑰花園。』」

他們的差異變得更加分歧。喬伊想買像是飛機、跑車跟大船這樣的東西，瑪德琳卻對此毫無興趣。他拒絕去任何她會很享受的歐洲之旅，他想去看一級方程式賽車，如果她不喜歡大可留在家裡。喬伊不在乎她的快樂或性滿足。實際上，他在說的就是現在由他主導這個婚姻，瑪德琳則必須忍耐。他是擁有玫瑰花園的那個人，將荊棘留給她來處理。

瑪德琳的母親也只在乎她自己、還有她要的東西。就像夏洛特，喬伊認為瑪德琳的需求很煩人，他不理會且沒有計畫要去滿足其中任何一個。夏洛特套牢了鄧肯，然後一輩子都在花他的錢；喬伊對瑪德琳也是一樣。

「難怪喬伊一開始就針對妳母親。他認得出同類。」我說。

「話說回來，我還是怕他會離開我，所以我設法撐下去。」

「為什麼妳害怕被拋棄？我是說我們全都怕被拋棄，但為什麼要跟一個壞丈夫待在一起？妳富有、美麗又有才華。」

「首先，我不覺得我符合任何一點——呃，也許是很富有——但那不算，這從來沒讓我快樂過。」

「妳認為是我掰出這些特徵的嗎？」我問道。

「不是……」她猶豫了。「不盡然是。老實說，妳嚇到我了，因為我認為我也欺騙了妳。」

被拋棄的恐懼在瑪德琳的一生有很強大的作用，她為此留在一個壞丈夫身邊很多年。她也怕某些了無生氣又不忠誠的員工會「拋棄」她，所以付給他們過高的薪水、忍受過分的事情。在我聽說更多她的童年往事以後，我就領悟到她的問題源自多年來的忽視。

瑪德琳參加高中划船隊時，她母親鮮少在約好的時間去接她。在練習之後，她是唯一一個留下來、在碼頭上凍得半死的女孩，等待她遲到一小時的母親。「我坐進車裡，然後她會說：『喔，如果不是掃興鬼小姐就好了。難怪我會拖著不來接**妳**。誰想跟那張臉打照面？』」因為她一直是最後一個走的人，老師們寫字條到她家說他們不能留那麼久，要求做好接送的安排。她母親會撕碎那些字條，這樣鄧肯就看不到，同時還說：『我們付給私立學校一大筆錢。我要他們等多久就多久，直到我抵達為止。為什麼他們要寄這張紙條到家裡來？一定是妳去跟他們搖尾乞憐，妳這小怪物。也許他們還沒盯上妳，但我有。』」

像夏洛特這樣純正的自戀狂，從來不會覺得是自己的錯。他們猛烈反擊時，很確信自己只是在免於某人企圖惡意挑釁做出傷害他們的事。受到威脅時，他們會更致力於迅速報復。自戀可以被描述成一種好鬥的防衛機制。

下一個星期，我們還在探索拋棄這個議題，瑪德琳告訴我她父母在她十一還十二歲的時候，跟她祖父母一起去俄羅斯旅行六週。夏洛特沒有找保姆，反而先付錢給計程車跟餐廳。「但我緊抱著佛雷不放，害怕到不敢出門。房子好大，當時我家有客房、溫室、車庫跟池畔小屋。」

在她父母不在的這段期間，有一回她在對街她朋友羅蘭家吃晚餐，隨口提到她父母在俄羅斯。後來，她把碗盤從餐桌上拿走時，剛好聽到羅蘭的父母在廚房裡說話。「我聽到她母親講到**忽略**跟**虐待兒童**這些詞彙。」瑪德琳知道羅蘭的母親是個正常人，從來不揑造事實或誇大其詞。羅蘭的父親說鄧肯絕對不知道瑪德琳是一個人，要不然他絕對不會容許這種情況發生。最後羅蘭的母親問瑪德琳他們的清潔婦叫什麼名字，還要了她的電話號碼打給她，找了她最年長的女兒十九歲的雅松森，留守在瑪德琳家直到她父母回家為止。「**虐待兒童**這個詞彙留在我心裡，」瑪德琳低聲說道。「我想有道小門在那天打開了。」

在她父母去俄羅斯的第一週，一天她獨自一人在家，那是個多風的夜晚。竊盜警報響起，而電力切斷了。瑪德琳嚇壞了，想著有人切斷了電線，就要進來殺她了。她害怕得打電話給所有人，她知道如果她母親發現，按照她的說法是向誰「哭訴」過、「讓別人去找她麻煩」，她會怒火滔天。「房間裡的燈光都熄滅了，只有我的公主電話除外，所以我打電話給九一一。屋子裡的警報器震天價響，佛雷在床底下渾身發抖。」警方終於來了，警衛公司的人跟在他們後面。結果警報器之所以響起，是因為劇烈的風把樹木吹倒在電線上。

警衛公司的人向警方解釋發生了什麼事。兩名警官想跟她的父母談話，但瑪德琳解釋說他們去俄羅斯六個星期。在他們問起是誰照顧她的時候，她說她自己照顧自己，警官們交換了一個眼神。她嚇壞了，同時領悟到她必須掩護她母親。她告訴他們有個清潔婦一週會來兩次，如果她覺得緊張的話，可以打電話找到人。

「警方沒有說妳不能獨自在家嗎？」我問道。

「沒有。他們猶豫了一下，然後就離開了，說如果有任何問題就打電話給某位鄰居。」這時候有個鄰居穿著他的睡袍站在外面，關心這一切騷動。警方跟他談話。瑪德琳在遠處看到他們全都在搖頭，好像這是個很糟的狀況。

考量兒童被拋棄的處境在階級上的差異，是很有意思的。只有經濟上需要援助的情況，才會被認為有危險。如果警官們去的是公營住宅，發現小孩子被獨自留在那六個星期，他們要不是會找出家長，就是會把小孩送去寄養家庭。來到瑪德琳豪宅的警方，必定在某方面假定有錢人在道德上的權威——要是他們把女兒獨自留下，他們知道自己在做什麼，畢竟他們是「負責的」成年人。或者，他們可能害怕揭發一個有錢有勢的家庭竟然出現這種疏忽，鄧肯可能會報復，他們可不想自毀前程。所以他們讓一個七十五磅重的十一歲小孩獨處超過一個月。這個事件從來沒有被舉報到任何兒童福利主管單位，他們也沒有再去察看她的狀況。

瑪德琳回憶，多年以後她跟喬伊去看了電影《小鬼當家》（*Home Alone*）。「我必須離開，因為我覺得自己就快要昏倒了，」瑪德琳說：「我好震驚觀眾竟然在笑。我好想大喊，叫他們別再笑了。」

「妳經歷過，妳知道這不好笑。」

清潔婦的女兒在門口迎接瑪德琳從俄羅斯回來的父母，然後告訴他們她接到羅蘭的媽媽擔憂的電話。一等到這位青少女拿到酬勞離開以後，鄧肯很不符個人風格地勃然大怒。他假定夏洛特有安排某個人來照顧瑪德琳，而他要求知道她到底在想什麼。「他們大吵一架，而我母親說：『我十五歲的時候，就在外蒐集家族前往漢普頓的邀請函，我不只要討好他們，還要替全家張羅夏季假期。』然後她真的尖叫起來，那種叫聲會直接穿透妳，因為妳知道隨後會付出代價：『有誰要求過這裡的小公子（Little Lord Fauntleroy）去做任何事嗎？哭哭啼啼的！她要做的就只有去餐廳吃晚餐。要是我會很興奮可以找男朋友過來，但她就不會這樣做，她就得打電話給警察還有多倫多的張三李四王五，就只為了給我難看。全能的耶穌基督！把我從你們兩個手中救走吧。』然後她就跺著腳上樓了。」鄧肯在她背後大吼，說十一歲跟十五歲是天壤之別。他指出夏洛特小時候發生過的事情，他不希望也發生在他的孩子身上。

「她在樓梯上轉過頭來說：『如果你該死的這麼關心你珍貴的小寶寶，你為什麼不替她弄個保姆？關鍵字：**小寶寶**。』」

聽到這段敘述以及其他類似的情況之後，我問瑪德琳覺得將她養大的母親是打定主意要毀滅她，或者僅僅只是沒有任何育兒技巧。

她坐著反思了很久。最後她說：「可能兩者皆有。我不確定她是否想毀了我，我不認為我對她有那麼重要。但從育兒技巧這方面來說，我知道她是被一個就算沒有比她糟，至少也一樣差勁的母親養大的。」我很驚訝得知瑪德琳從沒有見過她外婆。夏洛特告訴她，她的外婆是個狡詐愛抱怨的女人，被自己的丈夫痛恨，拋下她跟夏洛特，而且拒絕再見她們一面。他有錢，但不願給她們半毛。就連鄧肯都特別強調瑪德琳不能去那裡，他的岳母在他們家不受歡迎。「這很不尋常，」瑪德琳告訴我：「因為除非跟錢有關，否則他從來沒制定過任何規則。我根本不知道她做過什麼，不過肯定滿糟的。」

在我們下一節的治療裡，維也納陪著瑪德琳進了辦公室，然後說：「我不知道在這裡的治療發生什麼事。不過會計師要我告訴妳，如果大家不開始坐飛機送貨，我們就會飛快破產。」瑪德琳看著維也納彷彿想掐死她。維也納無視她，繼續說：「嘿，妳曾經說別讓妳隱瞞這件事。所以了，吉博士，我們現在處於危機模式。」

「維也納，滾出去！」瑪德琳尖叫道。

「好啦好啦，我要走了。」維也納露出大大的微笑，說道：「吉博士，我愛妳的書。」同時倒退出房間把雙開門關上。

瑪德琳看著我有點氣餒的樣子。「維也納是對的，我正在失去顧客跟金錢。我必須處理飛行恐懼症。但我正在跟高布萊特醫師合作與練習，設法讓我的心率稍微平靜一點。」

「我推測別人上飛機離開妳身邊的時候，會激發出妳很多感受。上星期我們討論了在妳父母去俄羅斯時，妳有一種被拋棄的感受。被拋棄是一種很強烈的情緒，人們避之唯恐不及甚至讓他們的生意陷入危機。」

「不，那不是拋棄，」瑪德琳回答。然後靜靜坐在那裡想了整整五分鐘。「又來到怪物這個主題。在事情進展順利的時候，我覺得自己好像會被懲罰。我是個怪物，而其他人會發現這點。就算他們沒發現，壞事也會發生，因為怪物不配得到成功。」然後她猶豫了一下，補上一句：「或快樂。」

「這樣的想法全來自妳母親，或妳有做些什麼事情讓妳覺得自己就像隻怪物？」

她臉紅了。「妳怎麼知道？」

我保持沉默。然後因為她沒有主動說任何話，我就說：「我知道的事情是，人們全都會做出他們引以為恥的事情，羞恥感會在妳違背某些禁忌時排山倒海而來。要是有誰自稱從未苦於羞恥感，他們要不是從沒活過就是在撒謊。」

瑪德琳雙臂在身體前方交叉，低頭看著桌子。「我還在已婚狀態的時候，我跟我遞送部門的一個男人睡過。這件事發生在五年前，持續了大約一個月。我為此痛恨自己，我就跟我母親一樣糟。」

「讓我想想。妳丈夫利用妳爸的錢建立事業，然後不工作也完全不關心妳喜愛什麼。他買了快艇跟飛機，這些妳毫無興趣的大型奢侈品，從來不做妳喜歡的文化活動。他拒絕進行雙方都覺得滿意的性愛，在妳說妳不快樂的時候，他基本上是在說他不在乎。」

「請不要合理化這件事，否則我就不再相信妳是個心理師了。」

「我不是在合理化不忠。我只是在說外遇並非不尋常的回應。妳做了妳能做的一切，讓喬伊知道妳希望事情能有所不同。妳想要去做婚姻諮商，他拒絕了，所以妳自己去做了幾次。妳把妳的牌都攤在桌上了，而基本上他是在表明：『那又怎樣？我不在乎妳的感受。』」

瑪德琳看起來還是不怎麼信服。所以我說：「順便一提，他聽起來誰？」

她一臉茫然。

「他花錢如流水，實際上還說他不在乎妳快不快樂。在妳提到工作倫理的時候，他說妳墨守成規。」

「我母親。**該死**，我從沒看出來。他們表面上看起來這麼不一樣，還這麼痛恨對方，以至於我看漏了。天啊，真是陳腔濫調。**我跟我母親結婚了。**」

我以前暗示過這種相似性，但很顯然她沒聽進去。有時候病人必須多方看到且聆聽許多次，他們的無意識才會把訊息釋放到有意識的心靈裡。治療之所以可能會花上很長的時間，這便是其中一個原因。

「喬伊跟你媽有多不同？」

「喬伊非常和藹可親。每個人都喜歡他。」

「她對別人也一樣。他們兩個都有許多膚淺的友誼，卻沒有真正的朋友。」

「我以前覺得我不能離開他，非得去經歷這九個悲慘的年頭。」

「就像妳無法離開妳母親。妳當年是個小孩，她就是妳的一切。妳與漠不關心產生連結，有時候還有她的殘酷行為。妳的工作是忍耐這一點，然後保護她不要被人發現。」

「我的天啊，這就是我為喬伊所做的事！他的倉儲經理會打電話來，想知道他人在哪裡，我心裡一沉，還是為他掩護。他說他跟男生們出去玩的時候，我知道這不是真話，他是去狂歡痛飲了，但我從來沒直接挑戰他。我怕他會離開我。」

「就像妳母親去俄羅斯，或者在划船練習、草地曲棍球賽後把妳一個人晾在那。到最後，她還跟另一個男人走了，永遠離開妳。妳當時不能離開喬伊。妳跟他的殘酷行為與漠不關心產生了連結。」

「**殘酷？**那樣說很誇張。他從來不殘酷。」

「在某個人說他們不在乎妳是否得到性滿足，也不在乎妳想去好餐館而不是去看賽車的時候，不管怎樣他們對妳都是漠不關心，而且並不仁慈親切。他在你們約會的時候是很好，直到他拿到妳爸爸的錢為止。」

「他**確實**把錢還給我爸了。」

「對，不過少了妳爸，他永遠不會有那幾百萬元可以利用那個生意機會。」

「也許男人就是不在乎女人是否快樂？」

「我不認為妳知道仁慈親切是什麼，或正常來說一位配偶會為他的伴侶做什麼。」

「我爸就很仁慈親切。」

我跟她解釋，鄧肯很顯然比夏洛特這個母親好上太多，我相信他確實是真心愛她。「但在妳需要他的時候，他並沒有支持妳，」我指出：「他滿懷恐懼。基於我不懂的理由，他與那個殘忍又沒有愛的女人產生了情感連結。」在他應該要捍衛瑪德琳對抗她母親的時候，他跟她一起躲在地下室工具間，現在他再度跟敵人站在同一邊。「瑪德琳，妳被禁止進入自己的家，凱倫在那裡摧毀妳祖母的古董。妳父親站在凱倫那邊，再度背叛妳。妳現在會有這些症狀，沒什麼好訝異的。」我說她曾經在鄧肯跟她母親聯手的一次背叛下存活下來，但再跟凱倫來個第二次，結果證明是太過火了。就像腳踝在同一個地方骨折了兩次，難怪她在精神上窒礙難行。

但瑪德琳沒有把焦點放在她父親的背叛上頭。對於領悟到無論她多努力遠離她母親，到頭來還是嫁給了個複製品這件事，她仍然感到震驚。

「我覺得我不能離開喬伊，以為留下來是我的責任。」她沉默地坐了一分鐘。「妳知道我在想什麼嗎？」她苦笑。「我還是說出來吧。除了另一個怪物，還有誰會想要跟一個怪物結婚？」

「怪物先生娶怪物太太，」我說道，而她點頭同意。

「最起碼妳想要有像樣的性生活，所以妳有了一次外遇。我不是在鼓吹這件事，但妳覺得自己走投無路了。」

「沒錯。當時**是**走投無路了。我不敢相信我選了**那個**傢伙。他玩飛鏢，我的老天爺啊！」這件事情始於一個他們倆都工作到很遲的夜晚，商品必須在第二天一早送出去，而他是打包的工人。「我們叫了食物來吃，他給了我一個性暗示。他很和善而且關心我是否有好的經驗。幾週以後，我說這一切都結束了，他就說他要自殺還有其他那些歇斯底里的蠢話。」

我問她是否有向任何人求助、幫她處理這件事，讓我驚訝的是她說有向一個名叫安東的俄羅斯博物館專家求援。他跟她共事，而且信任他。「沒什麼特別的，安東是這裡最正常的人。他發現我在我辦公室裡哭，我向他傾吐這個俗氣的故事，跟他說我是個骯髒的婊子，我痛恨自己。他說這不是真的，喬伊才是真正沒用的東西，我應該**立刻**快刀斬亂麻，花錢打發或做任何可以徹底擺脫他的事情。」安東處理那個貨運人員的方式，是把他叫進來，跟他說如果他再對瑪德琳或其他任何人提起這件事，他就得走人。如果他不停止繼續鬧下去，他就會被開除。然後他向瑪德琳保證，那個貨運人員不會自殺的，「羅馬尼亞人總是那樣講。」就算那個貨運人員**真的**被開除了，他也會害怕警方跟移民署官員，永遠都不會打電話找律師。

到了最後，安東說對了。貨運人員恢復常態，他還在那裡工作。（我納悶地想，他是否就是那個幫我們跑腿買咖啡的人。）然後瑪德琳採取了下一步行動。「我告訴喬伊我們結束了。在我指出他在我們多年婚姻中已經得到很多錢的時候，他沒有躲避也沒有退縮。」他們離婚了，不到兩年後他就再婚了，「跟一個不曾期待對任何事有發言權的義大利女孩，在性愛方面尤其如此。」

身為治療師，我最熱愛的其中一件事是隨著事件在病患眼中愈來愈清楚，謎團會解開、心理線索或啟示就會浮現，整個情況就會聚焦起來。這並不像聽起來那麼容易達到，尤其是在病人本身涉入其中的時候。

對瑪德琳來說，第一個啟示是她內心深處相信自己是個怪物，而那個怪物不配得到快樂。所以這在她心中很合理，如果事事順利，這些好事遲早會被剝奪。這點解釋了她對於墜機的擔憂。

第二個啟示是瑪德琳就像我們許多人一樣，嫁給了她難搞家長的翻版，同時堅信自己嫁了個相反的人。瑪德琳是個保守的WASP，選擇了勞工階級義大利天主教徒喬伊，一旦階級的虛飾剝落以後，便發現喬伊跟她母親有一樣的特徵。就像夏洛特，他自戀又只關注自己、懶惰刻薄，還是個雙面人。

第三，我們直面瑪德琳被拋棄的歷史，並且重訪她獨自「當家」的恐怖經歷。

瑪德琳現在該把這三個主題編織在一起，並發現她為何在家庭跟工作中，都還困在自戀者的箝制之下。我們需要把種種資訊拼在一起，變成一個會幫助瑪德琳脫離失能的新故事。

4 妳給什麼，就得到什麼

在治療的過程中，妳可能永遠都在對付症狀，情況卻沒什麼改變直到最根基的議題被暴露出來為止。在這個例子裡，瑪德琳的母親是問題的根源，她刻意灌輸她女兒相信自己是個怪物。

在下一節的治療裡，當瑪德琳告訴我說現居佛羅里達的夏洛特打電話邀請她去作客時，她害怕到發抖。上次她飛到那裡時，她母親「忘記」去機場接她，瑪德琳必須從電話簿找到她家地址。在她終於到了夏洛特的公寓時，可以理解她的惱怒，她母親則說：「為什麼我們非得一開始就氣沖沖的？通常妳要過二十四小時後才會恨我。」

老調重彈。

我納悶為什麼夏洛特終年待在佛羅里達。「沒有一個有錢人整年都住在佛羅里達，」我說：「除非她是在離婚時處境較差的一方，而她所擁有的就只是一棟冬季度假住宅。」

「妳很接近了。我母親在嫁給我爸的期間有外遇，而她沒做太多事情去掩飾。菸灰缸裡總有太多菸蒂，還有那些『只是來坐坐』的男人。」在瑪德琳十四歲的時候，夏洛特跟一個屬於他們的俱樂部、名叫傑克的已婚男人搞在一起。他很富有且行徑可疑，是個房地產開發商，財務狀況在滿手現金跟負債累累之間輪替。瑪德琳充滿疑心地說，他參與的事業是「過橋融資」。在他們認識時，傑克五十來歲，夏洛特大約三十五歲。夏洛特為了可鄙的傑克離開鄧肯，但她父母沒有一方想離婚。瑪德琳談到自己現在三十五歲了，正是她母親離開她父親的年紀。

兩人分居已超過二十年。傑克現在七十歲了，有攝護腺癌及其他毛病。與此同時，夏洛特被困住，成了照顧者，我假定這不是她生來就能勝任的角色。我提到我很訝異於她選擇了一個更年長的男性，瑪德琳說：「他跟我爸完全相反。令人興奮又刺激，跟一群豬朋狗友一起行動。會旅行到摩納哥（Monaco）去賭博，有肥皂劇明星那種英俊的外貌。」

而且傑克跟夏洛特兩人都很能耍詐。鄧肯的家族跟傑克的家人在棕櫚灘同一個複合大樓裡都有公寓。瑪德琳的父母還在一起的時候，夏洛特利用她當他們幽會的藉口。「我被我母親拖到傑克跟他當時的妻子住的公寓去。她跟傑克會在桌子底下手摸手，還用腳挑逗彼此。我母親會玩些古怪的花招，像是對他太太說我們這些孩子應該聚一聚、打打網球。我十四歲的時候，他的孩子都二十來歲了，真是尷尬到荒謬的程度。要是我沒對她的爛招裝出興奮的樣子，她就會說我是個無聊的呆子，然後說：『瑪德琳，是妳很仰慕傑克家那些男孩打網球的技巧，要我去詢問妳能不能跟他們打球。看在老天爺份上，說句話啊。』」

傑克的三個小孩在他離開他們的母親，並且幾乎同步失去他的財富以後就再也沒跟他講過話。夏洛特告訴瑪德琳傑克的孩子很殘忍，她打電話給他們說傑克得了癌症，他們甚至沒有回電。瑪德琳說：「我暗想他們真的很熱切支持那位母親。」

「妳很納悶他是哪種父親，」我沉思道：「妳給什麼，就得到什麼。」

瑪德琳坐直了身體，放下她的咖啡。「請再說一次？」

「妳給什麼，就得到什麼。」

她緩慢地複述一次，好像那是另一種語言。「**妳給什麼，就得到什麼**。」然後講得更大聲些。「妳給什麼就得到什麼！」她往後靠向她的椅子。「唔，如果**這是**關係的規則，那為什麼我給我母親這麼多？」瑪德琳指出每次夏洛特打電話來，她總是設法支持她，還會在每個特殊場合上送花給她。然而她母親什麼也不記得，沒給她任何回饋。

我問瑪德琳為什麼有所堅持，她說她根本不知道為什麼。但接著承認，她還是會怕她母親。「某種程度上，她的爪子已經被剪掉了，因為我隨時可以離開。但貓除了爪子以外，還有更多東西可供牠們驅策。」

我試著建議對這個概念做自由聯想，瑪德琳嘟噥說她不是在佛洛伊德的辦公室裡。「我知道這在妳看來可能很假，」我說：「但有時候無意識極度想要冒出頭來，只要妳給它一點喘息的空間。何不想像一下，把所有的防禦推到一邊去，就跟『為什麼我還是對我母親很好？』這個問題相處一下，然後看看有什麼在妳心裡浮現。」

瑪德琳不是一個輕易流露感情的人。畢竟她必須強悍，不然她就會被毀滅。她本來可能屈服於厭食症、藥癮、精神病或任何一種疾患。在她打這場內在的戰役時，她展現出同樣的強悍。很值得讚揚的是，她踏進火線、閉上眼睛，對自己提出了這個問題。

大約一分鐘左右，瑪德琳的眼淚劃過她完美的妝容。最後，她啜泣著哽咽說道：「每次我人都很好，以為**這次**她會愛我。我想是我還沒找到該做什麼事的正確組合。總會有一次。只要有一個早上，我下樓的時候，她沒有說『早安，怪物』。如果我夠努力，我會找出方法讓她愛我。」

「世界上沒有一個孩子不想要得到母親的愛，」我說。

她流著淚十分挫敗地吼出：「**白痴**都能得到母親的愛！喬伊從來沒有為他母親做過什麼。就算他有錢，他也沒買過麵包店需要的新烤箱。然而每次看到他，她就眼睛一亮。巴瑞只要走進門，他母親會停下手邊任何事情親吻他，她會揉揉他的頭髮，問他今天過得怎麼樣。他只會咕噥一聲當做回答，可是他被當成寶。」

她擦乾眼淚看著我問：「我做錯了什麼？」

「妳媽有愛上任何人嗎？」

「**也許**是傑克吧。他時時刻刻都在跟她說她有多美。誰知道呢？她留在他身邊。可是她現在五十幾歲了，她還能去哪？」

「她跟妳爸在一起十五年，她愛他嗎？」

「她受不了他。妳知道最詭異的是什麼嗎？他愛她。如果她施點小惠，像是在公眾場合攬著他的手臂，他便眉開眼笑。我學會渴望她的愛，就像他一樣。」

「愛是很難懂的。看看《誰怕維吉尼亞．吳爾芙》（*Who's Afraid of Virginia Woolf*）[5]。太太折磨丈夫，讓他戴綠帽，但他還是愛她。」

「妳會提到這齣戲真是太神祕了。因為父親跟我有一次在百老匯看了這齣戲，我們兩個都覺得那個太太好壞。」我們倆為此都笑了出來。

「很奇怪的是，如你所說他有那麼正派的父母，卻繼續渴望妳那沒有愛的母親。但妳想要她的愛一點都不奇怪。這是任何小孩或者該說是任何動物內建的，想從家長身上得到愛。」

為了讓論點更透徹，我告訴瑪德琳一些針對多倫多動物園的大猩猩所做的研究。眾所周知，大猩猩在野外是好父母，但在動物園裡牠們甚至不生育子女。首先牠們會很沮喪，並且展現出強迫性的儀式行為。瑪德琳在聽到強迫觀念的時候豎起耳朵。雄性大猩猩對性愛沒有興趣，牠們有時候會表現出交媾的行為，卻不是跟伴侶一起。

動物園希望雌性能夠懷孕，所以他們買進由母親在群體裡養大、知道該怎麼做的雄性大猩猩（在野外，大猩猩成群生活，群體是由一隻成年雄性跟其他成年雌性及其子女所組成）。不過沒有被母親扶養、也不曾待在群體中的雌猩猩，怕極了想跟牠們交配的雄性。牠們會以為自己被攻擊了，憤怒地反擊。牠們從來沒有在群體中見識過性行為，不過更重要的是，牠們從沒見過前戲，認定那是一種侵略行為。

想不出辦法的動物園管理員，找來的動物行為學家正是我一位朋友，他決定讓大猩猩人工授精。多數大猩猩沒有成功懷孕，但有幾隻終於懷孕了，還真的生下孩子。第一位生產的母親立刻殺死了新生兒。她看著那嬰兒，好像它是牠剛剛拉出來的異物。它一開始動，這母親看起來就心生警戒，接著把它打死了。獸醫跟行為學家們都被嚇了一跳。

這些雌性大猩猩從來沒有跟自己的母親建立情感連結，也沒有跟一個大猩猩群體產生過連

5　譯注：劇作家愛德華・阿爾比（Edward Albee）一九六二年發表的舞台劇，在一九六六年拍成電影，台灣譯名為《靈慾春宵》。

結。牠們從沒見證過生產或曾看過大猩猩幼兒，這嚇壞了牠們。

對於下一批新生兒，動物行為學家們左右為難。他們想讓母親跟寶寶建立情感連結，卻又不想冒著她可能謀殺小孩的風險。所以他們選擇寶寶一出生就把牠們帶走，然後讓一位普通的動物園女性助手在母親面前，扮演跟嬰兒建立感情連結的角色，希望母親會模仿感情連結這個行為。這名女性托抱住大猩猩幼兒並餵食牠們，但牠們的母親不太留意。（有時候甚至冷眼旁觀，看起來像在說「還好不是我」。）他們嘗試逐步將嬰兒介紹給母親，這時她會把嬰兒用力拍開。

悲哀的是嬰兒會一再爬回母親身邊嘗試建立連結。被母親一掌拍開差點殺了它，然而寶寶沒有放棄。很悲慘的是嬰兒必須離開母親身邊，就像母親也曾經與自己的母親分開一般——這就是我們在人類的例子裡一再看到的跨世代功能失調。

瑪德琳評論說大猩猩母親很殘酷。我解釋說這個雌性根本不知道一位母親該做什麼，因為她自己從來不認識她的母親。她甚至不知道那是她自己的後代，或者那表示什麼。而母性本能是很複雜的，是本能與社會化初期的結合，社會化當中還必須包括依附關係。

「我告訴過妳，我母親的母親糟糕到父親不肯讓她來我們家，」瑪德琳說。「她整天都待在床上，基本上是她女兒的皮條客。除非我母親拿到重要人士的邀請函，否則她就不讓她回家。有一次我問我媽說她是不是病了，她說：『她本來很富有，後來窮了就變成一個卑劣的人。』我母親從來不曾透露任何心裡話。她可能給妳一句話，要是妳再多問，她就只會說：『少管閒事。』」

我們坐在那裡好幾分鐘。然後我說：「當獨生女是很困難的。如果妳有兄弟姊妹，可能可以看出她是多麼沒有愛的人。手足中或許也會有一個人可能會幫助妳，甚至成為妳的替代父母。」

（我想的是艾倫娜如何保護她妹妹。）「但妳獨自跟妳爸在一起。兩個人在地下室吃那一丁點的食物，害怕夏洛特又希望被她所愛。很不幸的是，妳父親的行為像個嚇壞的小孩，而不是會保護妳的家長。」

「好啦好啦，我可以看出她不可能**愛**我，但她為什麼**恨**我，又叫我怪物？」

「為什麼大猩猩是打大猩猩寶寶，卻不打別人？」

瑪德琳沉默了許久。「那嬰兒想要她給不了的東西。」

「答對了。妳暴露了妳母親的偽裝。記得妳聽到朋友的父母悄悄講到**虐待兒童**嗎？妳只是在要求正常的愛以及不被拋棄。妳母親肯定見過其他母親，還有她們怎麼對待自己的孩子。儘管埋藏起來了，她必定有點概念，知道她沒有履行她該做的工作內容。」

「妳是對的，因為她受不了巴瑞的母親。她說他母親是個過度保護的家庭主婦，把她的孩子變成小嬰兒。她說所有我們認識的母親都悶死人了，沒有能力建立紀律。我有一點相信她這個說法。」

「打從內心深處相信嗎？」我這麼問，設法更深入一些。

「相信也不相信。我認為那些孩子像她說的一樣被當成小寶寶，但我也**想要**被當成小寶寶。現在我理解巴瑞的媽媽跟其他媽媽只是很有愛的母親，而我母親不是。高布萊特醫師會說，我把**被當成小寶寶**這件壞事，重新框架成**充滿了愛**的好事。」

我同意。「妳母親也不接受『被當成小寶寶』的故事。在某種無意識層面上，每次她看到妳，她都知道她無法勝任母親這份工作。」

瑪德琳望向遠處許久。「好難相信這不是我的問題，」她說。「有人是她本來可能會愛的對象嗎？」她看起來很困惑，仍在努力理解這個觀念，她母親的殘酷行為並不是她的錯。這是治療的一個重大時刻，我想要幫助她釐清這個問題。

「不是一個想要**真正的**愛、溫暖與同理的人，」我回答：「她自己的母親讓她受傷太深，又被她父親拋棄，以至於她不具備做到這件事需要的東西。她是個自戀的人，或者是個精神病態者，或者兩者皆是。不過那些就只是標籤而已。」（自戀與精神病態者是生來如此還是後天造就，在心理學世界裡有很大的辯論。這是現正仍持續進行中的先天／後天之爭的一環。）「重點是，夏洛特缺乏克盡母職的工具，卻在某種程度上被期待要做到。」

瑪德琳哀傷地看著我說：「這是我人生中第一次，幾乎到了要為她感到難過的程度。」

治療很像是栽種一棵樹。在前幾年看起來沒有重大發展，但到了第三年，在樹根確立自己的位置可以支撐樹幹的時候，樹就往上竄高了。關於自己的行為，瑪德琳得到好幾個重要的啟示。一個是人性的規則：**妳給什麼就得到什麼**。那句話激勵了她。她根本不知道，她有權利只回報她母親給予過、那少得可憐的東西。

第二個啟示出現在她的無意識釋出了以下這個想法或者說錯誤信念（false belief）時：只要她徹底完美，她母親就會愛她。這當然不是真的，她母親沒有能力愛她，變得完美並不會改變這個事實。這個洞見協助解放了瑪德琳不再努力嘗試取悅她母親。

當年度最重要的啟示是，她母親就像被捕獲圈養的大猩猩，沒有愛的能力。她自己從沒有被母親疼愛過，沒有角色模範。許多心理師相信自戀型人格疾患是在非常小的年紀發生的，可能是在兩歲之前。孩子被忽略或心靈受創，學到無法信賴主要照顧者會供應他或者她的需要。孩子在創傷發生時情感面的成長會受阻，無法體驗到更成熟的情緒，像是感激、悔過、同理或者愛。

瑪德琳領悟到她母親不愛她並不是她的錯。她不是讓人無法去愛的「怪物」，反而是她母親無法愛人，這時候瑪德琳卸下了精神上的一個重擔。

瑪德琳為她先前的問題找到答案時，最後的啟示出現了：「她可能不愛我，但她為什麼恨我，還叫我怪物？」瑪德琳對夏洛特來說是失敗的象徵。夏洛特下意識知道她女兒需要她無法給予的東西。光是看到瑪德琳都讓她反感，因為這讓她想起了自己的不足，畢竟沒有人喜歡自己不擅長的事情。

配備了這些洞見，瑪德琳就能夠打斷她慣性的行為模式，不再去佛羅里達拜訪夏洛特，也不再努力嘗試取悅那些一樣永不滿意的富有女顧客（母親形象）。她反而起草了目標具體的新合約，不再忍受她們企圖改變合約條件、或者用別的方式操縱她。

當妳從恐懼母親過渡到為她感到難過，通常就表示已經朝康復的方向走了很長的一段路。

5 潛水夫病

瑪德琳第四年的療程對我們兩人來說結果都是極其混亂的。身為一名心理師，我會犯下一個重大錯誤，還會為此付出昂貴的代價。

瑪德琳開始準時赴約，而且抵達時會帶著一長串涵蓋在治療中的事項。不過在某一節治療裡，她看起來很恐慌而且對著門口大吼：「咖啡，**現在！**天啊，我到底得做什麼？清理地板還照訂單裝箱嗎？」她把文件扔在桌上，然後說：「這些是未完成的訂單。有一件必須在星期四抵達洛杉磯的蓋提博物館（Getty Museum）。我想要派安東帶去，因為這很關鍵，但我確定飛機會墜毀。**這種情況什麼時候會變好啊？**」

看來非常嚴重的焦慮症狀似乎又復發了，瑪德琳對於墜機持續的強迫觀念加重了。「唔，有三種選擇，」我回答。「一個是讓他去飛，然後跟妳的焦慮共生；另一個是吃藥，好讓生意可以進行下去；另一個則是在治療裡處理這件事。如果我是妳，我會吃藥，同時進行治療。」

瑪德琳對於治療的緩慢步調感到很挫折，而且不願用吃藥來解決她的焦慮。「吃藥不行，我不想變成我母親。她吃書裡提到的每種藥物，還加上酒精，卻仍是那樣。我父親也喝很多，但設法維持正常運作。他七十幾歲了，還是一星期工作六十小時，更年輕的人還跟不上他。」在漫長的沉默之後，她把頭靠在桌上，嘟噥著說：「我的身體承受不住更多了。」

我看著她高䠷輕盈的身形，不太確定她是什麼意思。在某些方面，她像是一名精力旺盛的人，然而在其他方面又傷痕累累。最後，她說她有四種癌症，每一種癌症跟其他癌症都是不相關的。在二十一歲的時候她被診斷出乳癌，二十八歲則是甲狀腺癌，三十五歲則是子宮內膜癌。現在她有黑色素瘤。

我只是搖搖頭。我當然從她父親那知道了前三次的癌症發作，但我納悶的是為什麼要花這麼長時間瑪德琳才自己告訴我。我問她認為是什麼導致她年紀這麼輕，就罹患這些互不相關的癌症。她說：「嗯，老實說我喜歡科學思考，所以讀遍了所有資料。但我想我的免疫系統在小時候就被用盡了，沒剩下任何東西可以作戰。『那為什麼其他有貪婪母親的人沒得一百種癌症？』這麼明顯的問題就別問了，**我不知道**。」她坐著敲她的鉛筆。「我知道的就是下星期必須做腎臟X光檢查，我就是知道這會是癌症。」我問瑪德琳是否相信這是宇宙懲罰她身為怪物的另一種方式，她眼睛一亮說：「很高興妳**終於**了解我了。」然後面無表情地說：「我猜上帝說『乳癌還不夠，再給她甲狀腺癌。然後讓我們逐步讓她生不了小孩。』」

「妳本來想要小孩嗎？」

她一臉傷感地望向窗外。「我希望這能由我選擇。癌症確實讓我不必跟喬伊有孩子，所以我猜這是不幸中的大幸吧。」

「是神在懲罰妳，或者這是命運？」

「這是我母親說的：『這個世界會發現妳是什麼，妳會有糟糕的人生。怪物是藏不住的。』」（瑪德琳很擅長模仿她母親的波士頓口音。）「提醒妳，我不像以前那麼相信這套了。所有這些互不相干的癌症，就已經很難對付了。」

我問夏洛特在瑪德琳二十一歲第一次罹癌的時候有什麼反應。她沒回答，反而講到母親在她十五歲左右如何離開她爸。傑克在紐約開創了新事業，夏洛特跟他搬到紐約市去，同時在佛羅里達過冬，住的是鄧肯從他父母那裡繼承送給夏洛特的房子。「人生沒有她好過多了，」瑪德琳回憶。「我爸會跟我外出吃晚餐、參加家長會會議、來看我比賽，甚至為了我的辯論隊比賽去了渥太華（Ottawa）。我們有個住在家裡的管家聶辛達，她很有條理、充滿愛心又很仁慈。我非常依戀她，而她多年前跟我一起來了紐約。」

我想知道瑪德琳為什麼忽略我的問題。所以我又問了一次。她搖搖頭，好像記得這件事很難。我可以從表情看出她不想去記起這件事。「我父親告訴她，而她寄了張合瑪克卡片給我。我還記得卡片上是堆滿一台小小白色馬車的紫羅蘭花，裡面寫著『早日康復』，署名夏洛特。」

「不是『媽媽』？」

「不是喔。」

瑪德琳在十四年後罹患甲狀腺癌，夏洛特來到醫院探病。「我見到她時很震驚。我爸在那，大半時候跟我待在一起。她穿著粉紅色洋裝跟粉紅色鞋子突然冒出來說：『鄧肯，妳的祕書說你會在這裡。』用一句話表達她對我的同情。」瑪德琳問她為什麼如此盛裝打扮，夏洛特說她跟在車裡等候的傑克是進城來參加一場婚禮的。「然後把離婚文件拿給我爸看，接著就走了。每次她需要錢就威脅要離婚。順便一提，他們從來沒離婚。她只是想要照法律規定親自拿文件給他，然後離開。從來沒打算要探望我。」

我說那肯定很令人失望，瑪德琳評論道：「如同我在治療裡發現的，這只是因為小孩從來不放棄希望。老實說我認為現在我**已經**放棄了。她就像個被挖空的南瓜，她的母親挖空她的果肉，然後在她臉上刻了個微笑。如果她的容貌沒有吸引力，她就會是被關在某個地方監獄的精神病態者。」

「如果妳誠心這樣覺得，我也認為這是個公平的評價，那為什麼妳緊抓著她給的怪物綽號不放？」

「**邏輯上**我並不相信。我象徵了她不可能成為的人——一個孩子的母親。她因此恨我。這仍舊是最合適的解釋。」

「那妳父親呢？」

「妳知道嗎，他每星期來紐約，替我的公司做國際貿易與關稅的工作。我寧願付錢給某個人。老實說，這樣麻煩會比較少。」

「他什麼都做了，只有不讓妳進他家。」

「**正是如此**。」

「最大的問題是，他對病態自戀女性的恐懼，表示他不愛妳嗎？」

「我覺得他愛我。妳可能徹底搞砸了，卻還是愛妳的孩子。安東問了同樣的問題。在我們工作的時候，我曾經跟他談話到深夜。」

「聽起來像是妳交心的第一人。」

「是啊。不管是我跟喬伊的婚姻、我的外遇，還是我母親跟她朋友們愚蠢的探視，他都在。她喜歡炫耀我的成功，因為這反映了她是個『完美的母親』。她一向都在朋友面前跟我說那些示意我為某些知名客戶工作的事。維也納說她是『追星族』。」

「安東看到整齣鬧劇了？」

「對。我們開玩笑說他父親就跟我母親一樣糟，所以我們兩個都必須保持警覺。」她繼續描述安東是個既聰明又敏感的人，不過他糟糕的英語限制了他的發展。他跟他的兄弟同住，在家裡只講俄語。鮮少顯得熱情洋溢的瑪德琳告訴我，他身為一個博物館學家多麼有才華，幾乎可以定出任何雕像的製作年分，前後誤差範圍不超過五年。很明顯，身為一個博物館學家，你不只要知道數百種美感形式的歷史與工藝技術，你也要有欣賞它們的才華或眼力。她說安東最近抓到一個號稱六百年歷史的明代瓷器是贗品，佳士得公司跟她都沒看出來。

我跳到關鍵的細節，問他是否單身。瑪德琳說他二十幾歲還在俄羅斯的時候短暫結過婚，現在離婚了。我問她是否喜歡安東，她回答說她沒有跟他上過床。他們合作無間，就算不是同一種人，混的圈子也不同。安東有莫斯科頂尖大學的博士學位，只跟紐約龐大的俄國人社群往來。瑪德琳讚揚他對藝術的敏感度，把他的心靈比擬成一本型錄。「一次實地勘查，他看到一位客戶的門廳有個空出來的角落，然後說：『我們把多年前在愛沙尼亞房地產拍賣買到的那個藍色芬蘭衣櫃放這裡怎麼樣？』他總是很精準。」她補充說安東完全沒有財務概念，她沒辦法讓他為任何東西定價或靠近帳簿。我指出如果她想要的是商業頭腦，她大可留在喬伊身邊。我們為此大笑。

下個星期我抵達時，瑪德琳看起來非常疲倦。維也納指示星巴克遞送員把咖啡放在桌上，然後說：「在我離開以前，我要告訴吉爾迪娜博士我掛心的幾件事。」

「維也納，妳拿那麼多報酬，除了惹惱我以外卻沒做什麼別的。拜託妳離開。」

「不行喔。吉爾迪娜博士，我不認為瑪德琳會告訴妳，她有黑眼圈的理由是她連續工作六百七十八天。我會知道是因為我一直在這裡，這會讓任何人都得癌症。我擔心她。她必須花點時間休假。」

「妳有拿到薪水，而且還每個週末都帶妳兒子來。」

「我不是在抱怨，我是在**關心**妳。有聽過什麼叫關心嗎？天啊！」說完這句話，她就緩步走了出去。

我照著維也納的指示，提醒瑪德琳這位癌症起因與治療的活字典免疫系統過載理論。如果一個人持續處於緊張狀態，壓力就會耗盡免疫系統到沒剩下任何東西可以對抗癌症。（研究已經顯示，遭到虐待的兒童罹癌的機率比其他小孩高百分之五十。）

瑪德琳抗議說其他員工也天天都在工作。然後她更正，說晚上跟週末就只有她、安東，有時候還有維也納跟她兒子。她露出少見的微笑，然後補充說：「我們就像個小家庭。維也納的九歲兒子賈克非常有趣。他對這個工作有興趣，而且有天生的眼光。」安東教了他很多，甚至曾經跟維也納陪賈克一起去私立藝術學校的面試，學費是瑪德琳付的。

「安東聽起來真的是個很好的男人。每星期他的名字都出現在治療中，真是奇怪。」

「他是個新移民。有時候，在週末為了休息一下，我們會走路到星巴克去。他必須用手指他要的大小，連容量的講法都還沒辦法記住。」

「真是悲劇。哇！我現在懂了。妳應該早點讓我知道這一點的，」我故作正經地說。

她笑出聲來。「好吧，這不是那麼重要。」

「在我們剔除安東這位妳人生中第一位忠誠的男性以前，妳必須想些更糟糕一點的事情來講。」

「天啊，早就已經夠了。以下是我的充分揭露。為什麼他會想要我？我愛抱怨，會尖叫，親密關係很失敗，渾身長癌，而且我這麼神經質又悲慘。」

「他為什麼留下來？」

瑪德琳說他拿到很好的薪水，而且在工作稀缺的領域得到聘用。她默默坐著一分鐘，然後用一種讓她的臉看起來光彩煥發的方式微笑。「我喜歡他每天晚上離開的時候，會摸摸我的頭，然後說『*Spokóynoy nóchi moy zavetnyy odin*』。」我問她那是什麼意思，她說：「我不知道。可能是晚安吧。」

我心想，這句話如果是「晚安」就太長了，我們坐在那用我的手機查了起來。在我搜尋的時候，我說：「怪了，妳從來沒問他那是什麼意思，也沒去查。我是說，妳是個知道每天日圓價格、還可以在幾秒鐘內解讀一份合約的女人。有人每天晚上跟妳說這句話，妳卻從來不問？」我找到這句話的意思，大聲唸出來：「**晚安，我珍愛的人。**」

一陣沉默。她坐在那裡看著她的桌子許久，兩道不存在的眉毛擠在一起。最後她大聲叫出：

「天哪！」

她的臉皺成一團，看起來心力交瘁。謎團被拼湊出來了。

但就在這時我犯下了一個嚴重的錯誤：我過度詮釋了。「妳不想要他上飛機，對吧？」我開口說。「妳是個怪物，認為他會從妳身邊被帶走。他搭的飛機會墜毀。對妳來說，失去某個像安東這樣仁慈、善良又關心妳的人實在太嚇人了。會不會這種壓倒性的恐懼，是妳用很古怪的方式在告訴自己說妳愛安東？」

瑪德琳大喊：「去妳的！」然後踩著她色彩繽紛的馬諾洛．布拉尼克（Manolo Blahniks）高跟鞋，跺著腳走出房間。幾分鐘以後維也納衝進來說：「這裡出了什麼事？一場大災難。瑪德琳把一大堆紙送進碎紙機，然後叫我告訴妳，治療永遠結束了。支票隨信附上。」

這實在太經典了，瑪德琳跟她的家人就算情緒爆發，還是會說**支票隨信附上**。

我婉拒由司機載我去機場，在紐約街頭漫遊。穿過中央公園，欣賞春天的絢爛。杜鵑花剛開，粉色布滿了草地。通常沒什麼特徵的連翹樹叢，現在卻沿著莖幹爆出奶油糖黃的花朵，落下的花朵一路點綴，我就好像在自己的婚禮上。

探問在瑪德琳的治療中什麼時候走錯了路，是沒有意義的。事情很明顯，做為一名有長年經驗的治療師，我犯了一個新手的錯誤，那就是炫耀我所知道的事。現在就在**那裡**，有個我很久以前就該殺死的米諾陀。

我一直企圖用太快的步調推進瑪德琳的治療，而我過度詮釋了。我看得出來她在乎安東、不想失去他，不覺得自己配得上他。所有有關於她母親告訴她，她是個怪物的記憶再度浮上心頭。強迫思考模式接管一切，公司裡沒有人能上飛機。關於墜機的強迫觀念讓她對於真實依附關係的恐懼模糊不清。安東是個關心她的好男人，而且只有在講俄語的時候才告訴她這點。他共享了她對藝術、美以及努力工作的愛。她的強迫觀念會壓倒她對安東極其真實的感情嗎？

瑪德琳的崩潰描繪出強迫觀念的本質：基本上強迫觀念是保護病人的防衛機制，讓他們不去看真正嚇壞他們的東西。瑪德琳**說**墜機嚇壞了她，然而從小她就飛遍歐洲，也沒因此心悸。這個強迫觀念是新的，而且是在她愛上安東以後才浮現的。真正嚇壞瑪德琳的是愛與被愛。「愛」對她來說，一直等於被拋棄、失望與背叛。她的母親對她做出殘酷的事情，然後還說：「我會這麼做，只是因為我愛妳。」她父親愛她，卻選擇了兩個自戀的精神病態者，不顧她的幸福。如同埃利．維瑟爾（Elie Wiesel）所說：「沉默鼓勵了折磨他人的人，卻從來不會鼓勵被折磨的人。」她的丈夫喬伊結果只是她母親比較和藹可親的版本。

瑪德琳曾經這麼努力奮鬥，只為了活下去。她四次罹癌，都是**自己**去醫院看病。她怎麼可能放下她的防衛去愛某個人？愛的風險太大，嚇壞了她。她與公司持續不斷地承擔風險，但她被栽培為一名成功的商業人士，在這方面從未失敗，她父親與祖母曾經讚揚她的藝術眼光與精明的財務。

如果一直有人告訴妳，妳是個怪物，然後妳愛上了某個人，妳會相信那個人不會回報妳的愛。無怪乎瑪德琳認為最好把她對安東的感情隱藏起來。

我犯下的第一個錯誤，就是當瑪德琳覺得某樣東西很嚇人時，把那樣東西（對安東的愛）描述為一種美好的事物。其次，佛洛伊德在發現並且標示出防衛機制的時候，他可不是傻瓜。我們的無意識需求很強烈——太強烈了，以至於會讓我們不知所措。我們全都急切地想被愛，瑪德琳也不例外。然而每次她嘗試愛與被愛的時候，都只導致痛苦。母親叫她怪物、父親把她鎖在門外，喬伊不在乎她。她無法再次承受相愛的失敗所帶來的痛苦。現在她愛上了安東，害怕會在墜機中失去他。在現實中，她覺得她不配被愛。所有關於旅行的強迫觀念，隱藏了她對被愛的渴望，還有她對被愛的恐懼。急切想要某樣東西同時又感到害怕，導致了極大的焦慮。這對心靈來說，是一種永遠的等長運動（isometric exercise）[6]。

疏通無意識有點像是深海水肺潛水。不能太快浮上海面，必須漸漸往上、慢慢適應，要不然就會得潛水夫病。瑪德琳罹患了心理上的潛水夫病，我過早將帶來太多痛楚的材料拋出去。她的防衛明顯表現在她對空中旅行的恐懼之中，這對她來說重要到她願意每個月損失數千美元，讓她的生意受到危害。她就是這麼想要保護自己，避開她對愛的感受。愛意味著易受傷害，愛妳的人也能傷害妳。讓自己變得容易受到傷害需要很大的勇氣也很嚇人，這就是治療會耗費很長時間的理由之一。病患花了一輩子建立防衛，治療師不能就這樣把防衛扯掉，必須讓它們一層層慢慢剝落。在這個例子裡，問題不是瑪德琳治療時間的長度，五年已綽綽有餘。錯的是我突如其來的過度詮釋。

6 譯注：等長運動是一種運動的形式，以不改變關節角度、靜態的肌肉收縮來完成動作。發力跟阻力剛好互相抵消。即使肌肉在發力，長度也沒有變長（放鬆）或縮短（收縮）。棒式就是一種等長運動。

治療師犯錯時，必須檢視自己的動機。我知道自己有衝動控制（impulse-control）的問題，不過我的辦公室幫我穿上了全套鐵甲衣。在多倫多，我有一張所謂的「冷靜椅」。然而在紐約，我對鄧肯要求我治療他女兒的壓力低頭，還屈服於瑪德琳公司裡其他人的非心理需求（害怕破產、工作壓力等等）。

另一個因素是，我過度認同瑪德琳。我也是家中唯一的小孩。母親從來不是殘酷的人，但如同她自己所說，母職不是她的強項。如果那不是女性被期待要待在家裡的一九五〇年代，她可能會是一名學者。我母親就像瑪德琳的母親，會說這類的話：「我寧願用燙熱的火鉗戳眼睛，也不要主持七歲小孩的生日派對。」所以由我來安排所有派對、訂三明治跟蛋糕，就像瑪德琳一樣。我從裡到外徹底理解，她在她準備好以前就必須長大。記得小時候朋友的母親說我母親很疏忽時，我有多震驚。我以為她只是不愛管閒事，我假定所有母親都應該如此。

瑪德琳讀過我的回憶錄《太靠近瀑布》以後，她覺得很感動，因為我們的生活在很多方面十分相像。兩位母親都不曾做過一頓飯，兩個人家裡都沒有食物。然而每當我被批評的時候，母親都很支持我，瑪德琳的母親卻是毀滅性的。學校的修女斥責我「想搞笑、想成為眾人注目的焦點」時，我母親說：「喔，那就讓愛格尼絲修女來娛樂全班好了。老實說，那修女即便眼前就是一個喜劇演員，她也認不出來。」

我在中央公園的一張長椅上坐下，旁邊是一位穿著綠色手術袍的醫師。他仍然戴著他的開刀房髮網，所以肯定是從西奈山醫院（Mount Sinai Hospital）直接走過來的。他的雙手交疊在膝蓋上，低頭俯視著自己的腳，腳上穿著紅色的懶人鞋。我說：「手術進行得不順利？」

「失去其中一個雙胞胎。」

雖然悲劇的規模不同，我還是說：「我剛剛也失去了一個病人。我是個心理師。」

「他們兩個都大小適中，進入分娩的時候都有很強的心跳。有一個就是還沒準備好。我還是沒完全搞懂是哪裡出錯了。妳的病人發生什麼事？」

「我被開除了。任務中止。」

「怎麼會這樣？」他問道。

「有時候人就是還沒準備好要認識未知的自己，就像嬰兒還沒有準備好要出世。這全都是時機問題。」

「妳得繼續撐下去。」他說道，同時在我們起身要離開的時候，將雙臂高舉過頭往上伸展。

我現在已經走到離翠貝卡好幾哩遠了，而且完全了解我犯的錯。這個錯誤是無法消除的。我想過要打電話給瑪德琳，但那是我的需求，並不是對她來說最好的事。我曾經設法幫助她。現在最好退開，希望由我打開的傷口會癒合。

第二天確實有張支票透過國際快遞送到了，沒有任何字條。只有瑪德琳會付錢給當天抵達的國際快遞，就只為了擺脫我。

6 啟示

愈是思考瑪德琳的案子，我就愈納悶自己是怎麼走進這個奇異的迷宮裡。我求助於其中一位我的導師米契醫師，一位精神病學教授也是我見過最佳的治療師之一。我花了好幾個小時觀察他跟病人進行治療的錄影帶，並且透過單面鏡看他本人工作。他現在八十多歲了，是在一九三〇年代經過紐約來到加拿大的德國猶太難民。他是最後幾位曾經跟精神分析理論創始人們一起工作過、還常常引述他們的大師之一。我想我們有一種特殊的連結，所以雖然他已經退休了，我還是打電話請他給我建議。米契醫師同意在他家裡見我。

在他擺滿書的書房裡，我坐在他的對面，從這個案子不尋常的開端到國際快遞支票為止，詳細描述了整個案子。然後米契醫師用他濃重的口音總結：「所以說，*liebling*（親愛的），妳告訴鄧肯這個男人妳不做婚姻諮商，然後又答應要接案。妳告訴他自己一個人來，他帶了女朋友。他不讓他女兒進自己的家，但妳選擇把焦點放在那個有精神困擾的女朋友所做出的殘酷行為，而不是那個父親。然後妳拒絕治療他女兒，因為妳已經不私人執業了。他尾隨妳到餐廳去，跟蹤妳，妳在那裡同意一週飛到紐約一次，去她的工作場所，甚至沒有要求她到妳這裡來。在我看來，這個案子從一開始甚至在還沒見到病人的時候，就注定完蛋了。為什麼妳為了這個男人打破每一條規則，而妳幾乎不認識他？」

我大吃一驚。從一開始，我就發現自己對鄧肯的反移情，但沒有徹底承認它的影響。鄧肯看起來真的有點像我父親，講話都有那種美式的自以為是、穿著同樣上漿的襯衫。就像我爸爸，他是個很有魅力的生意人。米契醫師讓我理解到這種反移情潛藏的危害：我沒能徹底探究鄧肯為什麼在情緒上拋棄了他的女兒。我根本不知道為什麼他能夠經營縱橫全國、有數百名雇員的事業，然而在他只有九十磅重的太太脾氣失控的時候，卻必須躲在地下室。主要的問題仍舊存在：為什麼他還是愛，或者該這麼說——仍然像個青少年似地熱烈迷戀如此殘酷的女人？他為什麼與凱倫重複這種行為？

我沒有解開其中任何一個謎，在我自己的潛意識裡，我也沒有**真正**讓他為此負責。

米契醫師提醒我，我身為心理治療師有二十五年的經驗，曾經在大學裡教書、指導心理系學生。我有這樣的反移情作用，表示在我跟我父親的關係中，要不是有創傷，至少也在某種程度上是混亂的。我向醫師保證我們有很好的關係，孩提時代我在藥店裡，在他旁邊快樂地工作。

但米契醫師沒有手下留情。他說他想描述我的無意識對我父親的感覺。「他是個非常成功、聰明又廣受愛戴的人，直到妳剛進入青春期。他開始心神喪失，做出奇怪的事情來讓妳尷尬，像是把車開進餐廳裡、錯過車道。因為糟糕的投資失去家裡的財富，妳跟妳母親因此一貧如洗。事實上，妳欠了錢，必須在高中時代身兼兩份工作。經由離開妳身邊，他背叛妳，拋下妳跟應付不了這種狀況的母親一起。基本上是在說：『妳十四歲，但現在輪到你要接手了。』」

針對這個評價，我提出異議說父親在我剛進入青春期不久就長了腦瘤，所以這些都不是他的錯。米契醫師舉起手，做出制止的手勢。他指出無意識從來就不在意事實是什麼，「只知道拋棄**感覺上**像是什麼。」他強調無意識不承認現實（事實是我父親得了無法開刀治療的癌症，然後過世了），但確實承認情緒上的影響（我被拋棄了），我的無意識記住了必須接管一個破碎貧窮家庭的恐懼。「瑪德琳的父母拋下她跑去俄羅斯，妳在相同的年紀的時候，妳父親也由於死亡拋下了妳。」我點頭同意。

米契醫師說：「現在既然知道這一點了，妳告訴我鄧肯對妳來說意味著什麼。」

我想了很久才終於懂了。「他代表我父親得腦瘤前，還很成功、站在世界顛峰的時候。我想要重新創造那個時期。我對鄧肯那種跟我爸相同的歡快與輕鬆產生了情感連結。」

他表示同意。「妳想要凍結時間，那時妳是一個充滿關愛又成功的父親所鍾愛的女兒。」

我看出我在扮演想取悅父親的女兒，而不是有界線的治療師在探索病人的病理狀態。很明顯我早該來見米契醫師。人無法靠自己克服他們過去所有的問題，我錯就錯在認為自己不需要幫助。身為一個經驗豐富的治療師，好處是什麼都見識過也得到了智慧，壞處則是這一點可能培養出來的自滿。

在寫本書的過程中，另一個連結晚上許多才出現，令我恍然大悟。雖然女孩子被父親帶大不是件太常見的事，我挑來寫的每位女性，包括蘿拉、艾倫娜跟瑪德琳，大半都是被父親帶大的。在很久以後我才發現這點，這個領悟讓我相當震驚。一個重要的面向是，我在治療過的數千名女性之中，下意識地選了三個跟我以相同方式被養大的女性。無怪乎我會認同她們。這是一個完美的例子，顯示一位心理師被她的無意識給支配卻渾然不覺。

三十六天後，維也納打電話來，預約了我們原本定期做治療的時間。「天啊，」她說：「這裡的人全都去了地獄一趟。等妳『底搭』再跟妳做簡報。」（維也納用法國口音講「抵達」這個詞彙。她常常在口語中點綴著近似法語的語調。）「在老翠貝卡這裡，出現一個新世界了。我們有系統分析師、顧問、搞電腦的人進駐，甚至連牆壁都重做了。改變大放送！」

在我抵達以後，瑪德琳穿著一身亞曼尼，搭配閃閃發亮的金色寶格麗耳釘，頭髮則梳成法式包頭，臉上畫了眉毛、嘴唇畫出唇峰，踏著沉重的腳步走進辦公室坐下來，然後說：「好，所以妳是對的，要聽進去很難。我必須行動。如果每次聽到讓人害怕的話就崩潰，我九歲的時候就會穿著拘束衣流著口水了。」

「我有一個星期病到快死了。光說全身上下每個孔竅都很活躍就夠了。但我活下來了，爬起身，把該做的事情列出一張清單。」然後以斷斷續續的尖銳嗓音，開始讀起一個上頭印了花押字、繫著皮革蝴蝶結的粉色皮革夾板上的內容。「第一點，」她說道。瑪德琳找來了ＩＴ顧問，顧問建議她建立一個所有員工都可以登入的數位庫存系統。她雇人來設計一個比較好的網站，而且現在正在中國還有匈牙利雇用人手，替公司發掘商品。「每個人都得上課搞清楚他媽的該做什麼，」她說：「整個圖書館都重新編目過了。簡而言之，**我在學著授權**。」

瑪德琳說她厭倦了不信任任何人。她跟安東都受夠了留在辦公室直到午夜，同時領著高薪的同事們卻聲稱只有她真正了解商品，自己出去吃晚餐。她說現在他們可以學習，要不然就滾蛋。

她留著他們，只因為她以為自己是個怪物，沒有人會願意為她工作。「他們全都拿著比任何一家博物館給的還多的薪水，所以他們可以他媽的快點開始認真賺這筆錢。」

我點點頭，開口要回應，但瑪德琳打斷我。「吉爾迪娜博士，妳說得已經足夠了。」她告訴我。「這是我的治療時間。」

她繼續讀：「第二點：我有過一次徹底地精神崩潰，過度換氣到必須對著一個紙袋呼吸。我在八年級的時候學會這麼做。」然後她的聲音沙啞，但她繼續往下講。「喔是啊，我告訴安東我愛他。（我想知道他的反應，但知道最好不要問。）而我告訴他，他**最好**愛我。他說他是愛我。」「第三點：新制度。他搬進閣樓。我告訴父親，安東跟我在談戀愛。我不想聽到有關他不是我的菜的任何一句話。我的菜一直都是開瑪莎拉蒂（Maseratis）的混蛋。安東有台腳踏車，而且他媽的會讀書，他寄錢給他母親。」（幸運的是，鄧肯說只要她快樂，他就為她感到高興。）

瑪德琳繼續說，所有商業飛行都恢復了，事實上他們那週要飛十三趟航班。但她有時候還是哭著叫安東不要墜機。他會抱著她，向她保證她不是個怪物（並且指出他走路去星巴克被殺的機率還比較高）。瑪德琳也通知全體員工，雖然日常工作要全力以赴，他們還是必須應付她的焦慮症，直到症狀平穩下來為止。她從不擔心客戶——她總是能夠掌握他們。

她跟安東帶著好幾個麥森（Meissen）瓷器飛到棕櫚灘，而她決定不去拜訪她母親。「我在做妳說的事情：我在『給予我得到的東西』。她只會忘記來機場，或者講安東的壞話。我可以承受這些，但我想保護他。他不該被這樣對待。」

瑪德琳在我面前舉起手，像是交通指揮的停止手勢。「我知道妳想要說『妳也不該』。我在努力了，行嗎？」

先前有段時間她無法嚥下任何固體食物，服務她長達一輩子的管家聶辛達做嬰兒食物給她吃。「**但我會做這件事**。恐懼無法阻止我。我今天穿平底鞋是因為我的腳抖得太厲害了，就像隻穿了高跟鞋的新生小牛。安東叫我別再穿高跟鞋了，他說那些鞋子把地板跟他的心都戳出洞來，他看到那些鞋子怎麼樣弄痛我的腳。」

最後輪到我講話了。「我很抱歉在我們上一節的治療裡，我讓妳承受不住，」我道歉說：「這是我的錯。」

瑪德琳用一種乾巴巴的、實事求是的語氣打發掉這件事。「沒什麼大不了的。我曾經被一位大師恐嚇過，這輩子一直都在擬定戰鬥計畫。」然後很淘氣地補上一句：「這是我的強項。」

根據《英雄：從赫克力士到超人》（*Heroes: From Hercules to Superman*）的作者布魯斯·梅耶（Bruce Meyer）所言，瑪德琳的宣言完全符合英雄的定義。「從最精鍊的意義上來說，英雄行為可以被界定為在一個故事中，生命之力的主張比死亡更強勁的那一刻。」他這麼寫道。

那天瑪德琳本來是如此恐懼，雙腿抖得太厲害以至於必須換成平底鞋，然而她還是大步走上戰場。從出生以來，她就是一名因為情緒虐待飽受創傷還努力求生的女人。她不是一名打完一場戰役、擊敗一個敵人的成人，而是在過往的每一天都要為了自己的神智健全奮戰的小女孩，敵人就是自己的母親。她必須把沒吃下去的肉偷渡到餐廳外面、掩護夏洛特的外遇、歷經母親跟她初戀情人上床的背叛，還要在骨瘦如柴、想吃一頓飯的時候，忍受被說是一隻肥豬。她被說成是一隻怪物，而她當時只是一個想得到母親注意的小孩。她連續好幾週被拋下不管，跟她一樣害怕的父親幫不了她。

在她八歲的時候，鄧肯曾經在車裡轉向她說：「瑪德琳，我們要怎麼撐過去？」瑪德琳對夏洛特的恐懼，有一部分是來自鄧肯自己對她的恐懼。她不只要照顧她自己，還得照顧他。

然而瑪德琳全都做到了。讓她父親很苦惱的是，她拒絕家族的財富，把她從信託基金拿到的支票捐給癌症研究。祖母把她在翠貝卡的房子跟她的古董都遺贈給瑪德琳，不過除此之外，她只靠自己的錢過生活。瑪德琳建立了一個龐大的事業，相較之下她祖母的古董蒐藏還相形失色。她長時間工作，從來沒說過：「我很有錢了，我不必工作。我四十歲以前就得了四種癌症，我想我要休息了。」如果這不算是英雄，誰算英雄？

瑪德琳大崩潰的那個禮拜——或者照她的說法：「在我他媽發瘋想殺人的時候」——永遠改變了她。最重要的是，她宣告了對安東的愛，從此之後兩人一直有很棒的關係。我再也沒聽過煩惱這段關係的任何一句話，甚至連一絲矛盾的情緒都沒有。性、愛與親密一應俱全。他們分享了相同的興趣與工作倫理。在成為戀人以前，安東一直都是個朋友有助於這段關係的發展。

有一次我離開瑪德琳的辦公室，剛坐進要前往機場的豪華轎車時，有個高瘦修長、俊美得驚人的金髮男子敲了敲我的染色玻璃。他向我豎起拇指，臉上綻放一個美麗又大大的笑容。我沒有把車窗搖下來（在紐約，就連金髮美男子都可能開槍射妳），他以嘴形默示「我是安東。」轎車就在這時開走了。他讓我想起舞者巴瑞辛尼可夫（Baryshnikov），但腿比較長。典型瑪德琳的作法，她從沒告訴我他長得多好看。我再見到她的時候提及此事，她帶著嘲弄的表情看著我說：「我可能很神經質，但品味可不差。」

瑪德琳把我們在她崩潰之後進行的療程，說成是「天啟後」（post-apocalypse）。以宗教的詞彙來說，天啟指的是突然見到天國開啟的景象並揭開其中的奧祕——這些祕密讓人更容易理解人間的現實。對瑪德琳來說，一切都變得容易多了，由我在旁見證一個改變隨著另一個改變而來。

安東與瑪德琳開始在星期天休假，為了享樂去歐洲旅行。他們去亞斯本（Aspen）滑雪，帶著維也納現在是青少年的兒子跟他們一起去。她原諒了她父親，而鄧肯每週會飛來城裡跟她還有安東吃飯。

從我開始出差到紐約市已經超過四年，經歷過機翼必須除霜與垃圾工人罷工，每星期跟瑪德琳一起工作兩小時。現在我認識公司裡的每個人。在開始能辨識某些種類的骨瓷時，我就知道我在那裡待得夠久了。

在治療到達尾聲時，瑪德琳的心理健康不能說是完美，但一個治療師必須知道什麼時候多數的工作已經完成了。有點像是為人父母，相似之處在於必須知道支持與依賴之間的差別。看著我們的起點，儘管一路上有些錯誤，我對於工作成果感到很驕傲。就像所有苦於創傷後壓力症候群的前戰俘，瑪德琳還是有可能復發。在她疲憊、壓力大、碰到某個觸發點、或者在面對某種敵意的時候，她的症狀主要是工作成癮，可能會再度出現。

在瑪德琳跟安東能夠一起搭機飛行的時候，最大的困難被克服了。他想要讓她看看聖彼得堡的隱士廬博物館（Hermitage Museum），還有其他在俄羅斯他所鍾愛的地點。沒有什麼會比透過心愛之人的眼睛去看世界奇觀更美妙。

在我們最後一節的治療中，維也納在我喝特大杯無脂低咖啡因拿鐵時走了進來，伸出雙臂哭著抱住我。她嗚咽著說他們會想我的。永遠都冷靜機智的瑪德琳說：「別擔心，以我倒楣的程度，她會再回來的。」

有錢人被假定擁有一切，所以常常被誤讀或誤判。有個雜誌記者一次描述瑪德琳「很高傲」，因為她不會微笑或與人四目相望。如果她是窮人，她可能就會被描述成「生性害羞」。那位記者的假設錯得離譜。瑪德琳不跟人四目相望，是因為她害怕任何形式的親密或受到關注，而她不笑是因為母親曾經告訴她，她笑的時候看起來像是「有紫色牙齦的跳舞鬣狗」。

瑪德琳是我的英雄。我把她想成一個在自己家裡被洗腦的戰俘。她有個表面上隱藏得很好、自戀精神病態的母親。擁有像夏洛特這樣在社交上被社群接納，私底下對自己的孩子卻很殘酷的母親，有時候比擁有一個明顯精神失常、整個社群也都看在眼裡的家長更艱難。至少後面這種狀況，這個孩子還可以學到虐待並不是有意針對個人。

在她的五星級監獄裡，瑪德琳反覆被告知自己是個怪物，被寵壞、愛抱怨、又懶又胖。在現實生活中，她很漂亮，是個班長、網球冠軍，也是一名優等生。我看著她童年的照片，她看起來像個穿著時髦派對洋裝的火柴人。然而就像所有孩子一樣，瑪德琳相信母親的描繪。在少數夏洛特指出女兒有成就的場合，她會說只有**她**知道瑪德琳實際上是一隻怪物。

夏洛特在面面向向都本能地知道如何洗腦自己的女兒。心理學家瑪格麗特・辛格（Margaret

Singer）專精於洗腦方面的研究，在她的書《我們之中的邪教：持續對抗隱藏的威脅》（*Cults in Our Midst: The Continuing Fight Against Their Hidden Menace*）裡面列出了基本規則：

一、讓那個人察覺不到發生什麼事，對於如何按部就班嘗試在心理上制約他或她的方法渾然不知。

瑪德琳的母親在她們同住的每一年裡，每天早上都叫她怪物。

二、有系統地在那個人身上建立一種無力感。

每個小孩都是無力的，同時每位母親都是全能的。那種權力結構是內建在核心家庭之中的。夏洛特如此強有力，以至於她監管數百名雇員的丈夫跟女兒一起瑟縮在地下室裡。

三、群體操弄一個賞罰與經驗系統，目的是去提倡學習這個群體的意識形態或信念體系，還有群體贊同的行為。

在瑪德琳家裡有兩個互相競爭的意識形態。父親代表真實、文明的行為，還有社會契約的優先性。（然而一個重大的疏漏是他沒有保護他女兒避開獵食者母親。）母親則嘲笑父親的規則，對於他沒有雜交的行為貼上了「假正經」的標籤，並且說瑪德琳是個「小寶寶」，因為她沒有跟她的青少年男友上床。夏洛特把精神病態行為說成是「樂趣」，鄙肯合乎道德的行為則是「無聊沒意思」。夏洛特堅決而無情，所以她的意識形態在家裡勝出。她可以充當電影《戰略迷魂》

（*Manchurian Candidate*）裡的洗腦專家，而且會很成功。

我上次見到瑪德琳已經是十四年前，鄧肯則已經是二十年前了。我透過各種雜誌繼續追蹤她的商業活動，而且也見到一張光彩奪目的照片。照片中的她穿著裙長及地的古馳長禮服，挽著安東的手臂，安東則穿著晚宴服。兩個人的臉上帶著大大的微笑，在一則關於醫院慈善舞會的名流報導專欄上顯得喜氣洋洋。

在我們的信件往來裡，瑪德琳告訴我她仍然快樂地跟安東住在一起，而她的癌症沒有復發，跟她父親變得更親近了。凱倫變得很衰老，必須被送進安養機構。瑪德琳再度被容許進入她度過童年的家。她學會原諒她父親沒能挺身反抗她母親跟凱倫。他設法補償她，她也讓他這麼做。

雖然瑪德琳的母親比起年輕時仁慈了些（精神病態者傾向於慢慢耗盡能量），她卻沒有真正改變本質。通常精神病態者在晚年都過得不怎麼好，因為他們沒能建立長期關係，這是人類存在的主要目的之一。夏洛特曾經既美麗又富有，享受著丈夫的社會地位。然而她晚年的同居人傑克，死時身無分文，她因為年齡增長、抽菸、酗酒、曬太陽又缺乏運動失去了美貌。忽然間，沒人意外於她想要多花些時間跟女兒相處了。瑪德琳不信任這種新的友善態度，只做了一個盡責的女兒需要做的事。她跟父親都有給夏洛特錢，但拒絕再多做些什麼——他們已經學到怎麼保護自己。如同瑪德琳所說的：「感謝神帶來心理治療與來電顯示。」

後記

我記得真實世界是很寬廣的，而且有個充滿希望與恐懼、感受與刺激的多采多姿之地，等著那些有勇氣的人朝著它的一望無際前進。從危險之中，尋求人生的真正知識。

——夏綠蒂．勃朗特（Charlotte Brontë），《簡愛》（*Jane Eyre*）

這本書是關於那些我認定是心理英雄的人。這是真的，他們背負著情緒戰鬥的傷疤，但他們**確實**成功了。我選擇聚焦在那些成功的人身上，他們從問題重重的經歷中存活下來，卻沒有成癮或得到讓人失能的心理疾病。我總是選擇鼓舞人心之事而非悲劇。（我九歲的時候，讀遍了我家鄉公共圖書館裡每一本借得到的《安妮·法蘭克日記》（*The Diary of Anne Frank*），希望能找到一本的結尾是安妮沒有死掉。）

歷史哲學家亞諾·湯恩比（Arnold Toynbee）告訴我們，英雄的第一個工作就是成為一個永恆，或具有普世性的男人或女人。意思是透過一次勇敢的行動，一位英雄臻於完美，然後重生。第二個工作是在改頭換面之後重新歸來，教導我們這些門外漢他學到的教訓。所以這本書是我為這五位獲勝的英雄喝采的方式，讓他們說出那可怕卻有意義的故事。他們每個人都殺死了一隻不同的米諾陀，都使用不同的武器，應用了不同的戰鬥策略。

這五個人起初可能看似非常不同，然而層層剝除掉經濟與文化上的差異，他們無意識的需要驚人地相似。他們全都需要感受到被愛，才能過更好的生活。

蘿拉、彼得、丹尼、艾倫娜與瑪德琳可以教導我們的，就是我們**全都**可以成為英雄。他們體現了湯瑪斯·哈代（Thomas Hardy）在他的詩〈在黑暗中之二〉（*In Tenebris II*）裡所寫的：「若有追求更善之路，需要看盡極惡之處。」他們展現了如何深入挖掘自己的心靈，並且照亮那些躲在陰影中的部分。他們發現並將在黑暗角落的事物拖進光照處，然後正面對抗。藉著英勇地踏上未知之路，他們尋求改變，並且在障礙面前堅持不懈。他們提醒我們雖然不盡然順利還是有可能克服恐懼，突破那些誤把限制當成安全的畫地自限。最後，這些英雄證明所有的自我檢視都很勇敢，並以此激勵我們。

這五位勇氣十足的心理戰士在當我的病人時，在我心中留下了不可磨滅的印象，我仍然常常想起他們。我希望他們的勇敢，會以相同方式激勵你。

致謝

多謝這本書裡從不放棄、持續奮鬥的英雄給我的靈感。少了他們，就不會有這本書。他們不只是英雄，他們還慷慨地同意分享他們的故事。多謝我最初的讀者，Jon Redfern與Linda Kahn，他們讓我走在正確的道路上。

我堅持不懈的經紀人Hilary McMahon，不只是建議必要的修改，還在企鵝出版社為這本書找到了完美的家。我還要感謝我的編輯Diane Turbide，她讓編輯過程難以置信地完全無痛。她奇蹟般的剪裁縫補，再加上她經常重複的「有趣但不必要」，讓這本書變得更好、更聚焦。我的文字編輯Karen Alliston會抓到最細微的錯誤，卻從沒更動過我的原意。

最後我想感謝我結褵四十八年的丈夫麥可，他總是聆聽我的點子，就好像他從沒聽過似的，這是一種後天習得的才能。

國家圖書館出版品預行編目(CIP)資料

早安，我心中的怪物：一個心理師與五顆破碎心靈的相互啟蒙，看他們從情感失能到學會感受、走出童年創傷的重生之路/凱瑟琳．吉爾迪娜（Catherine Gildiner）著；吳妍儀譯. -- 一版. -- 臺北市：臉譜出版，城邦文化事業股份有限公司出版：英屬蓋曼群島商家庭傳媒股份有限公司城邦分公司發行, 2021.11

面；　公分. --(臉譜書房；FS0137)

譯　自：Good morning, monster : Five Heroic Journeys to Recovery

ISBN 978-626-315-015-7（平裝）

1.心理治療 2.心理諮商 3.個案研究

178.8　　110014171

城邦讀書花園
www.cite.com.tw

ISBN 978-626-315-015-7
Printed in Taiwan.

企畫叢書　FS0137

早安，我心中的怪物

一個心理師與五顆破碎心靈的相互啟蒙，看他們從情感失能到學會感受、走出童年創傷的重生之路

Good Morning, Monster: Five Heroic Journeys to Recovery

作　　者｜凱瑟琳．吉爾迪娜（Catherine Gildiner）
譯　　者｜吳妍儀
責任編輯｜陳雨柔
封面設計｜BIANCO TSAI
內頁排版｜極翔企業有限公司
行銷企畫｜陳彩玉、楊凱雯、陳紫晴

發 行 人｜涂玉雲
總 經 理｜陳逸瑛
編輯總監｜劉麗真
出　　版｜臉譜出版
城邦文化事業股份有限公司
台北市民生東路二段141號5樓
電話：886-2-25007696　傳真：886-2-25001952
發　　行｜英屬蓋曼群島商家庭傳媒股份有限公司
台北市中山區民生東路141號11樓
客服專線：02-25007718；25007719
24小時傳真專線：02-25001990；25001991
服務時間：週一至週五上午09:30-12:00；下午13:30-17:00
劃撥帳號：19863813　　戶名：書虫股份有限公司
讀者服務信箱：service@readingclub.com.tw
城邦網址：http://www.cite.com.tw
香港發行所｜城邦（香港）出版集團有限公司
香港灣仔駱克道193號東超商業中心1樓
電話：852-25086231　傳真：852-25789337
新馬發行所｜城邦（新、馬）出版集團
Cite (M) Sdn. Bhd. (458372U)
41-3, Jalan Radin Anum, Bandar Baru Sri Petaling,
57000 Kuala Lumpur, Malaysia.
電話：+6(03)-90563833　傳真：+6(03)-90576622
電子信箱：services@cite.my

一版一刷｜ 2021年11月
一版三刷｜ 2023年12月
ISBN 978-626-315-015-7
定價｜ 450元